Uni-Taschenbücher 1442



UTB FÜR WISSEN SCHAFT

Eine Arbeitsgemeinschaft der Verlage

Wilhelm Fink Verlag München
Gustav Fischer Verlag Stuttgart
Francke Verlag Tübingen
Harper & Row New York
Paul Haupt Verlag Bern und Stuttgart
Dr. Alfred Hüthig Verlag Heidelberg
Leske Verlag + Budrich GmbH Opladen
J. C. B. Mohr (Paul Siebeck) Tübingen
R. v. Decker & C. F. Müller Verlagsgesellschaft m. b. H. Heidelberg
Quelle & Meyer Heidelberg · Wiesbaden
Ernst Reinhardt Verlag München und Basel
K. G. Saur München · New York · London · Paris
F. K. Schattauer Verlag Stuttgart · New York
Ferdinand Schöningh Verlag Paderborn · München · Wien · Zürich
Eugen Ulmer Verlag Stuttgart
Vandenhoeck & Ruprecht in Göttingen und Zürich

Gisbert Fanselow / Sascha W. Felix

# Sprachtheorie

## Eine Einführung in die Generative Grammatik

## Band 2:
## Die Rektions- und Bindungstheorie

Francke Verlag Tübingen

*Gisbert Fanselow,* Dr. phil. geb. 1959, ist wissenschaftlicher Mitarbeiter am Lehrstuhl für Allgemeine Sprachwissenschaft der Universität Passau. Studium der Sprachwissenschaften und Philosophie an den Universitäten Regensburg und Konstanz, Promotion an der Universität Passau. Hauptarbeitsgebiete: Wortbildung (Zur Syntax und Semantik der Nominalkomposition, Tübingen, 1981), Syntax (Konfigurationalität, Tübingen, 1987), und Semantik.

*Sascha W. Felix,* geb. 1945, ist o. Professor für Allgemeine Sprachwissenschaft an der Universität Passau. Studium der Anglistik, Romanistik und Japanologie an den Universitäten Hamburg und Freiburg. Promotion und Habilitation an der Universität Kiel. Hauptarbeitsgebiete: Spracherwerb/Psycholinguistik (Psycholinguistische Aspekte des Zweitsprachenerwerbs, Tübingen 1982; Cognition and Language Growth, Dordrecht 1987), Phonologie und Syntax.

CIP-Kurztitelaufnahme der Deutschen Bibliothek

**Fanselow, Gisbert:**
Sprachtheorie : e. Einf. in d. generative Grammatik / Gisbert Fanselow ; Sascha W. Felix. – Tübingen : Francke

NE: Felix, Sascha W.:

Bd. 2. Die Rektions- und Bindungstheorie. – 1987.
(UTB für Wissenschaft : Uni Taschenbücher ; 1442)
ISBN 3–7720–1732–0

NE: UTB für Wissenschaft / Uni Taschenbücher


Einbandgestaltung: A. Krugmann, Stuttgart
Satz: Lichtsatz Walter, Tübingen
Druck: Gulde-Druck GmbH, Tübingen
Verarbeitung: Braun + Lamparter, Reutlingen
Printed in Germany

ISBN 3–7720–1732–0

# Inhaltsverzeichnis

Barrieren

# Vorwort

Der vorliegende zweite Band unserer *Einführung in die generative Grammatik* enthält eine Darstellung der *Rektions- und Bindungstheorie* (*Theory of Government and Bindung*), abgekürzt *GB*. Hierbei handelt es sich um den eher formal-technischen Aspekt der generativen Grammatik. Da wir bereits im Vorwort zu Band I ausführlich unsere Ziele und Absichten dargelegt haben, können wir uns an dieser Stelle auf einige Bemerkungen zum allgemeinen Aufbau der folgenden Kapitel beschränken.

Dieser Band ist als Einführungsbuch im strengen Sinne konzipiert; d.h. er richtet sich auch an Leser, die über keinerlei linguistische Vorkenntnisse verfügen, und sollte daher prinzipiell auch als Grundlage für einen Syntaxeinführungskurs dienen können. Für den linguistisch »vorbelasteten« Leser mag die Lektüre von Kap. 1.2 entbehrlich sein, da hier lediglich einige allgemeine Strukturbegriffe erläutert werden.

Diese Grundkonzeption bedingt u.a., daß wir bei der Darstellung der Rektions- und Bindungstheorie bewußt auf jegliche historische Perspektive verzichtet haben. Wir haben die GB-Theorie so dargestellt, wie sie sich beim heutigen Kenntnisstand präsentiert, und haben – mit wenigen Ausnahmefällen – davon abgesehen, die Entwicklung der generativen Forschung seit dem *Aspects*-Modell der 60er Jahre nachzuzeichnen. Eine solche rein »synchrone« Darstellung der Theorie scheint uns vor allem für den Neuling vorteilhaft, der bei einer eher historischen Betrachtungsweise gezwungen wird, sich ständig mit Begriffen und Analysen vertraut zu machen, die wenig später als inadäquat verworfen werden. Aufgrund dieser Darstellungsweise bleiben auch zahlreiche der aus der »klassischen« GB-Version von Chomsky (1981) bekannte Analyseansätze unberücksichtigt. Wir haben uns primär an Chomskys (1986a) »Knowledge of Language« orientiert und die dort erscheinenden Neuerungen direkt übernommen. Kapitel 5 enthält eine Einführung in das Konzept der lokalen Barriere, das von Chomsky (1986b) entwickelt wurde, und liefert somit einen unmittelbaren Einblick in die aktuelle Forschungssituation.

GB-Vertraute werden vermutlich bemängeln, daß wir zahlreiche »Seitenstränge« der Theorie außer acht gelassen haben, so z.B. die

Theorien von Koster, Kayne oder Williams. Der Grund hierfür liegt einzig und allein in dem begrenzten Platz, der uns zur Verfügung stand. Aus diesem Grunde mußten wir in den meisten Fällen auch darauf verzichten, alternative Ansätze und konkurrierende Lösungsvorschläge im Detail vorzustellen. Daraus mag sich zuweilen der falsche Eindruck ergeben, daß die Theorie in den angesprochenen Bereichen sozusagen »steht« und von allen Generativisten einmütig akzeptiert wird. Hinweise auf ungeklärte Problembereiche bzw. auf alternative Analysevorschläge haben wir zumeist in die Literaturhinweise und z.T. in die Aufgaben am jeweiligen Kapitelende »verbannt«. Das vorliegende Buch ist also kein GB-Kompendium, sondern stellt den Versuch dar, dem Unkundigen die »orthodoxen« empirischen und theoretischen Grundlagen von GB soweit nahezubringen, daß eine weitergehende Beschäftigung mit der einschlägigen Literatur problemlos möglich sein sollte.

Viele Linguisten wie auch interessierte Laien mögen erwarten, auf den folgenden Seiten eine möglichst vollständige Beschreibung des Deutschen, des Englischen oder irgendeiner Einzelsprache vorzufinden. Derartige Erwartungen werden mit Sicherheit enttäuscht. Wie wir bereits in Band I dargelegt haben und in Kap. 1.1 nochmals kurz erläutern werden, zielt das spezifische Beschreibungsinstrumentarium der Rektions- und Bindungstheorie nur sekundär auf eine möglichst umfassende Darstellung einzelsprachlicher Gesetzmäßigkeiten ab; GB ist eine Theorie über die kognitiven Grundlagen der menschlichen Sprach(erwerbs)fähigkeit. Aus diesem Grunde sind für GB ausschließlich diejenigen Eigenschaften natürlicher Sprachen von Interesse, die – soweit erkennbar – einen Einblick in universale Aspekte menschlicher Sprache liefern und somit Aussagen über jene im »human mind« verankerten Prinzipien erlauben, die die Voraussetzung für den Erwerb und Gebrauch von Sprache bilden. Wer diese Sichtweise – nicht zuletzt aufgrund der Lektüre von Band I – problemlos nachvollziehen kann, wird vermutlich Kap. 1.1 überspringen wollen.

Um einem vor allem in Linguistenkreisen weitverbreiteten Vorurteil entgegenzuwirken, haben wir uns bei der Darstellung vor allem darum bemüht, die jeweilige empirische Grundlage und Rechtfertigung der einzelnen Analyseschritte und der daraus resultierenden theoretischen Konzepte möglichst detailliert aufzuzeigen. Linguistik ist eine empirische Wissenschaft und ihre Theorien stellen daher keine beliebig auswechselbaren und nur in der Phantasie von Linguisten existierenden »Konstrukte« dar; vielmehr sind linguistische Theorien danach zu bewerten, ob die in ihnen enthaltenen faktischen Aussagen wahr oder falsch sind (cf. Band I, Kap. 1.2).

Bei der Arbeit an diesem Band haben wir von zahlreichen Gesprächen mit Freunden und Kollegen profitiert. Unser Dank gilt vor allem denjenigen, bei denen wir Syntax gelernt haben, insbesondere Joseph Aoun, Jan Koster, David Lightfoot, Luigi Rizzi, Peter Staudacher und Arnim v. Stechow. Besonderen Dank schulden wir Peter Staudacher, der – wie auch bei Band I – mit ermutigender Kritik und wertvollen Hinweisen unsere Arbeit begleitet hat. Zahlreiche Verbesserungsvorschläge verdanken wir Markus Feldmeyer und Volker Weber, die das Manuskript aus der Sicht des linguistischen Novizen durchgegangen sind. Die zweifellos verbleibenden Schwächen dieses Buches gehen natürlich ausschließlich zu unseren Lasten. Zu Dank verpflichtet sind wir ebenso Luise Haller, Gabi Neszt, Ildiko Szakacs und Michael Schötensack für deren unermüdliche Hilfe bei der Herstellung des Manuskripts.

Gisbert Fanselow
Sascha W. Felix — Passau, März 1987

# Grundlagen der Grammatiktheorie

## 1.1 Allgemeine Eigenschaften natürlich-sprachlicher Grammatiken

Von Kaiser Friedrich II. wird berichtet, daß er ein wissenschaftlich hochinteressierter Mensch war. Er ordnete verschiedene Experimente an, die Auskunft über die Natur des menschlichen Körpers und des menschlichen Geistes geben sollten. Hierzu gehörte auch eines jener klassischen Experimente des Altertums und des Mittelalters, durch das – in heutiger Terminologie – die biogenetische Grundlage der menschlichen Sprachfähigkeit ermittelt werden sollte (cf. Campbell & Grieves 1982). Den kaiserlichen Anweisungen folgend wurden Kinder der Obhut von Ammen übergeben, denen strikt untersagt war, auch nur ein einziges Wort mit ihren Schützlingen zu sprechen. Auf diese Weise erwartete Friedrich II. herauszufinden, welche Sprache den Kindern angeboren sei, das Hebräische, das Latein, das Griechische oder die Sprache ihrer biologischen Eltern (cf. auch Zimmer 1986).

Wenngleich ethische Erwägungen derartige Experimente heutzutage natürlich verbieten, so stand doch Friedrich II. mit der seinen Versuchen zugrundeliegenden Logik der modernen Wissenschaft erheblich näher als viele Forscher, die sich in der ersten Hälfte dieses Jahrhunderts Gedanken über die Grundlagen der menschlichen Sprachfähigkeit machten. Da der Mensch als einziges Lebewesen über die Fähigkeit verfügt, natürliche Sprachen zu erwerben und zu verwenden, drängt sich die Annahme auf, daß es für diese Fähigkeit eine spezifische biogenetische Grundlage gibt; d.h. die menschliche Sprachfähigkeit muß in irgendeiner Weise angeboren sein. Während jedoch Friedrich II. vermutete, daß dem Menschen eine spezifische Einzelsprache angeboren sei, scheint eine solche Vorstellung aus heutiger Sicht eher absonderlich. Sowohl logische als auch empirische Überlegungen deuten darauf hin, daß das, was die menschliche Sprachfähigkeit ausmacht und somit genetisch determiniert ist, nicht etwa eine bestimmte Einzelsprache ist, sondern vielmehr ein System von sehr abstrakten Prinzipien, die es dem Kinde ermöglichen, in relativ kurzer Zeit und unter z.T. recht widrigen Umständen ein so komplexes System wie eine natürliche Sprache zu erwerben.

Im ersten Band dieser Einführung haben wir bereits ausführlich aus unterschiedlichen Perspektiven die Gründe beleuchtet, die die Annahme eines solchen angeborenen Systems von Prinzipien rechtfertigen. Hier sei der grundlegende Gedankengang nochmals kurz skizziert.

Das sprachliche Wissen eines jeden erwachsenen Sprechers erstreckt sich auf eine im Prinzip unendlich große Anzahl von Sätzen, d.h. jeder Sprecher kann unbegrenzt viele Sätze produzieren und verstehen, insbesondere auch solche, die er zuvor niemals gehört bzw. selbst verwendet hat (cf. Band I, Kap. 1.2). Da die Speicherkapazität des Gehirns jedoch offenkundig begrenzt ist, kann das sprachliche Wissen nicht aus einer Liste von Sätzen bestehen; vielmehr ist anzunehmen, daß im Gehirn des Sprechers eine Art finiter Regelapparat repräsentiert ist, der alle in der betreffenden Sprache möglichen Sätze spezifiziert. Unter dieser Perspektive bedeutet Spracherwerb nun, daß das Kind eben diesen Regelapparat ermitteln muß, und zwar auf der Basis der begrenzten Anzahl von konkreten Sätze, die ihm seine sprachliche Erfahrung zur Verfügung stellt.

Der entscheidende Gesichtspunkt ist nun folgender: nach unserem derzeitigen Kenntnisstand sind die in natürlichen Sprachen auftretenden Regeln und Gesetzmäßigkeiten derart komplexer und abstrakter Natur, daß ein Kind diese normalerweise nicht an den oberflächlichen Struktureigenschaften der ihm verfügbaren Daten erkennen kann; d.h. die Sätze, die das Kind in seiner Umgebung hört, gestatten es ihm, eine große Anzahl von sehr unterschiedlichen Hypothesen über die Struktur der Zielsprache aufzustellen, ohne daß die Daten irgendwelche eindeutigen Hinweise enthalten, welche dieser verschiedenen Hypothesen jeweils die richtige ist. Würden Kinder nun blindlings *irgendeine* dieser Hypothesen als gültig auswählen, so wäre es weitgehend eine Sache des Zufalls, ob ein Kind tatsächlich die für die jeweils zu erwerbende Sprache korrekten Gesetzmäßigkeiten erkennt oder nicht. Demnach wäre zu erwarten, daß manche Kinder ihre Muttersprache erwerben, andere jedoch nicht. Wir wissen aber, daß *alle* Kinder – von pathologischen Fällen abgesehen – ihre Muttersprache in relativ kurzer Zeit erfolgreich erwerben.

Spracherwerb scheint also nur dann möglich zu sein, wenn das Kind an den Erwerbsprozeß bereits mit sehr spezifischen Erwartungen darüber herangeht, welche Strukturen und Regularitäten prinzipiell überhaupt vorkommen können, und wenn es unabhängig von seiner sprachlichen Erfahrung bestimmte Hypothesen, die sich rein logisch aus dem sprachlichen Input ableiten ließen, von vornherein gar nicht erst in Erwägung zieht. Wir müssen also annehmen, daß das Kind bei der Suche nach den seiner Muttersprache zugrundeliegenden Regeln und Gesetzmäßigkeiten von bestimmten Prinzipien geleitet wird, die gewährleisten, daß es trotz der Restriktionen und Zufälligkeiten seiner sprachlichen Erfahrung in jedem Falle die für die jeweilige Sprache *korrekten* Regeln und Gesetzmäßigkeiten herausfindet. Das Gesamtsystem dieser Prinzipien bezeichnen wir als *Universalgrammatik* (UG).

Da die Prinzipien der UG nicht im Spracherwerb erlernt werden können, sondern vielmehr die Voraussetzung dafür sind, daß Kinder überhaupt in wenigen Jahren unter den unterschiedlichsten Bedingungen stets erfolgreich ihre Muttersprache erwerben, müssen wir annehmen, daß die UG als ein eigenständiger Bereich der menschlichen Kognition genetisch determiniert ist. Die UG ist also letztlich nichts anderes als das, was die menschliche Sprachfähigkeit ausmacht und dem Kind somit gestattet, auf der Grundlage eines sehr eingeschränkten und unsystematischen Inputs seine Muttersprache stets erfolgreich zu erwerben. Eine ausführlichere Darstellung dieses Gedankenganges findet der Leser in den Kapiteln 3.1, 3.2 und 4.2 von Band I dieser Einführung.

Unter Universalgrammatik verstehen wir demnach die genetische Grundlage der menschlichen Sprach(erwerbs)fähigkeit, d.h. den angeborenen kognitiven *initial state* (Chomsky 1980a), mit dem das Kind in den Spracherwerbsprozeß einsteigt. Die zentrale Aufgabe der generativen Grammatiktheorie besteht nun darin, den Begriff der Universalgrammatik mit empirischem Gehalt zu füllen, d.h. zu konkreten Erkenntnissen und Aussagen darüber zu gelangen, welcher Art die Prinzipien der UG und somit des kognitiven Ausgangszustandes im einzelnen sind. Wie wir bereits in Band I, Kap. 1.1 und 1.4 ausführlich dargelegt haben, macht eine in diesem Sinne konzipierte Grammatiktheorie empirische Aussagen über einen Aspekt der menschlichen Kognition und stellt daher letztlich einen Teilbereich der kognitiven Psychologie dar.

Die Frage, wie die Prinzipien der Universalgrammatik im einzelnen konkret aussehen und in welcher Beziehung sie zueinander stehen, ist offenkundig rein empirischer Natur. Wenngleich in diesem Bereich mehr Fragen offen als gelöst sind, so lassen doch die Forschungsarbeiten der vergangenen 30 Jahre einige Grundeigenschaften der UG recht deutlich erkennen. Zunächst scheinen sich die Prinzipien der UG ausschließlich auf den *formalen* Aspekt natürlicher Sprachen zu beziehen. Das, was wir üblicherweise eher global als Sprache oder Sprachfähigkeit bezeichnen, ergibt sich aus dem Zusammenspiel verschiedener autonomer Systeme (cf. Chomsky 1980a und Band I, Kap. 2). So hängt offensichtlich das in natürlichen Sprachen auftretende Lautinventar in entscheidendem Maße von der Struktur der menschlichen Artikulationsorgane ab. Ebenso lassen sich wesentliche Eigenschaften der Semantik natürlicher Sprache auf Gesetzmäßigkeiten des allgemeinen menschlichen Begriffssystems reduzieren, das vielfach als *the language of thought* (Fodor 1975) oder als *conceptual system* (Chomsky 1980a) bezeichnet wird. Darüber hinaus verwenden wir Sprache offenkundig auch zur Kommunikation und zum sinnvollen Handeln. In diesem Bereich hat etwa Lewis (1969) zu zeigen versucht, daß die Gesetzmäßigkeiten sprachlichen Handelns als Spezialfall einer allgemeinen Kompetenz rationalen Handelns gelten können.

Wir sehen also, daß eine große Zahl von sprachlichen Phänomenen und Regularitäten nicht allein an Sprache gebunden ist, sondern sich aus anderen Bereichen der menschlichen Kognition und des menschlichen Leistungsvermögens ableiten lassen. Wie wir insbesondere in Band I, Kap. 2 dargelegt haben, scheint es nun zumindest *einen* Aspekt von Sprache zu geben, dessen Gesetzmäßigkeiten sich gerade nicht auf allgemeinere kognitive oder psychologische Prinzipien reduzieren lassen. Es handelt sich hierbei um die Grammatik, d.h. um jenes formale System von Regeln und Prinzipien, die der Fähigkeit eines jeden Sprechers zugrunde liegen, eine unbegrenzt große Zahl von Sätzen in seiner Sprache zu bilden bzw. zu verstehen. Da sich die formalen Gesetzmäßigkeiten in natürlichen Sprachen also nicht aus allgemeineren kognitiven Prinzipien ableiten lassen, stellt die Grammatik offensichtlich ein autonomes System von Regeln dar und ein Kind muß während seiner sprachlichen Entwicklung u.a. dieses autonome System erwerben. Der Begriff der Universalgrammatik bezieht sich nun auf den syntaktischen Aspekt der formalen Eigenschaften natürlicher Sprachen. Somit ergibt sich, daß die Universalgrammatik *eines* der verschiedenen autonomen Systeme – oder technisch: Module – darstellt, die die Struktur natürlicher Sprachen bestimmen.

Unter einer etwas anderen Perspektive läßt sich die UG als ein System von Prinzipien auffassen, das die Klasse der natürlichen Sprachen definiert. Mit anderen Worten, ein gegebenes Regelsystem ist nur dann eine mögliche natürlichsprachliche Grammatik, wenn seine Struktureigenschaften mit den Prinzipien der UG übereinstimmen;

denn nur solche wird ein Kind beim Spracherwerb *a priori* in Betracht ziehen. Die UG spezifiziert somit die universalen Eigenschaften, die allen natürlichen Sprachen gemeinsam sind, d.h. Eigenschaften, über die die Grammatik einer natürlichen Sprache *notwendigerweise* verfügen muß. Andererseits wissen wir, daß sich Sprachen in vielerlei Bereichen voneinander unterscheiden können. Dies bedeutet, daß Sprachen neben den durch die UG festgelegten *notwendigen* Eigenschaften auch *zufällige* Strukturmerkmale aufweisen können. Aus diesen Überlegungen ergibt sich für die Grammatiktheorie nun folgendes empirisches Problem: aufgrund der oben skizzierten Spracherwerbsproblematik müssen die Prinzipien der UG einerseits möglichst restriktiv gefaßt werden; d.h. die Vielfalt der zugelassenen Regelsysteme muß so klein wie möglich gehalten werden. Andererseits dürfen die UG-Prinzipien – um empirisch adäquat zu sein – natürlich keine der tatsächlich existierenden Sprachen ausschließen. Mit anderen Worten, eine Theorie der UG muß die relevanten Prinzipien so formulieren, daß die in natürlichen Sprachen beobachtbare strukturelle Vielfalt zugelassen ist. Die linguistische Theoriebildung erfolgt also im Spannungsfeld zwischen der Forderung, möglichst wenig an sprachlicher Variation zuzulassen, und andererseits die Fülle von unterschiedlichen Strukturphänomenen in natürlichen Sprachen vollständig zu erfassen.

Wenn nun natürliche Sprachen einerseits über *zufällige* und andererseits über durch die UG festgelegte *notwendige* Struktureigenschaften verfügen, so stellt sich offenkundig die Frage, wie diese Unterscheidung empirisch zu behandeln ist; d.h. wie läßt sich feststellen, welche Eigenschaften einer Sprache zufällig und welche UG-bedingt sind? An einem einfachen Beispiel wollen wir illustrieren, wie bei der Beantwortung dieser Frage vorgegangen werden kann.

Natürliche Sprachen kennen unterschiedliche Regeln, die die Stellung von Pronomina im Satz festlegen. So erscheinen etwa im Englischen pronominale Objekte in der Regel an der gleichen Position wie nominale Objekte, während im Italienischen pronominale Objekte in bestimmten Kontexten präverbal, nominale Objekte jedoch postverbal auftreten. In Fällen wie dem Italienischen sprechen wir davon, daß das Pronomen an das Verb *klitisiert*. Entsprechend allgemeinem linguistischen Gebrauch markieren wir einen ungrammatischen Satz mit dem Zeichen »*«:

(1a) John will close the door
(1b) John will close it
(1c) *John it will close

(2a) Gianni chiuderà la porta
Hans wird-schließen die Tür

(2b) Gianni la chiuderà
Hans sie wird-schließen

(2c) *Gianni chiuderà la

Offenkundig muß die UG nun sowohl die englische als auch die italienische Pronominalstellung zulassen, d.h. es darf kein UG-Prinzip geben, das etwa die klitisierte präverbale Position des Pronomens im Italienischen verbietet. Daraus folgt, daß die Wahl der jeweiligen Pronominalstellung vermutlich eine *zufällige* Eigenschaft der betreffenden Sprache ist. Unter spracherwerblicher Perspektive stellt sich nun die Frage, wie ein Kind erkennen kann, ob die Pronomina in der gleichen Position wie die Nomina auftreten oder nicht. Doch offenkundig kann das Kind diese Information direkt aus den ihm verfügbaren Daten ableiten, wenn wir die plausible Annahme machen, daß englische Kinder Sätze wie (1b) und italienische Kinder Sätze wie (2b) in ihrer Umgebung hören werden. Mit anderen Worten, im vorliegenden Falle liefern die Inputdaten dem Kinde *positive* Evidenz für die Stellung der Pronomina, so daß der Erwerb der entsprechenden Gesetzmäßigkeit kein Problem zu sein scheint.

In Sprachen wie dem Italienischen läßt sich nun eine weitere Regularität im Bereich der Pronominalstellung beobachten. In komplexen Sätzen wie (3) und (4) kann das Objektpronomen entweder an den Infinitiv gehängt oder vor die finite – d.h. nach Tempus, Numerus, etc. markierte – Verbform gestellt werden. In letzterem Falle spricht man von *clitic climbing*, d.h. das klitisierte Pronomen *klettert* sozusagen hoch zur finiten Verbform:

(3a) Gianni può vederla
Hans kann sehen-sie
»Hans kann sie sehen«

(3b) Gianni la può vedere

(4a) Gianni deve farlo
Hans muß machen-es
»Hans muß es machen«

(4b) Gianni lo deve fare

Auch diese Regularität kann das Kind offenkundig direkt an seinen sprachlichen Inputdaten ablesen, da es Sätze wie in (3) und (4) zweifellos in seiner Umgebung hört. Wir können also auch hier annehmen, daß das Phänomen des *clitic climbing* zu den zufälligen Eigenschaften des Italienischen gehört und nicht etwa durch UG- Prinzipien erzwungen wird. Diese Vermutung wird durch die Beobachtung gestützt, daß sich Sprachen wie etwa das Französische oder Griechische bezüglich der klitischen Pronominalstellung sehr ähnlich wie das Italienischen verhalten, jedoch *clitic climbing* in Strukturen wie (5) und (6) nicht zulassen:

(5a) Jean peut la voir
(5b) *Jean la peut voir
(6a) o Jannis borí na tin idi
der Hans kann daß sie er-sieht
»Hans kann sie sehen«
(6b) *o Jannis tin borí na idi

Wenngleich das Italienische offensichtlich über eine Regel des *clitic climbing* verfügt, so unterliegt diese Regel bestimmten strukturellen Restriktionen. So ist *clitic climbing* nicht zugelassen, wenn zwischen den beiden Verben ein Einschub wie in (7) oder ein Adverb wie in (8) erscheint. Treten darüber hinaus mehrere Pronomina auf, so müssen diese stets geschlossen entweder *vor* der finiten Verbform oder *hinter* dem Infinitiv stehen, wie die Beispiele aus Rizzi (1982) in (7)-(9) zeigen:

(7a) Mario vorrebbe pagar*gli* la macchina
Mario möchte zahlen-ihm das Auto
»Mario möchte ihm das Auto bezahlen«
(7b) Mario *gli* vorrebbe pagare la macchina
(7c) Mario vorrebbe – come credo – pagar*gli* la macchina
Mario möchte – wie ich glaube – bezahlen-ihm das Auto
(7d) *Mario *gli* vorrebbe – come credo – pagare la macchina
(8a) ieri ho cominciato a spiegar*gli* i miei problemi
gestern ich-habe begonnen erklären-ihm meine Probleme
«gestern habe ich begonnen ihm meine Probleme zu erklären»
(8b) ieri *gli* ho cominciato a spiegare i miei problemi
(8c) ho cominciato ieri a spiegar*gli* i miei problemi
ich-habe begonnen gestern erklären-ihm meine Probleme
(8d) **gli* ho cominciato ieri a spiegare i miei problemi
(9a) Gianni può dar*glielo*
Hans kann geben-ihm-es
«Hans kann es ihm geben»

(9b) Gianni *glielo* può dare
(9c) *Gianni *gli* può dar*lo*
(9d) *Gianni *lo* può dar*gli*

Wie kann ein italienisches Kind nun erkennen, daß Sätze wie (7d)–(9c/d) ungrammatisch sind? In Band I, Kap. 3.2 haben wir ausführlich dargelegt, warum ein Kind prinzipiell niemals an den Inputdaten ablesen kann, daß eine bestimmte Struktur *un*grammatisch ist. Zunächst darf das Kind aus der Tatsache, daß es Sätze wie (7d)–(9c/d) in seiner Umgebung nicht hört, keinesfalls schließen, daß diese Strukturen ungrammatisch sind. Von den im Prinzip unendlich vielen Sätzen, die in einer Sprache möglich sind, hört das Kind stets nur eine relativ geringe Anzahl, da seine sprachliche Erfahrung ja begrenzt ist. Das fehlende Auftreten einer bestimmten Struktur kann also entweder darauf zurückzuführen sein, daß diese Struktur ungrammatisch ist oder daß der entsprechende Satz rein zufällig von niemandem in der Umgebung des Kindes geäußert wurde. Die Inputdaten liefern dem Kind also zwar positive Evidenz darüber, welche Strukturen möglich sind, aber eben keine negative Evidenz, d.h. Daten darüber, welche Strukturen *un*grammatisch sind.

Da nun jeder erwachsene Sprecher des Italienischen die Ungrammatikalität von (7d)–(9c/d) erkennt und ein Kind folglich im Erwerbsprozeß diese Erkenntnis erlangen muß, können wir annehmen, daß die dafür notwendige Information in irgendeiner Form von der Universalgrammatik geliefert wird. Mit anderen Worten, es muß UG-Prinzipien geben, aus denen folgt, daß *clitic climbing* in bestimmten Konfigurationen nicht möglich ist, selbst wenn die betreffende Sprache grundsätzlich *clitic climbing* zuläßt (cf. Rizzi 1982). Dies bedeutet jedoch, daß die Ungrammatikalität von (7d)–(9c/d) kein *zufälliges* Phänomen des Italienischen ist, sondern eine durch die Prinzipien der UG bedingte *notwendige* Eigenschaft natürlicher Sprachen.

Während sich nun Sprachen einerseits darin unterscheiden, ob sie in den genannten Kontexten *clitic climbing* zulassen oder nicht, zeigt sich andererseits, daß dieser Unterschied stets mit zahlreichen weiteren Struktureigenschaften korreliert, die – oberflächlich betrachtet – mit dem Phänomen des *clitic climbing* selbst nichts zu tun haben. Mit anderen Worten, bestimmte Struktureigenschaften treten stets in gebündelter Form auf. Anhand einiger Beobachtungen aus Rizzi (1982) wollen wir dieses Phänomen illustrieren.

In Sprachen mit *clitic climbing* wie dem Italienischen kann in komplexen Passivstrukturen wie etwa (10a) das logische Objekt von *costruire* (*bauen*) zum Subjekt des Gesamtsatzes werden. Eine analoge Konstruktion ist im Französischen, das in den genannten Kontexten kein *clitic climbing* kennt, ausgeschlossen:

(10a) queste case sono state cominciate a costruire
diese Häuser sind worden angefangen zu bauen
»diese Häuser sind zu bauen angefangen worden«

(10b) *ces maisons ont été commencées à construire

Ähnlich wie im Deutschen so selegieren auch im Italienischen und Französischen einige Verben bei der Perfektbildung das Hilfsverb *sein* (*essere* bzw. *être*), andere hingegen *haben* (*avere* bzw. *avoir*). Treten nun in Konstruktionen wie (11) und (12) zwei Verben mit unterschiedlichen Selektionseigenschaften auf, so bestimmt im Französischen stets nur das finite Verb die Wahl des Hilfsverbs, während im Italienischen alternativ *essere* oder auch *avere* auftreten kann:

(11a) Jean a voulu retourner à la maison
(11b) *Jean est voulu retourner à la maison
(12a) Gianni ha voluto tornare a casa
(12b) Gianni è voluto tornare a casa

Es zeigt sich also, daß bestimmte Struktureigenschaften in natürlichen Sprachen stets gebündelt auftreten, wobei sich Sprachen in diesem Bereich nur darin unterscheiden können, ob sie das eine oder das andere Bündel von Eigenschaften aufweisen. Aus dieser Beobachtung ergeben sich nun zwei wichtige Konsequenzen. Da diese Bündelung von Eigenschaften eine prinzipielle Einschränkung der in natürlichen Sprachen zugelassenen Kombinationen von Strukturtypen darstellt, muß sie in irgendeiner Art und Weise aus der Universalgrammatik abgeleitet werden können. Darüber hinaus müssen die Prinzipien der Universalgrammatik offenbar so beschaffen sein, daß sie in bestimmten Bereichen Strukturoptionen bereitstellen, aus denen natürliche Sprachen eine Auswahl treffen, wobei im vorliegenden Falle Italienisch und Französisch jeweils eine andere Option gewählt haben.

Derartige in der UG spezifizierte Strukturoptionen bezeichnen wir als *Parameter* (cf. Chomsky 1981:6ff.). Die Aufgabe des spracherwerbenden Kindes besteht nun zunächst darin, die von der UG vorgegebenen *Parameter* zu *fixieren*, i.e. anhand der Inputdaten zu entscheiden, welche der möglichen Optionen die jeweilige Sprache gewählt hat. Offenkundig können nur solche Struktureigenschaften als Parameterwerte in Frage kommen, für die ein Kind in den Inputdaten positive Evidenz vorfinden kann. Auf der Grundlage des von der jeweiligen Sprache gewählten Parameterwertes ergeben sich nun in Verbindung mit den UG-Prinzipien äußerst weitreichende Konsequenzen für das Gesamtsystem einer Sprache. Die hinter dem Begriff des Parameters stehende Grundidee ist also, daß die strukturelle Vielfalt natürlicher Sprachen u.a. reduzierbar ist auf das Zusammenspiel zwischen UG-Prinzipien, die für alle Sprachen gleichermaßen gültig sind, und einer begrenzten Anzahl von Strukturoptionen, unter denen Sprachen frei wählen können.

Eine zentrale Aufgabe des spracherwerbenden Kindes besteht somit darin, die in der Universalgrammatik spezifizierten Parameter zu fixieren. Eine (bereits einzelsprachlich ausgerichtete) Grammatik, die sich aus der Fixierung sämtlicher Parameter ergibt, bezeichnen wir als *Kerngrammatik* (*core grammar*). Die Kerngrammatik einer Sprache umfaßt somit all diejenigen Struktureigenschaften, die sich unmittelbar aus der Universalgrammatik ableiten lassen (cf. Chomsky 1981:7ff.).

Darüber hinaus scheinen alle Sprachen Struktureigenschaften aufzuweisen, die im zuvor definierten Sinne rein zufällig sind und über die die Prinzipien der UG nichts Relevantes aussagen. In der Regel handelt es sich dabei um recht oberflächennahe und wenig komplexe Phänomene. Die Summe dieser Eigenschaften nennen wie die *Peripherie* einer Grammatik. Zu dieser Peripherie können offenkundig nur solche Gesetzmäßigkeiten gehören, die ein Kind problemlos an seinen Inputdaten ablesen kann. Man mag vermuten, daß zu den peripheren Phänomenen im angesprochenen Bereich etwa die Tatsache gehört, daß im Italienischen das feminine Dativpronomen *le* (*ihr*) in Verbindung mit *lo* (*es*) die gleiche Form annimmt wie das maskuline Dativpronomen *gli* (*ihm*) und mit *lo* zu *glielo* verschmilzt. Ähnliches mag für den Umstand gelten, daß im Spanischen das Dativpronomen *le* (*ihm/ihr*) in Verbindung mit *lo* (*es*) zu *selo* wird.

(13a) Gianni le ha dato un libro
Hans ihr hat gegeben ein Buch
»Hans hat ihr ein Buch gegeben«

(13b) Gianni glielo ha dato
Hans ihr-es hat gegeben

(13c) *Gianni le lo ha dato

(14a) Juan le dio un libro
Hans ihr gab ein Buch

(14b) Juan selo dio
Hans ihr-es gab

(14c) *Juan le lo dio

Wenngleich die tatsächlichen Verhältnisse im Bereich der Pronominalstellung weitaus komplexer sind als hier dargestellt, so sollen diese wenigen Beispiele nur dazu dienen, die grundlegende Fragestellung und Zielsetzung der generativen Grammatiktheorie zu illustrieren, sowie den konzeptuelle Rahmen zu verdeutlichen, innerhalb dessen die praktische Analysearbeit durchgeführt wird. Im Gegensatz zu vielen traditionellen sprachwissenschaftlichen Ansätzen geht es der generativen Grammatik nicht darum, beliebige Struktureigenschaften einzelner Sprachen zu ermitteln und aufzulisten. Vielmehr steht stets die Frage im Mittelpunkt, wie sich bestimmte in Einzelsprachen beobachtbare Strukturphänomene aus universalen Prinzipien ableiten lassen, bzw. – unter empirischer Perspektive – wie diese Prinzipien konkret zu formulieren sind. Phänomene sind nur in dem Maße interessant, wie sich aus ihnen Einsichten in die Universalgrammatik und somit in einen Teil der menschlichen Kognition gewinnen lassen.

Dieses Forschungsziel diktiert auch weitgehend die für generative Arbeiten typischen Argumentationsformen. Im Vordergrund stehen stets syntaktische Regularitäten, die ein Kind unter den üblichen Bedingungen des Spracherwerbs *nicht* direkt aus den Inputdaten ablesen kann. Zur Erklärung dieser Gesetzmäßigkeiten und ihres Erwerbs werden Prinzipien vorgeschlagen, aus denen die jeweilige Datenverteilung folgt. In der Regel machen diese Prinzipien über den zunächst untersuchten Datenbereich hinaus sehr spezifische weitergehende Voraussagen über in verschiedenen Sprachen zu erwartende Regularitäten. Die Plausibilität eines vorgeschlagenen Prinzips ist um so größer, je stärker sich diese Voraussagen empirisch bestätigen lassen und je mehr unterschiedliche Strukturphänomene aus einem einzelnen Prinzip abgeleitet werden können.

Der generativen Grammatiktheorie geht es also weniger um die zufälligen als vielmehr primär um die notwendigen Struktureigenschaften natürlicher Sprachen. Durch die Formulierung von universalen Prinzipien, die diese notwendigen Struktureigenschaften charakterisieren, soll ein Beitrag zur Klärung der Frage geleistet werden, wie ein Kind auf der Grundlage einer sehr eingeschränkten und zufälligen Datenauswahl imstande ist, seine Muttersprache in all ihrer Komplexität zu erwerben. Die Klärung dieser Frage liefert gleichzeitig eine präzise Bestimmung einer der entscheidenden kognitiven Grundlagen der menschlichen Sprachfähigkeit.

Literaturhinweise

Zur allgemeinen Zielsetzung der generativen Grammatiktheorie cf. Band I dieser Einführung sowie Lightfoot (1982), White (1982), Newmeyer (1983) und Hornstein & Lightfoot (1981). Chomsky (1975, 1980a, 1986a) befaßt sich u.a. mit dem philosophischen und wissenschaftstheoretischen Hintergrund der generativen Theorie sowie mit Unterschieden zu anderen sprachwissenschaftlichen Ansätzen.

## 1.2 Kategorien und Strukturen

Eine der fundamentalen Eigenschaften von Grammatiken natürlicher Sprachen ist die *Strukturabhängigkeit* ihrer Regularitäten. Dieser Begriff läßt sich am Beispiel der deutschen Verbstellung verdeutlichen. Die Kontraste in (1) zeigen, daß im deutschen Nebensatz die finite Verbform normalerweise am Ende des Satzes auftreten muß:

(1a) ich weiß, daß Hans uns gesehen hat
(1b) *ich weiß, daß Hans hat uns gesehen
(1c) *ich weiß, daß Hans uns hat gesehen

Diese Gesetzmäßigkeit des deutschen Nebensatzes ließe sich nun durch eine Regel der Form *stelle das finite Verb an das Ende der Wortkette* ausdrücken. Eine solche Regel kann als typischer Ausdruck einer struktur*un*abhängigen Gesetzmäßigkeit gelten. Um sie korrekt anzuwenden, ist es nicht notwendig, irgendetwas über die Struktur der Wortkette zu wissen, nicht einmal, ob sie überhaupt strukturiert ist. Es reicht aus, die Wörter der Kette einfach in ihrer linearen Abfolge zu betrachten und das finite Verb in die Position des letzten Wortes zu stellen.

Eine Besonderheit der deutschen Syntax besteht nun darin, daß das finite Verb im Hauptsatz an einer anderen Position als im Nebensatz erscheint. Betrachten wir hierzu die Sätze in (2):

(2a) Hans hat uns gesehen
(2b) uns hat Hans gesehen
(2c) gesehen hat uns Hans
(2d) *Hans uns gesehen hat
(2e) *Hans uns hat gesehen

Diese Beispiele scheinen darauf hinzudeuten, daß die finite Verbform *hat* im Hauptsatz stets an der zweiten Position steht. Dementsprechend ließe sich auch hier eine struktur*un*abhängige Regel formulieren, nach der jeweils das zweite Wort im Hauptsatz eine finite Verbform sein muß. Auch diese Regel nimmt keinerlei Bezug auf eine etwaige Struktur des Satzes, sondern läßt sich einfach durch lineares Abzählen der Wörter anwenden.

Die Analyse weiterer Daten zeigt nun jedoch sehr schnell, daß eine solche struktur*un*abhängige Regel nicht richtig sein kann. Betrachten wir allein die lineare Abfolge von Wörtern, so kann die finite Verbform im deutschen Hauptsatz an einer Vielzahl recht unterschiedlicher Positionen auftreten. In der Tat führt eine strikte lineare Zweitstellung des finiten Verbs zu ungrammatischen Sätzen, wie die Beispiele in (3)–(5) illustrieren:

(3a) ein Mann hat uns gesehen
(3b) *ein hat Mann uns gesehen
(4a) der große Kerl mit dem roten Schal hat uns gesehen
(4b) *der hat große Kerl mit dem roten Schal uns gesehen
(5a) Peter, den Maria gestern um 4 Uhr zum Tee treffen wollte, hat uns gesehen
(5b) *Peter hat den Maria gestern um 4 Uhr zum Tee treffen wollte, uns gesehen

Würden wir nun versuchen, eine Regel zu formulieren, die die jeweilige Position des finiten Verbs in einer linearen Kette von Wörtern festlegt, so wäre dies ein ziemlich hoffnungsloses Unterfangen, und zwar u.a. deshalb, weil die Anzahl der Wörter, die vor dem finiten Verb erscheinen kann, prinzipiell unbegrenzt groß ist, wie der folgende Satz zeigt, den der Leser nach Belieben erweitern mag:

(6) der Mann mit dem roten Schal, den Maria gestern vor dem Kino in Passau getroffen hat, wo sie jeden Dienstag …, hat uns gesehen

Dieses Beispiel demonstriert, daß sich Gesetzmäßigkeiten in natürlichen Sprachen offenkundig nicht über lineare Abfolgen von Wörtern formulieren lassen. Andererseits ist die Position der finiten Verbform natürlich nicht beliebig, wie (3b)–(5b) illustrieren, so daß sich die Frage stellt, mit welchem Begriffsvokabular die hier zugrundeliegende Regularität auszudrücken ist.

Betrachten wir nun die Wortketten, die in den obigen grammatischen Beispielsätzen jeweils vor der finiten Verbform stehen, so zeigt sich, daß sie eine Vielzahl gemeinsamer Eigenschaften haben. Etwas vereinfacht ausgedrückt: wo immer in einem Satz ein Ausdruck wie *ein Mann* aus (3a) auftreten kann, lassen sich auch die analogen Ausdrücke aus (4a) und (5a) einsetzen:

(7a) mein Bruder wurde von *einem Mann* verprügelt
(7b) mein Bruder wurde von *dem großen Kerl mit dem roten Schal* verprügelt
(7c) mein Bruder wurde von *Peter, den Maria gestern … treffen wollte*, verprügelt.

(8a) Hans lud seinen Freund und *einen Mann* ein
(8b) Hans lud seinen Freund und *den großen Kerl mit dem roten Schal* ein
(8c) Hans lud seinen Freund und *Peter, den Maria gestern … treffen wollte*, ein

(9a) Hanna ist so groß wie *ein Mann*
(9b) Hanna ist so groß wie *der Kerl mit dem roten Schal*
(9c) Hanna ist so groß wie *Peter, den Maria gestern … treffen wollte*

Es zeigt sich also, daß Wortsequenzen recht unterschiedlicher Länge in gleichen syntaktischen Umgebungen auftreten können. Es scheint daher sinnvoll zu sein, solche Wortsequenzen zu *syntaktischen Phrasen* oder *syntaktischen Kategorien* zusammenzufassen, und die beobachteten Regularitäten nicht auf einzelne Wörter, sondern auf derartige Phrasen zu beziehen. Da die relevanten Phrasen in den obigen Beispielen sich syntaktisch im Prinzip genauso verhalten wie einfache Nomina, z.B. *Hans* oder *Peter*, bezeichnen wir sie als *Nominalphrasen* oder *NPs*. Mit Hilfe des Begriffs der syntaktischen Phrase läßt sich nun auch die Verbstellung im deutschen Hauptsatz weitaus adäquater fassen. Das finite Verb steht offenbar stets hinter der ersten syntaktischen Phrase, wobei es sich in den obigen Fällen stets um eine Nominalphrase handelt.

Natürliche Sprachen scheinen somit zunächst auf zwei unterschiedlichen Ebenen organisiert zu sein: auf der *lexikalischen* Ebene, i.e. der Ebene der Wörter, und auf der *phrasalen* Ebene, wo Begriffe wie Nominalphrase die entscheidende Beschreibungseinheit darstellen. Auch auf der lexikalischen Ebene fassen wir Wörter mit gleichem syntaktischen Verhalten zusammen und bedienen uns hierbei der traditionellen Wortklassenterminologie. Wir unterscheiden also *lexikalische Kategorien* wie Nomina (N), Verben (V), Adjektive (A), Adverbien (Adv), Präpositionen (P), etc.

Die Sätze in natürlichen Sprachen bestehen somit offenkundig nicht allein aus einer linearen Abfolge von Wörtern, sondern weisen eine interne Struktur auf, in der syntaktische Phrasen die entscheidende

Rolle spielen. Die Beispiele (3)-(5) zeigen darüber hinaus, daß die Regel zur Verbstellung im deutschen Hauptsatz nur unter Bezug auf diese Struktur adäquat formuliert werden kann. Dies ist nun weder eine Besonderheit der betreffenden Regel noch ein spezifisches Merkmal des Deutschen. Vielmehr gilt, daß *alle* syntaktischen Regeln und Gesetzmäßigkeiten in natürlichen Sprachen stets auf die Struktur eines Satzes Bezug nehmen. Wir können daher das folgende Prinzip formulieren:

(10) Prinzip der Strukturabhängigkeit:

Syntaktische Regeln und Gesetzmäßigkeiten sind stets strukturabhängig.

Wir wollen nunmehr der Frage nachgehen, ob sich neben der Nominalphrase noch weitere syntaktische Phrasen erkennen lassen. Wenn es zutrifft, daß die Wortkette, die im deutschen Hauptsatz vor dem finiten Verb auftritt, stets eine phrasale Kategorie bildet, so kann diese Regularität eine Grundlage schaffen, um weitere Typen von syntaktischen Phrasen zu identifizieren. Betrachten wir hierzu die folgenden Beispiele:

(11a) *in der Stadt* hat Hans seinen Freund getroffen
(11b) *seinen Freund in der Stadt getroffen* hat Hans
(11c) *stolz auf seinen Sohn* ist Hans immer gewesen

In (11a) erscheint vor dem finiten Verb eine phrasale Kategorie, die eine Präposition, nämlich *in*, enthält. Solche syntaktischen Kategorien wollen wir als *Präpositionalphrasen* (*PP*) bezeichnen. In (11b) enthält die entsprechende Kategorie das Verb *getroffen*; daher nennen wir sie *Verbalphrase* (*VP*). Demgegenüber erscheint in der präverbalen Kategorie von (11c) ein Adjektiv, so daß wir hier von *Adjektivphrase* (*AP*) sprechen wollen. Somit haben wir insgesamt vier phrasale Kategorien identifiziert, und zwar AP, PP, NP und VP. Dabei haben wir uns hier zunächst von unserer Intuition leiten lassen und werden in Kap. 2.1 präzisere Kriterien für diese kategorialen Unterscheidungen formulieren.

Wir wollen nunmehr der Frage nachgehen, ob und inwieweit diese phrasalen Kategorien selbst eine identifizierbare interne Struktur aufweisen. Zu diesem Zwecke wenden wir uns dem Englischen zu, da hier die Verhältnisse etwas einfacher sind als im Deutschen. Wir betrachten zunächst die VP in Sätzen wie (12)–(14):

(12) John slept
(13) John met a very nice girl
(14) John lives in the city

Zunächst zeigen (12) und (13), daß im Englischen eine VP entweder allein aus einem Verb wie *slept* oder einem Verb und einer NP wie *met a very nice girl* bestehen kann. Dieser Sachverhalt läßt sich sehr einfach durch Regeln folgender Art darstellen, wobei das Pfeilsymbol anzeigt, aus welchen Kategorien die VP besteht:

(12') VP → V

(13') VP → V NP

In (14) folgt nun auf das Verb *lives* eine Präpositionalphrase, die wiederum aus einer Präposition und einer NP besteht. Die interne Struktur einer solchen PP läßt sich dementsprechend durch die folgende Regel darstellen:

(15) PP → P NP

Somit läßt sich für den Aufbau der VP in (14) eine Regel wie (14') ansetzen:

(14') VP → V PP

Die Regeln (12') – (14') stellen drei verschiedene Möglichkeiten für den strukturellen Aufbau der VP im Englischen dar. Zur Vereinfachung können wir diese drei Regel zu einer einzigen zusammenfassen, indem wir die fakultativen Phrasen in runde Klammern setzen. (16) besagt also, daß die VP aus einem Verb und fakultativ aus einer NP und/oder PP besteht.

(16) VP → V (NP) (PP)

Wir sehen also, daß eine syntaktische Phrase wie die VP nicht nur Strukturelement innerhalb eines Satzes ist, sondern auch selbst eine interne Struktur aufweist, in der neben lexikalischen Kategorien (hier: dem Verb) auch weitere syntaktische Phrasen auftreten können.

Wie die VP so hat offensichtlich auch die NP eine interne Struktur. Beispielsweise besteht die NP *a very nice girl* in (13) aus einem Artikel, der in der generativen Grammatik aus historischen Gründen *Determiner* (*DET*) genannt wird, einer AP und einem Nomen. Die Adjektivphrase ist hier fakultativ, da offenkundig auch *John met a girl* möglich ist. Das Auftreten des Determiners ist nur bei einer bestimmten Teilklasse von Nomina, nämlich den sog. Individuativa (engl. *count nouns*) wie *table*, *window* etc., und hier auch nur im Singular erforderlich, ansonsten jedoch fakultativ. Darüber hinaus können aber auch Präpositionalphrasen in einer NP auftreten, wie etwa in *the girl with the red scarf*. Die interne Struktur der NP läßt sich daher durch die folgende Regel darstellen:

(17) NP → (DET) (AP) N (PP)

In analoger Weise läßt sich eine Regel auch für die interne Struktur der Adjektivphrase aufstellen. APs bestehen aus einem Adjektiv sowie fakultativ z.B. aus einem Adverb und einer PP wie etwa in *very proud of his son*. Dementsprechend ergibt sich eine Formulierung wie in (18):

(18) AP → (Adv) A (PP)

Sätze wie (12)–(14) bestehen nun offensichtlich insgesamt aus einer NP und einer VP. Für die Satzstruktur läßt sich daher eine Regel wie (19) ansetzen:

(19) S → NP VP

Wir haben bisher für die verschiedenen phrasalen Komponenten eines englischen Satzes einzelne Regeln formuliert, die sich nunmehr zu einem Regel*system* ordnen lassen, das u.a. die in den obigen Beispielsätzen auftretenden Strukturen spezifiziert, oder technisch ausgedrückt: die jeweiligen Strukturen *generiert*. Ein solches Regelsystem bezeichnen wir als *generative Grammatik*. (20) illustriert eine derartige Grammatik, die allerdings nur einige wenige Strukturen des Englischen generiert und daher rein exemplarischer Natur ist:

(20)
a. S → NP VP
b. VP → V (NP) (PP)
c. AP → (Adv) A (PP)
d. PP → P NP
e. NP → (DET) (AP) N (PP)

Wie sich unschwer erkennen läßt, haben die Regeln in (20) alle ein einheitliches Format. Auf der linken Seite steht jeweils ein einziges phrasales Symbol, dessen interne Struktur durch die auf der rechten Seite erscheinenden Kategorien spezifiziert wird. Regeln dieses Typs nennen wir *Phrasenstrukturregeln* (abgekürzt: *PS-Regeln*) und eine Grammatik, die ausschließlich derartige Regeln enthält, *Phrasenstrukturgrammatik* (cf. Chomsky 1957). (21) gibt das allgemeine Format von Phrasenstrukturregeln an, wobei X ein einzelnes Kategorialsymbol ist, während W, Y und Z Ketten von Symbolen darstellen können:

(21) X → (W) Y (Z)

Eine Phrasenstrukturgrammatik wie (20) spezifiziert nun offensichtlich noch keine realen Sätze, sondern lediglich abstrakte Strukturen. Um tatsächlich Sätze zu generieren, ist es notwendig, die lexikalischen Kategorien wie N oder V durch spezifische *Lexeme*, d.h. Elemente aus dem Lexikon, zu ersetzen. Wir benötigen demnach Regeln wie die in (22):

(22) a. N → man, girl, John, etc.
b. DET → a, an, the, etc.
c. V → meet, sleep, live, etc.
d. A → nice, good, quick, etc.
e. Adv → very, extremely, etc.
f. P → in, for, to, etc.

Regeln dieses Typs nennen wir *lexikalische Einsetzungsregeln* (engl. *lexical insertion rules*) (Chomsky 1965). Eine Grammatik, die die Sätze einer Sprache generieren soll, muß demnach zumindest zwei Regeltypen enthalten: Phrasenstrukturregeln, die Strukturen erzeugen, und lexikalische Einsetzungsregeln, die spezifische Lexeme in die zuvor erzeugten Strukturen einsetzen.

Wenn wir in den vorangegangenen Abschnitten davon gesprochen haben, daß eine Grammatik wie (20) und (22) bestimmte Strukturen bzw. Sätze *generiere*, so spiegelt dieser Terminus die Tatsache wieder, daß ein solches System von Regeln sehr komplexe Strukturbeziehungen spezifiziert, die sich besonders deutlich durch eine graphische Darstellungsform illustrieren lassen. Die in der generativen Theorie übliche Graphik ist die des *Baumdiagramms* (engl. *tree structure*). Für einen Satz wie etwa *John met a nice girl* erhalten wir folgende Baumstruktur:

(23)

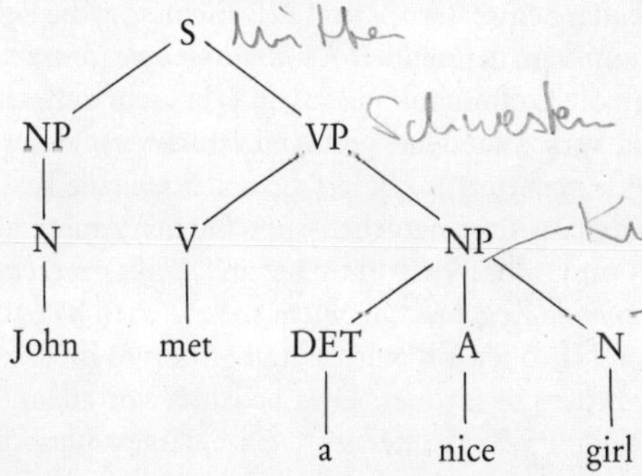


Eine solche Baumstruktur entsteht offenkundig dadurch, daß man die Symbole auf der rechten Seite der einzelnen Regeln in (20) unter das entsprechende linksseitige Symbol setzt und die Kategorien mit Linien – technisch: *Zweigen* (engl. *branches*) – verbindet. In diesem Sinne *generiert* oder *erzeugt* ein Regelsystem Strukturen wie in (23). Somit liest man das Pfeilsymbol in den Phrasenstrukturregeln zumeist als *ersetze durch* (engl. *re-write*) und spricht davon, daß eine PS-Regel eine phrasale Kategorie durch die rechtsseitigen Symbole *expandiert*.

In einer Baumstruktur wie (23) bezeichnen wir den Schnittpunkt zweier Zweige als *Knoten* (engl. *node*). So finden wir also u.a. einen S-Knoten und einen VP-Knoten. Aber auch ein Symbol, von dem nur ein einziger Zweig ausgeht – wie hier im Falle des Subjekts *John* –, nennen wir einen Knoten. Jeder Knoten *dominiert* alle diejenigen Kategorien, die unter ihm hängen. So dominiert z.B. der VP-Knoten die Kategorien V, NP, DET, A und N, nicht jedoch die Subjekt-NP. Eine Kategorie wird von einer anderen Kategorie *unmittelbar dominiert* (engl. *immediately dominated*), wenn zwischen den beiden keine weiteren Kategorien auftreten. Somit werden in (23) V und NP, nicht jedoch DET, A und N von VP unmittelbar dominiert. Diese Beziehung zwischen Kategorien läßt sich durch folgende Definition präzisieren:

(24) α dominiert β unmittelbar, genau dann wenn (gdw.)
a) α β dominiert
b) es keine Kategorie γ gibt, die β dominiert und von α dominiert wird

Zwei oder mehr Kategorien, die von dem gleichen Knoten unmittelbar dominiert werden, bezeichnen wir als *Schwestern* und den dominierenden Knoten als *Mutter*. In der Struktur (23) ist also etwa die VP die Mutter der beiden Schwestern V und NP. Elemente, die keine weiteren Elemente dominieren, nennen wir *Terminalsymbole* (*terminal symbols*).

Wenngleich die Grammatik in (20) und (22) sehr einfacher Natur ist und nur einen verschwindend geringen Bruchteil der im Englischen möglichen Sätze generiert, so liefert sie uns doch eine Reihe wichtiger Einsichten in die Struktur natürlich-sprachlicher Grammatiken.

Zunächst sind Phrasenstrukturregeln *struktur-erzeugende* oder *struktur-aufbauende* Regeln, d.h. einem spezifischen kategorialen Symbol, z.B. einer NP oder VP, wird eine bestimmte mehr oder minder komplexe Struktur zugeordnet. Dies bedeutet vor allem, daß auf der linken Seite einer PS-Regel stets nur ein einziges Symbol erscheinen darf, während auf der rechten Seite ein oder mehrere Symbole auftreten können.

Eine weitere wichtige Eigenschaft natürlicher Sprachen manifestiert sich z.B. in den Regeln (d.) und (e.) unserer Grammatik in (20). Wenngleich die Reihenfolge, in der die einzelnen Regeln anzuwenden sind, grundsätzlich beliebig ist, so läßt sich doch unschwer erkennen, daß verschiedene Regeln in einer Input-Output Relation zueinander stehen. So ist etwa der Output der Regel (20a.) gleichzeitig Input von (20b.) und (20e.), d.h. (20a.) expandiert das Satzsymbol S zu der Abfolge NP + VP und diese beiden Kategorien werden durch (20b.) bzw. (20e.) in eine weitere Symbolkette expandiert. (20d.) ersetzt nun die Kategorie PP durch eine Präposition und eine NP und (20e.) spezifiziert die mögliche interne Struktur dieser NP. Entscheidend ist nun, daß innerhalb dieser NP wiederum eine PP auftreten kann. Dies bedeutet jedoch, daß (20e.) erneut eine bereits angewandte Regel aufrufen kann. Allgemein ausgedrückt: die Anwendung der Regeln kann eine Schleife enthalten, in der spätere Regeln immer wieder von neuem frühere Regeln aufrufen. Dieses Phänomen bezeichnet man als *Rekursion* oder *Rekursivität*. Die PS-Regeln natürlicher Sprachen enthalten somit offensichtlich einen Rekursionsmechanismus, der etwa für solche beliebig erweiterbaren Strukturen wie (25) verantwortlich ist.

(25) der Mann mit dem roten Auto vor dem Haus in der Straße am Wald in der Stadt....

Eine zentrale Eigenschaft natürlich-sprachlicher Grammatiken ist somit die Rekursivität (einiger) ihrer Regeln. Aus dieser Eigenschaft folgt u.a., daß die Länge eines Satzes prinzipiell unbegrenzt ist und daß daher die Zahl der in einer Sprache möglichen Sätze ebenfalls unbegrenzt groß ist (cf. auch Band I, Kap. 1.2).

Die graphische Darstellung einer Struktur mit Hilfe eines Baumdiagramms bringt nun neben dem Vorteil der besonderen Anschaulichkeit auch eine Reihe von allerdings eher technischen Nachteilen mit sich. Zunächst nimmt eine Baumstruktur relativ viel Platz ein. Darüber hinaus ist sie nicht sonderlich geeignet, nur bestimmte Teile einer Struktur zu kennzeichnen, die für die spezifische Fragestellung einer Analyse ausschließlich von Bedeutung sein mögen. Aus diesen Gründen verwendet man in der linguistischen Literatur als Alternative zum Baumdiagramm vielfach die Darstellungsform des sog. *labeled bracketing*. Die einzelnen Kategorien werden jeweils in eckige Klammern eingeschlossen und die öffnende Klammer erhält die Kategorienbezeichnung als Subskript. Die Struktur unseres Beispielsatzes in (23) läßt sich somit auch durch (26) darstellen:

(26) $[_{S}[_{NP}[_{N}$ John$]][_{VP}[_{V}$ met$][_{NP}[_{DET}$ a$][_{A}$ nice$][_{N}$ girl$]]]]$

Wenngleich diese Darstellungsform auf den ersten Blick nicht sonderlich gut lesbar zu sein scheint, so hat sie jedoch den Vorteil, daß sich in

Labeled bracketing

sehr übersichtlicher Art und Weise Teile einer Struktur hervorheben lassen. Sollen in dem Beispielsatz etwa nur die erste NP, die VP und das Nomen *girl* eindeutig markiert werden, so ermöglicht das *labeled bracketing* eine Notation wie in (27):

(27) $[_{\text{NP}}\ \text{John}][_{\text{VP}}\ \text{met a nice}\ [_{\text{N}}\ \text{girl}]]$

Es ist zu beachten, daß diese beiden alternativen Darstellungsformen – Baumdiagramm oder *labeled bracketing* – keinerlei empirische oder theoretische Konsequenzen mit sich ziehen. Es sind reine notationelle Varianten, deren Wahl allein von dem jeweiligen Darstellungszweck bzw. der Lesbarkeit bestimmt wird.

Eine Baumstruktur wie (23) eignet sich hingegen besonders gut, um einen weiteren zentralen Begriff der Grammatiktheorie zu erläutern, und zwar den der *Konstituente*. Unter einer Konstituente versteht man eine Kette von Terminalsymbolen, die von einem gleichen Knoten *ausschließlich dominiert* wird:

(28) $\beta$ sei eine Kette von Terminalsymbolen $\langle a_1 \ldots a_n \rangle$ $n \geq 1$;
$\alpha$ dominiert $\beta$ ausschließlich, gdw.
a) $\alpha$ jedes $a_i$ dominiert, $1 \leq i \leq n$
b) es kein Terminalsymbol $\gamma$ gibt, das von $\alpha$ dominiert wird und nicht Element von $\beta$ ist

Dementsprechend bildet etwa die Abfolge *met a nice girl* eine Konstituente, da die einzelnen Wörter von VP dominiert werden und VP keine weiteren terminalen Elemente dominiert. Ebenso ist die Abfolge *a nice girl* eine Konstituente. Demgegenüber ist *met a* keine Konstituente. Zwar werden beide Elemente von S dominiert, aber S dominiert darüber hinaus noch weitere Elemente, z.B. *John* oder *girl*. Ebenfalls bilden nach dem obigen Strukturbaum die Abfolgen *a nice* und *nice girl* keine Konstituenten, weil die dominierende NP jeweils noch ein weiteres Element dominiert. Es ist nun weithin üblich, den Begriff der Konstituente nicht nur auf eine Ketten von Terminalsymbolen zu beziehen, sondern auch auf diejenige phrasale Kategorie, die sie ausschließlich dominiert. In diesem Sinne spricht man vielfach etwa von einer NP-Konstituente oder VP-Konstituente.

Der Begriff der Konstituente ist nun insofern von zentraler Bedeutung als sich zeigen läßt, daß syntaktische Regeln oder Prozesse stets nur Konstituenten betreffen, niemals jedoch Wortketten, die keine Konstituente bilden. An einigen einfachen Beispielen wollen wir dieses fundamentale Prinzip natürlich-sprachlicher Grammatiken illustrieren.

In vielen Sprachen können Elemente des Satzes zum Zwecke der Hervorhebung an den Anfang gestellt werden. Man spricht hier von *Topikalisierung*. Wie die folgenden englischen Beispiele in (29) zeigen, können jedoch stets nur solche Abfolgen von Elementen topikalisiert werden, die eine Konstituente bilden:

(29a) a nice girl, John met
(29b) *a nice, John met girl
(29c) *nice girl, John met a

Ebenso ist die Koordination ein grammatischer Prozeß, der stets nur Konstituenten betreffen kann. Beispielsweise können wir zwei Objekt-NPs wie in (30a) oder zwei VPs wie in (30b) miteinander koordinieren. (30c) hingegen zeigt die Koordination zweier Abfolgen V+DET, die, wie wir bereits oben gezeigt haben, keine Konstituente bilden:

(30a) John met [$_{NP}$ a nice girl] and [$_{NP}$ a stupid boy]

(30b) John [$_{VP}$ met a nice girl] and [$_{VP}$ married her]

(30c) *John [met a] and [married a] nice girl

Parenthetische Ausdrücke wie etwa *I believe* können ebenfalls nur zwischen Konstituentengrenzen auftreten:

(31a) [$_{NP}$ John], I believe, [$_{VP}$ met a nice girl]

(31b) *John met [$_{NP}$ a, I believe, nice girl]

(31c) *John met [$_{NP}$ a nice, I believe, girl]

Die meisten Sprachen kennen Pro-Formen, durch die komplexere Ausdrücke ersetzt werden können. Am bekanntesten sind die Pronomina, die jedoch – entgegen ihrer Bezeichnung – nicht für Nomina, sondern nur für gesamte NPs, also Konstituenten stehen können, wie (32) zeigt:

(32a) John met a nice girl and Bill met her, too
(32b) *John met a nice girl and Bill met the nice her, too
(32c) *John met a nice girl and Bill met the her, too

Die Tatsache, daß grammatische Prozesse stets Konstituenten involvieren, liefert uns nun einen wichtigen Test, um herauszufinden, ob eine bestimmte Abfolge von Elementen eine Konstituente bildet oder nicht. Ist die betreffende Abfolge in irgendeinem grammatischen Prozeß involviert, so handelt es sich um eine Konstituente, ansonsten nicht. In den folgenden Kapitel werden wir von dieser Möglichkeit recht umfangreichen Gebrauch machen und sehen, daß in vielen Fällen die Sachlage weitaus komplexer ist als wir sie hier im Augenblick darstellen.

Unsere Phrasenstrukturgrammatik in (20) und (22) generiert – wie bereits erwähnt – natürlich nur einen verschwindend geringen Teil der im Englischen möglichen Sätze. Dennoch läßt sie vor allem zwei Kategorien unberücksichtigt, die in den folgenden Kapiteln von zentraler Bedeutung sein werden und auf die wir deshalb bereits an dieser Stelle eingehen wollen. Wir betrachten hierzu die Sätze in (33):

(33a) John will buy a car
(33b) Mary has written a very good paper
(33c) Bill can come home tonight

Hier erscheint vor dem Verb jeweils ein Hilfsverb, das in der generativen Terminologie als *Auxiliar* bezeichnet wird und mit dem Kategoriensymbol AUX abgekürzt wird. Offensichtlich erlaubt die Grammatik (20) nicht, derartige Strukturen zu generieren, da das Symbol AUX in keiner der vorhandenen Regeln auftritt. Um AUX in (20) aufzunehmen, ist zunächst die Frage zu beantworten, in welche Regel dieses Element einzuordnen ist. Zwei zunächst gleichermaßen plausible Möglichkeiten scheinen sich anzubieten. Wir könnten einerseits AUX in der Ausgangsregel (20a) zwischen NP und VP setzen, so daß wir die Regel (20a') erhalten. Andererseits ließe sich AUX als Bestandteil der VP auffassen, so daß (20b) durch (20b') zu ersetzen wäre:

(20a') S → NP AUX VP
(20b') VP → AUX V (NP) (PP)

Entsprechend diesen beiden Möglichkeiten lassen sich die folgenden zwei Strukturbäume aufstellen:

(34a)

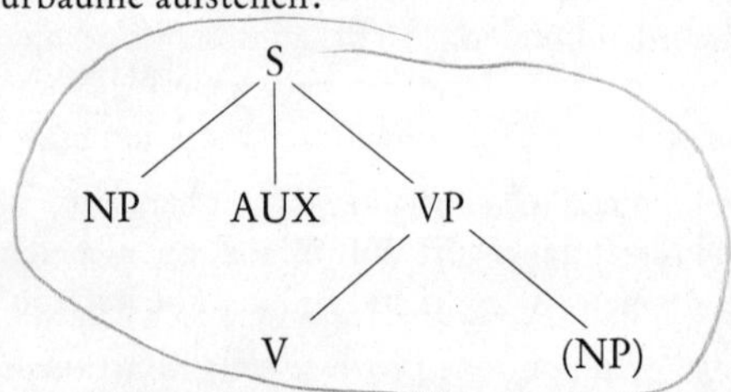


(34b)

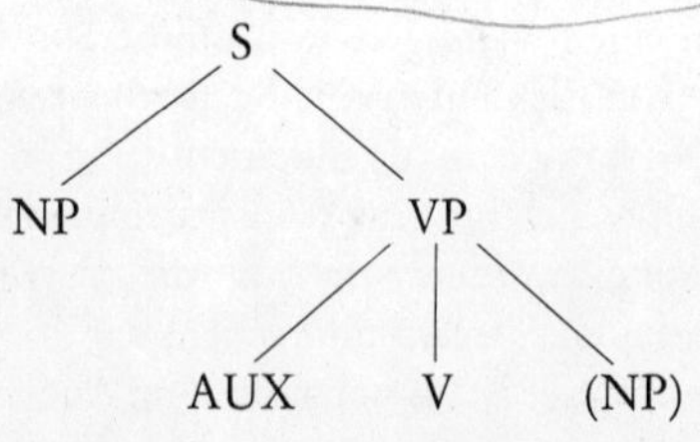

Diese beiden Diagramme machen nun sehr unterschiedliche Aussagen über die Konstituentenstruktur der betreffenden Sätze. Nach (34a) bilden das Verb und die darauffolgende(n) Phrase(n) – z.B. NP – eine Konstituente, während AUX als eigenständige Konstituente unabhängig von der VP ist. (34b) hingegen besagt, daß die Abfolge V + (NP) keine Konstituente bildet; allein die Sequenz AUX + V + (NP) ergibt eine Konstituente. Dementsprechend sollte es nach (34a) grammatische Prozesse geben, die die Abfolge V + NP betreffen, während (34b) solche Prozesse als unmöglich ausweist. (35)-(37) zeigen eine Reihe von Daten, die uns gestatten, zwischen (34a) und (34b) zu entscheiden:

(35a) marry a rich girl is what John will do
(35b) *will marry a rich girl is what John do/does

(36a) John wants to marry a rich girl and marry a rich girl he certainly will

(36b) *John wants to marry a rich girl and will marry a rich girl he certainly

(37a) John will marry a rich girl and so will Tom
(37b) *John will marry a rich girl and so Tom

Die Beispielsätze (35a)–(37a) illustrieren verschiedene grammatische Prozesse, die jeweils die Sequenz V+NP involvieren. In (35a) ersetzt die Pro-Form *do* die am Satzanfang erscheinende Wortfolge *marry a rich girl*. In (36a) ist offenbar die gleiche Wortfolge zum Zwecke der Topikalisierung an den Anfang des koordinierten Satzes bewegt worden. In (37a) ist wiederum die gleiche Wortfolge im zweiten koordinierten Satz getilgt worden, d.h. *so will Tom* ist als *Tom will marry a rich girl, too* zu interpretieren. Da die genannten Sätze allesamt grammatisch sind, können wir schließen, daß die Abfolge V + NP eine Konstituente bildet. Demgegenüber illustrieren die (b)-Sätze zwar jeweils den gleichen grammatischen Prozeß, jedoch ist hier stets die Abfolge AUX + V + NP betroffen. Da diese Sätze ungrammatisch sind, ist diese Abfolge offensichtlich keine Konstituente. Diese Daten zeigen, daß das Baumdiagramm in (34a) die korrekte Struktur eines Satz wiedergibt, so daß wir die Ausgangsregel unserer Grammatik (20a) durch (20a') ersetzen müssen.

An diesem Beispiel läßt sich darüber hinaus besonders deutlich zeigen, daß der analysierende Linguist keineswegs frei ist, einem Satz eine beliebige Struktur zuzuordnen. Jede Strukturzuweisung enthält eine *empirische Aussage* über Gesetzmäßigkeiten in der betreffenden Sprache und kann somit entweder richtig oder falsch sein. Mit anderen Worten, die Wahl zwischen (34a) und (34b) ist keine willkürliche Entscheidung, sondern hat jeweils erhebliche empirische Konsequenzen. Wir machen in jedem Fall unterschiedliche Voraussagen darüber, was in der betreffenden Sprache ein grammatischer Satz ist. Wie sich gezeigt hat, erweisen sich diese Voraussagen im Falle von (34b) als falsch.

Eine weitere zentrale Kategorie, die unsere Grammatik (20) bislang unberücksichtigt läßt, tritt insbesondere in Nebensätzen auf, wie die Beispiele in (38) zeigen:

(38a) Bill knows *that* John loves Mary
(38b) Bill came home *because* it is raining

Die Nebensätze werden hier offensichtlich durch Konjunktionen wie *that* oder *because* eingeleitet. Im Englischen heißen derartige Konjunktionen *complementizer* und werden mit dem Kategoriensymbol COMP bezeichnet. Dementsprechend müssen wir die Kategorie COMP in unsere Grammatik (20) integrieren. Hier stellt sich vor allem die Frage, ob COMP neben NP, AUX und VP als weitere Kategorie in die Ausgangsregel (20a') aufzunehmen ist, oder ob COMP zusammen mit S eine Konstituente bildet und somit durch eine zusätzliche Regel eingeführt werden muß. Die empirischen Argumente, die eine Entscheidung zwischen diesen beiden Alternativen erzwingen, sind relativ komplexer Natur, so daß wir erst an späterer Stelle auf sie eingehen können. Die verfügbare Evidenz (cf. Bresnan 1972) deutet darauf hin, daß COMP keine Konstituente von S ist, sondern vielmehr zusammen mit S von einer gemeinsamen Kategorie dominiert wird, die wir als S-bar bezeichnen und mit dem Symbol $\bar{S}$ oder S' darstellen. Wir können nunmehr die ursprüngliche Phrasenstrukturgrammatik (20) durch die erweiterte Version (39) ersetzen:

(39)
a. S' → COMP S
b. S → NP AUX VP
c. VP → V (NP) (PP)
d. AP → (Adv) A (PP)
e. PP → P NP
f. NP → (DET) (AP) N (PP)

Wir wollen nunmehr auf ein weiteres grundsätzliches Problem eingehen, das sich aus dem Zusammenspiel von PS-Regeln und lexikalischen Einsetzungsregeln ergibt. In der unter (39c) angegebenen Form generiert die englische VP-Regel vier verschiedene Strukturen, die in den Sätzen (41a-d) illustriert sind:

(40a)

(40b)

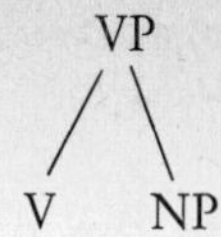


(40c)

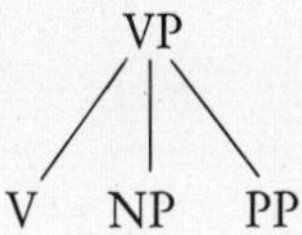


(40d)

(41a) John slept
(41b) John read a book
(41c) John gave a book to Mary
(41d) John lives in New York

Nach dem bislang skizzierten Aufbau einer Phrasenstrukturgrammatik erzeugen die PS-Regeln zunächst Strukturen wie in (40), deren lexikalische Kategoriensymbole sodann mit Hilfe der lexikalischen Einsetzungsregeln durch spezifische Wörter ersetzt werden. Dabei zeigt sich nun, daß nicht jedes beliebige Verb in jede beliebige Struktur eingesetzt werden kann. So darf etwa ein Verb wie *live* nicht in der Struktur (40b), *sleep* nicht in (40c) und *give* nicht in (40a) erscheinen:

(42a) *John lives a bed
(42b) *John sleeps a bed for Mary
(42c) *John gave

Diese Daten deuten darauf hin, daß wir in den verschiedenen von den PS-Regeln erzeugten Strukturen nur jeweils ganz bestimmte Verben einsetzen dürfen. Offensichtlich müssen wir die Klasse der Verben in unterschiedliche Unterklassen aufteilen, je nachdem in welchen syntaktischen Strukturen sie auftreten können. Diese Unterklassifizierung bezeichnet man als *Subkategorisierung*. Verben sind also nach unterschiedlichen syntaktischen Umgebungen, in denen sie auftreten können, zu *subkategorisieren*.

Hier stellt sich natürlich die Frage, in welchem Teil der Grammatik die für die Subkategorisierung relevante Information zu spezifizieren ist. Wir können nun sicher annehmen, daß jede Grammatik eine Komponente enthalten muß, in der jeweils die ganz spezifischen Eigenschaften der verschiedenen Lexeme verzeichnet sind. Diese Komponente bezeichnen wir als *Lexikon*. Im Lexikon stehen also alle idiosynkratischen Eigenschaften von Wörtern, d.h. Eigenschaften, die sich nicht aus allgemeinen Regeln ableiten lassen. Dazu gehört beispielsweise die Wortklassenzugehörigkeit eines Lexems; so kann man etwa den deutschen Wörtern *bot* und *tot* nicht »ansehen«, daß ersteres eine Verbalform und letzteres ein Adjektiv ist. Im Lexikon ist ebenfalls verzeichnet, daß *gab* die Präteritalform von *geben* ist oder daß der Plural von *child children* lautet. Auch in diesem Falle gibt es offenbar keine allgemeine Regel, die diese Beziehung festlegt.

Da nun die Subkategorisierungseigenschaften von Verben ebenfalls lexemspezifisch sind, liegt es nahe, auch die hier relevanten Informationen im Lexikon festzuhalten (cf. Chomsky 1965:63–106). Wir können also annehmen, daß jedem Verb ein *Lexikoneintrag* (engl. *lexical entry*) zugeordnet ist, der neben der Wortklassenzugehörigkeit u.a. auch die syntaktische Struktur spezifiziert, in der das betreffende Verb auftreten kann. Wir erhalten somit Einträge etwa des folgenden Typs:

(43) a. sleep V, [___ ]
b. read V, [___ NP]
c. give V, [___ NP PP]
d. live V, [___ PP]

Die meisten Verben in natürlichen Sprachen können nicht nur in einer einzigen syntaktischen Umgebung auftreten, sondern ihre Subkategorisierungseigenschaften umfassen verschiedene strukturelle Konfigurationen, die allesamt im Lexikon einzutragen sind. Die Gesamtheit dieser syntaktischen Umgebungen bezeichnen wir als den *Subkategorisierungsrahmen* (engl. *subcategorization frame*) des betreffenden Verbs:

(44a) John believes this incredible story
(44b) John believes in God
(44c) John believes that Bill loves my sister

(45) believe V [___ NP]
[___ PP]
[___ S']

Wir sehen also, daß eine natürlich-sprachliche Grammatik neben den Phrasenstrukturregeln und den lexikalischen Einsetzungsregeln als dritte Komponente ein Lexikon enthalten muß, in dem u.a. die Strukturen spezifiziert sind, in denen das jeweilige Verb auftreten kann.

In den vorangegangenen Abschnitten haben wir einige der Grundbegriffe der generativen Grammatiktheorie vorgestellt. Hierzu gehören einerseits lexikalische Kategorien wie N, V oder P und andererseits phrasale Kategorien wie NP, VP oder S'. Wie wir etwa am Beispiel der deutschen Wortstellung gesehen haben, lassen sich die dort beobachtbaren Gesetzmäßigkeiten nur dann in einem expliziten Regelsystem erfassen, wenn wir annehmen, daß ein Satz zumindest auf einer lexikalischen und phrasalen Ebene organisiert ist, d.h. eine interne Struktur aufweist. Dementsprechend haben wir zwei Typen von Regeln angesetzt: Phrasenstrukturregeln und lexikalische Einsetzungsregeln.

In Kap. 1.1 und insbesondere in Band I, Kap. 1.4 haben wir ausführlich die grundlegenden Zielsetzungen der generativen Grammatiktheorie dargestellt: es geht darum, das sprachliche Wissen eines erwachsenen Sprechers zu spezifizieren und zu erklären, wie ein Kind unter den üblichen Bedingungen des Spracherwerbs dieses Wissen erlangen kann. Aufgrund der Unendlichkeitsproblematik ergab sich bereits bei diesen Überlegungen die Vermutung, daß sprachliches Wissen in Form eines Regelapparates im Gehirn repräsentiert sein muß. Die in diesem Kapitel vorgestellten kategorialen Grundbegriffe und Regeltypen implizieren somit gleichzeitig empirische Aussagen darüber, wie diese mentalen Repräsentationen konkret aussehen. Aufgrund des logischen Problems des Spracherwerbs zielt die Theorie natürlich weniger auf die Erfassung einzelsprachspezifischer Phänomene als vielmehr auf eine Charakterisierung jener Eigenschaften ab, die universal für alle natürlichen Sprachen gültig sind. Daher verstehen sich die Grundterme der Grammatiktheorie stets auch als empirische Hypothesen über die Universalgrammatik; d.h. etwa die Unterscheidung zwischen phrasalen und lexikalischen Kategorien oder die grundlegenden Eigenschaften von Phrasenstrukturregeln sind keine Besonderheiten des Englischen oder Deutschen, sondern gelten *ex hypothesi* als sprachliche Universalia.

In den Anfängen der generativen Grammatiktheorie hat man angenommen, daß das grammatische Wissen eines erwachsenen Sprechers in Form eines Regelapparates im Gehirn repräsentiert ist und daß sich sprachliche Universalien vor allem in den formalen Eigenschaften dieses Regelapparates manifestieren. Dementsprechend sah man die Aufgabe der Grammatiktheorie vor allem darin, ein System von Regeln zu formulieren, das alle und nur die in einer gegebenen Sprache möglichen Sätze spezifiziert. In der Tat sind die vor allem in den 60er Jahren im Rahmen der generativen Grammatik durchgeführten Arbeiten von dem Bemühen gekennzeichnet, derartige Regeln und Regelsysteme explizit zu formulieren. Die in der jeweiligen Sprache möglichen Strukturen und Sätze wurden demnach aus den betreffenden Regeln abgeleitet oder *deriviert*. Dementsprechend sprach man von einem *derivationellen* Modell. Bei diesen Bemühungen stand vielfach die Frage im Vordergrund, welche grundlegenden Regeltypen anzusetzen sind und in welcher Reihenfolge diese Regeln anzuwenden sind. Zu Beginn der 70er Jahre wurde zunehmend deutlicher, daß dieser Ansatz möglicherweise im Kern verfehlt ist. In vielen Fällen ließen sich offenkundige Gesetzmäßigkeiten überhaupt nicht durch derartige strukturspezifizierende Regeln erfassen; in anderen Fällen entstanden Regelsysteme, bei denen völlig unklar war, wie ein Kind sie plausiblerweise auf der Grundlage der verfügbaren Daten erwerben könnte. Es entstand die Vermutung, daß sprachliches Wissen weniger in Form eines spezifischen Regelapparates mental repräsentiert ist als vielmehr aus allgemeinen Prinzipien besteht, die die Wohlgeformtheit von Strukturen überprüfen. Die Rektions- und Bindungstheorie (GB-Theorie) ist nun ein erster Versuch, das ursprüngliche Konzeption eines derivationellen Modells, in dem die grammatischen Sätze einer Sprache durch Regeln erzeugt werden, durch ein *repräsentationelles* Modell zu ersetzen, in dem weitgehend beliebig erzeugte Strukturen durch ein komplexes System von Prinzipien auf ihre Grammatikalität hin geprüft werden. In den folgenden Kapiteln wollen wir nun einerseits die empirischen Argumente darstellen, die zu diesem Konzeptionswechsel geführt haben, und andererseits die wichtigsten Merkmale und Eigenschaften eines solchen repräsentationellen Modells erläutern.

## Literaturhinweise

Der mit den Phrasenstrukturregeln verbundene Formalismus war von jeher Bestandteil syntaktischer Modelle, wie Postal (1964) gezeigt hat. In der hier dargestellten Form sind PS-Regel von Chomsky (1955:105–291, 1957:26–48, 1965:63–127) ausgearbeitet worden. Zur Vertiefung empfehlen wir u.a. die Einführungsbücher von Culicover (1976a), Akmajian & Heny (1975) sowie Kap. 2 aus Radford (1981) und Kap. 1 aus Bartsch et al. (1977).
Eine detaillierte Phrasenstrukturgrammatik des Deutschen findet sich im 2. Band von Kratzer et al. (1974). Chomsky (1957) ist einer der ersten Versuche, die Frage zu beantworten, ob PS-Regeln für die Darstellung natürlich-sprachlicher Grammatiken hinreichend und notwendig sind. Hierzu cf. auch Daly (1974), Pullum & Gazdar (1982), Culy (1985) und Shieber (1985). In Williams (1978), Chomsky (1982a) sowie Berwick & Weinberg (1984) finden sich diesbezügliche Betrachtungen aus eher konzeptueller Perspektive.
Die formalen Eigenschaften von PS-Regeln sind z.B. in Bucher & Maurer (1984) und Hopcroft & Ullman (1979) ausführlich dargestellt. Für den mathematisch weniger vorgebildeten Leser bietet sich hier vor allem Kratzer et al. (1974) an.

## Aufgaben

1. Die folgenden Sätze sind strukturell mehrdeutig. Ordnen Sie den jeweils möglichen Lesarten eine Phrasenstruktur zu:
   a) Hans schrieb seinem Freund in Passau einen Brief
   b) John told the girl that Bill hates this story
   c) Jean a acheté la voiture que j'ai vue à Paris
   d) Juan recibió la carta de su madre

2. Schreiben Sie eine PS-Grammatik, in der die in den folgenden Sätzen illustrierten Rekursionen ausgedrückt werden:
   a) John believes that Mary said that Tom claims ...
      that Carol will marry a famous movie star
   b) ein schönes, großes, kaltes ... helles Bier
   c) l'homme qui a tué la femme que Jean a rencontrée
      à Paris où Pierre possède un appartement que ...
      a été acquitté

3. Überlegen Sie, ob und in welcher Form die in den folgenden Beispielen illustrierten Kongruenzphänomene durch PS-Regeln ausgedrückt werden können:
   a) *the man* that John hired ha*s* been recommended by Bill
   b) *la* lettre que je t'avais écrit*e* n'est jamais arriv*ée*
   c) *i* libri che ho comprat*i* ieri *sono* molto interessant*i*

4. Überlegen Sie anhand der folgenden Daten, warum wir in diesem Kapitel die PS- Regeln anhand englischer und nicht anhand deutscher Beispiele eingeführt haben:
   a) Hans hat seiner Frau das alte Auto gekauft
   b) ich weiß, daß Hans seiner Frau das alte Auto gekauft hat
   c) ich weiß, daß das alte Auto Hans seiner Frau gekauft hat
   d) ich weiß, daß seiner Frau Hans das alte Auto gekauft hat

# Phrasenstrukturen

## 2.1 X-bar Syntax

Im vorangegangenen Kapitel haben wir zwei wichtige Grundelemente der syntaktischen Beschreibung kennengelernt: einerseits die Phrasenstrukturregel und andererseits die Subkategorisierung, die festlegt, welche Verben in einer gegebenen Sprache in welche syntaktischen Strukturen eingesetzt werden dürfen. Wir sind zunächst davon ausgegangen, daß nur das allgemeine Format der Phrasenstrukturregel sowie die Distinktion zwischen lexikalischen und phrasalen Kategorien universal für alle Sprachen gelten und somit nicht vom Kinde erlernt werden müssen, sondern angeboren sind. Mit anderen Worten, das Kind weiß *a priori*, daß sich lexikalische Elemente zu phrasalen Kategorien zusammenfassen lassen und daß die entsprechende Zuweisung generell über strukturerzeugende Regeln durchgeführt wird. Demgegenüber scheinen die einzelnen Regeln, die die Struktur der syntaktischen Phrasen bestimmen, sprachspezifisch zu sein. So treten etwa im Englischen NPs und PPs rechts vom Verb auf, während im Japanischen die entsprechenden Kategorien links vom Verb stehen:

(1a) John received a letter from his friend

(1b) John-wa tegami-o tomodachi-kara uketa
John Brief(acc) Freund-von erhielt

Für das Englische ist demnach eine Regel wie (2), für das Japanische eine Regel wie (3) anzusetzen:

(2) VP → V (NP) (PP)
(3) VP → (NP) (PP) V

Ähnliche sprachspezifische Unterschiede finden wir beispielsweise auch im Bereich der NP-Regel. Im Italienischen steht der Determiner vor und das Adjektiv hinter dem Nomen, im Rumänischen können beide Kategorien postnominal erscheinen, im Deutschen hingegen treten sie gewöhnlich pränominal auf. Dementsprechend müssen wir offensichtlich jeweils sprachspezifische Regeln wie in (5) formulieren:

(4a) die alten Häuser
(4b) le case vecchie
(4c) case-le vechi

(5a) NP → (DET) (A) N (Deutsch)
(5b) NP → (DET) N (A) (Italienisch)
(5c) NP → N (DET) (A) (Rumänisch)

Wir wollen nunmehr der Frage nachgehen, ob sich über das allgemeine Format der Phrasenstrukturregel hinaus weitere universale Eigenschaften auch innerhalb des internen Aufbaus phrasaler Kategorien feststellen lassen. Mit anderen Worten, wir wollen untersuchen, ob sich auch im internen Strukturaufbau phrasaler Kategorien für alle natürlichen Sprachen gültige Beschränkungen feststellen lassen. Hinter dieser Fragestellung verbirgt sich natürlich das Bemühen, im Sinne der Zielsetzung der generativen Grammatik einzelsprachspezifische von universalgrammatischen Eigenschaften zu trennen.

Als Ausgangspunkt betrachten wir nochmals die englische VP-Regel und NP-Regel, die wir hier als (6) und (7) wiederholen:

(6) NP → (DET) (AP) N (PP)
(7) VP → V (NP) (PP)

An diesen zwei Regeln fällt zunächst eine gewisse Parallelität auf. Beide enthalten jeweils *eine* lexikalische Kategorie – N bzw. V – als obligatorisches Element sowie verschiedene lexikalische bzw. phrasale Kategorien als fakultative Elemente. In der bislang konzipierten Form macht unsere Grammatiktheorie zu diesem Phänomen keinerlei prinzipielle Aussagen, da sie ja allein das allgemeine Format von Phrasenstrukturregeln, nicht jedoch deren spezifische Ausgestaltung festlegt. Mit anderen Worten, unsere Grammatiktheorie weist die spezifische Form von (6) und (7) als eine *zufällige* Eigenschaft des Englischen aus. Dementsprechend wäre zu erwarten, daß die VP-Regel bzw. NP-Regel in anderen Sprachen völlig anders aussieht. In der Tat hatten wir bereits an den japanischen, italienischen und rumänischen Daten in (1) und (4) gesehen, daß verschiedene Sprachen gerade in diesem Bereich erhebliche individuelle Unterschiede aufzuweisen scheinen. Da sich die Grammatiktheorie bislang überhaupt nicht dazu äußert, welche Kategorien auf der rechten Seite einer Phrasenstrukturregel auftreten können, sollte – über die bereits illustrierten strukturellen Konfigurationen hinaus – grundsätzlich jede beliebige Kombination von Kategorien möglich sein. Somit sollte es auch Sprachen geben (können), in denen VP-Regeln bzw. NP-Regeln wie in (8) und (9) auftreten:

(8) a. NP → V P (NP)
b. NP → P (VP)
c. NP → A NP (S) (PP)

(9) a. VP → N P (S)
b. VP → DET P (NP)
c. VP → A N

Dem unvoreingenommenen Betrachter wird bereits auffallen, daß diese Regeln ausgesprochen merkwürdig aussehen. Eine NP, die wie in (8b.) in eine obligatorische Präposition expandiert, oder eine VP, die wie in (9c.) durch ein Adjektiv + Nomen zu ersetzen ist, scheinen unseren intuitiven Vorstellungen über die Struktur natürlicher Sprachen zu widersprechen. In der Tat sind keinerlei Sprachen bekannt, in denen Regeln wie in (8) oder (9) auftreten. Vielmehr scheinen in allen Sprachen NPs ein obligatorisches Nomen und VPs ein obligatorisches Verb zu enthalten. Gerade dieses obligatorische Nomen bzw. Verb machen die NP zur NP bzw. die VP zur VP.

Wenn es jedoch eine universale Eigenschaft natürlicher Sprachen ist, daß etwa VPs stets ein Verb und NPs stets ein Nomen enthalten, so ist das obligatorische Auftreten von N bzw. V in (6) und (7) eben keine zufällige Eigenschaft des Englischen, sondern ein notwendiges (cf. Kap. 1.1) Strukturmerkmal natürlich-sprachlicher Grammatiken. Daher muß diese Eigenschaft nicht eigens in einer Grammatik des Englischen genannt werden, sondern ist – in einer noch näher zu bestimmenden Form – in der Universalgrammatik zu spezifizieren.

Es stellt sich nunmehr die Frage, ob auch die in den PS-Regeln rechtsseitig auftretenden phrasalen Kategorien irgendwelchen universalen Restriktionen unterliegen. Wir wollen dieser Frage zunächst am Beispiel der VP-Regel nachgehen.

In Kap. 1.2 hatten wir bereits gesehen, daß die innerhalb der VP zugelassenen phrasalen Kategorien von den Subkategorisierungseigenschaften des jeweiligen Verbs abhängen; d.h. das Auftreten von NP und PP in der VP-Regel (7) ist darauf zurückzuführen, daß bestimmte englische Verben eben nach diesen phrasalen Kategorien subkategorisiert sind. Nun ist die VP-Regel (7) jedoch offensichtlich unvollständig. Wie die Beispiele in (10) zeigen, können nicht nur NP bzw. PP, sondern auch andere phrasale Kategorien wie etwa S', AP oder VP innerhalb einer VP auftreten:

(10a) VP → V S'
John believes that Tom loves Mary

(10b) VP → V NP S'
John promised Tom to hire his son for this task

(10c) VP → V PP S'
John said to his friend that Mary will quit her job

(10d) VP → V NP NP
John bought his wife a new dress

(10e) VP → V AP
John became crazy

(10f) VP → V VP
John will have kissed her

Aufgrund dieser Datenlage müssen wir offensichtlich unsere ursprüngliche VP-Regel (7) durch (11) ersetzen, um auch die Strukturen in (10) erfassen zu können:

(11) VP → V (AP) (VP) (NP) (NP) (PP) (S')

Wenngleich die Regel (11) – gegenüber (7) – auf den ersten Blick ein größeres Maß an deskriptiver Vollständigkeit aufzuweisen scheint, so generiert sie jedoch auch Strukturen, die im Englischen grundsätzlich nicht möglich sind. Da die in Klammern gesetzten phrasalen Kategorien gleichermaßen fakultativ sind, lassen sich prinzipiell beliebige Kombinationen von phrasalen Kategorien als Bestandteil der VP auswählen, so daß (11) etwa auch Strukturen wie in (12) generiert:

(12a) [$_{VP}$ V AP VP NP NP S']

(12b) [$_{VP}$ V AP NP PP]

Da nun weder (12a) noch (12b) im Englischen als VP-Strukturen zugelassen sind, kann die Regelformulierung in (11) nicht korrekt sein. Das Problem von (11) liegt offenbar darin, daß grundsätzlich zwar alle phrasalen Kategorien innerhalb der VP auftreten können, jedoch nur in bestimmten Kombinationen. Es liegt also nahe, die VP-Regel so zu formulieren, daß die zulässigen Kombinationen als alternative Optionen in der Regel selbst spezifiziert werden. Notationell lassen sich diese zugelassenen Alternativen durch geschweifte Klammern wie in (13) spezifizieren:

(13)
$$\mathrm{VP} \rightarrow \mathrm{V} \left\{ \begin{array}{l} - \\ \mathrm{NP} \\ \mathrm{NP}\ \mathrm{NP} \\ \mathrm{NP}\ \mathrm{S'} \\ \mathrm{NP}\ \mathrm{PP} \\ \mathrm{PP} \\ \mathrm{PP}\ \mathrm{S'} \\ \mathrm{S'} \\ \mathrm{VP} \\ \mathrm{AP} \end{array} \right\}$$

Regel (13) besagt, daß eine englische VP aus einem Verb sowie aus einer der in der geschweiften Klammer stehenden alternativen Kategorien (-kombinationen) besteht. Würden wir nun für das Englische eine einzelsprachliche Phrasenstrukturgrammatik formulieren, in der u.a. eine Regel wie (13) erscheint, so enthielte eine solche Grammatik eine offensichtliche Redundanz. Die Information, welche syntaktischen Kategorien bzw. Strukturen innerhalb der VP auftreten können, wird unabhängig voneinander an zwei verschiedenen Stellen innerhalb der Grammatik spezifiziert; und zwar einerseits im phrasenstrukturellen Teil durch die Regel (13) und andererseits im Lexikon durch die verschiedenen Subkategorisierungseinträge bei den einzelnen Verben. So besagt etwa die VP-Regel, daß auf ein Verb u.a. eine NP folgen kann, und exakt die gleiche Information finden wir nochmals in den Lexikoneinträgen von Verben wie z.B. *read* oder *see*. Mit anderen Worten, die VP-Regel muß die Möglichkeit einer V + NP Struktur vorsehen, weil es eben Verben gibt, auf die eine NP folgen kann. Umgekehrt muß es offensichtlich Verben mit genau dieser Eigenschaft geben, weil die VP-Regel dies als eine Strukturoption vorsieht. Gäbe es derartige Verben nicht, so könnten wir die NP als Strukturoption aus der VP-Regel streichen.

Es zeigt sich also, daß eine Spezifizierung der innerhalb der VP zulässigen phrasalen Kategorien durch eine PS-Regel wie (13) schlichtweg überflüssig ist, da sich die hier einschlägige Information bereits vollständig aus den im Lexikon eingetragenen Subkategorisierungsrahmen der verschiedenen Verben ergibt. Aus diesem Grunde liegt es nahe, auf eine derartige phrasenstrukturelle Spezifizierung überhaupt zu verzichten und statt dessen eine VP-Regel wie (14) anzusetzen, in der die Punkte für eine beliebige Kette phrasaler Kategorien stehen:

(14) VP → V …

Durch welche Kategorien die Punkte in (14) ersetzt werden können, hängt sprachspezifisch vom jeweiligen verbalen Lexem ab und ist daher im Lexikon vermerkt. So erfordert etwa dtsch. *wohnen* eine PP, während frz. *habiter* auch mit einer NP verträglich ist:

(15a) Hans wohnt in Berlin
(15b) Jean habite Paris

Zwischen Regeln wie (14) einerseits und (7) oder (13) andererseits besteht nun ein entscheidender konzeptueller Unterschied. (7) bzw. (13) waren als Regeln einer spezifischen Einzelsprache – hier: des Englischen – konzipiert; d.h. wir hatten angenommen, daß die Grammatik des Englischen u.a. derartige Regeln enthalten muß. (14) hingegen ist der Universalgrammatik zuzuordnen: sie gibt das universale Format von VP-Strukturen wieder und besagt, daß in *allen* natürlichen Sprachen Verbalphrasen aus einem obligatorischen Verb und (einer Kette von) phrasalen Kategorien bestehen. Die sprachspezifischen Aspekte von VP-Strukturen, i.e. welche Lexeme mit welchen phrasalen Kategorien auftreten, ergeben sich aus den einzelsprachlich unterschiedlichen Subkategorisierungsrahmen der Verben. Durch die Einführung von (14) gelingt es uns also nicht nur, universalgrammatische von einzelsprachlichen Strukturaspekten zu trennen, sondern wir eliminieren gleichzeitig die oben angesprochen Redundanz in einer Phrasenstrukturgrammatik, die Regeln wie (7) oder (13) enthält. Wir wollen nunmehr das obligatorische lexikalische Element als den *Kopf* (engl. *head*) und die durch die Punkte angedeuteten Strukturelemente als das *Komplement* einer Konstruktion bezeichnen.

Als UG-Regel ist (14) jedoch offenkundig noch zu restriktiv. Wie die Beispiele in (16) zeigen, erscheinen in Sprachen wie dem Japanischen oder Türkischen Komplemente links vom Verb; gleiches gilt auch etwa für den deutschen Nebensatz. Darüber hinaus können auch im Englischen bestimmte Strukturelemente wie etwa Adverbien vor dem Verb auftreten. Daher müssen wir (14) offenkundig durch (17) ersetzen:

(16a) Taroo-wa Hanako-o ai-shiteru (Japanisch)
Taroo Hanako(acc.) liebt
»Taroo liebt Hanako«

(16b) Babama mektup yazdim (Türkisch)
Vater-meinem Brief ich-schrieb
»ich schrieb meinem Vater einen Brief«

(16c) … weil Hans seinem Freund das Auto verkauft hat

(17) VP → ... V ...

Betrachten wir nun die NP, so zeigt sich, daß der grundlegende Aufbau dieser Kategorie mit dem der VP weitgehend identisch ist; d.h. jede NP besteht aus einem obligatorischen lexikalischen Kopf – in diesem Falle einem Nomen – sowie verschiedenen phrasalen Kategorien als Komplemente. Darüber hinaus können bestimmte Strukturelemente auch links vom lexikalischen Kopf auftreten:

(18a) [$_{NP}$ John's] belief [$_{S'}$ that Bill will win the race]...

(18b) [$_{NP}$ John's] attempt [$_{S'}$ to win the race]...

(18c) [$_{DET}$ the] destruction [$_{PP}$ of the city]

(18d) [$_{DET}$ die] Eroberung [$_{NP}$ der Stadt]

Das gleiche grundlegende Schema finden wir ebenfalls bei den Präpositional- und Adjektivphrasen:

(19a) John is [$_{AP}$ eager [$_{S'}$ to please his parents]]

(19b) John is [$_{AP}$ glad [$_{S'}$ that he won the race]]

(19c) John is [$_{AP}$ incredibly proud [$_{PP}$ of his son]]

(19d) Hans ist [$_{AP}$ [$_{NP}$ seiner Frau] treu]

(20a) John left [$_{PP}$ without [$_{S'}$ getting an answer]]

(20b) Hans verschwand [$_{PP}$ ohne [$_{S'}$ daß er Antwort erhielt]]

(20c) John looked at me [$_{PP}$ from [$_{PP}$ behind the curtain]]

(20d) the car stopped [$_{PP}$ two yards before [$_{NP}$ the house]]

Aufgrund dieser Datenlage können wir nunmehr für die verschiedenen phrasalen Kategorien die folgenden universalgrammatischen Regeln ansetzen:

(21a) VP → ... V ...
(21b) NP → ... N ...
(21c) PP → ... P ...
(21d) AP → ... A ...

Da nun die verschiedenen Expansionsregeln jeweils das gleiche grundlegende Format aufweisen, können wir für das lexikalische Kategoriensymbol die Variable X einsetzen und die Regeln in (21) durch (22) zusammenfassen:

(22) XP → ... X ...

Während wir bislang davon ausgegangen sind, daß an die Stelle der Punkte in (22) prinzipiell jede beliebige phrasale Kategorie eingesetzt werden kann, zeigt sich jedoch bei genauer Betrachtung, daß im Englischen etwa NP-Komplemente zwar in der VP, nicht jedoch in der NP zugelassen sind. Wir finden also Kontraste wie in (23):

(23a) Caesar will [$_{VP}$ destroy [$_{NP}$ the city]]

(23b) *[$_{NP}$ the destruction [$_{NP}$ the city]]

Somit stellt sich wiederum die Frage, ob die Ungrammatikalität von (23b) eine Besonderheit des Englischen darstellt oder ob es sich hierbei um eine universale Beschränkung handelt. Nun ist es ziemlich offenkundig, daß derartige N + NP Strukturen in zahlreichen Sprachen durchaus möglich sind, wie die Beispiele in (24) demonstrieren:

(24a) die Zerstörung [$_{NP}$ der Stadt]

(24b) i katastrofí [$_{NP}$ tis poleos] (Griechisch)

(24c) [$_{NP}$ şehrin] harabiyet (Türkisch)

(24d) kerusakan [$_{NP}$ negeri] (Indonesisch)

Es fällt auf, daß derartige NP-Komplemente zumeist in Sprachen auftreten, in denen Nomina morphologisch als Genitiv markiert werden können, während Sprachen, in denen Nomina nicht flektiert werden, in den entsprechenden Fällen stets nur PP-Komplemente erlauben:

(25a) la destruction [$_{PP}$ de la ville] (Französisch)

(25b) *la destruction [$_{NP}$ la ville]

(26a) la destrucción [$_{PP}$ de la ciudad] (Spanisch)

(26b) *la destrucción [$_{NP}$ la ciudad]

(27a) de vernieling [$_{PP}$ van de stad] (Holländisch)

(27b) *de vernieling [$_{NP}$ de stad]

Diese Datenverteilung deutet darauf hin, daß die Möglichkeit einer N + NP Struktur eng mit den Kasuseigenschaften der jeweiligen Sprache verbunden ist. In Kap. 2.2 werden wir auf die Beziehung zwischen Kasus und Komplementstruktur näher eingehen und zeigen, daß das Fehlen eines nominalen NP-Komplementes im Englischen aus einem parametrisierten UG-Prinzip folgt. Somit scheint es auch hier überflüssig zu sein, derartige Restriktionen im phrasenstrukturellen Teil der Grammatik eigens aufzuführen.

Wir sind bislang davon ausgegangen, daß die in (22) durch Punkte symbolisierte variable Sequenz von phrasalen Kategorien in sich nicht weiter strukturiert ist. Es gibt nun eine Vielzahl von Daten, die darauf hindeuten, daß eine Strukturierung doch vorliegt. Betrachten wir zunächst wiederum die VP. Wir hatten angenommen, daß die als Komplement zugelassenen phrasalen Kategorien sich sprachspezifisch aus den im Lexikon eingetragenen Subkategorisierungseigenschaften des entsprechenden Verbs ergeben. Doch diese Annahme ist offenkundig zu restriktiv. Wie die Beispielsätze in (28) zeigen, können neben den lexemspezifischen Komplementen weitere phrasale Kategorien auftreten, die unabhängig von den Subkategorisierungseigenschaften des betreffenden Lexems sind:

(28a) John [$_{VP}$ slept [$_{PP}$ in a big bed]]

(28b) John [$_{VP}$ gave a book to Mary [$_{NP}$ last spring]]

(28c) John [$_{VP}$ wrote this paper [$_{PP}$ with Bill]]

(28d) John [$_{VP}$ came late [$_{S'}$ because it was raining]]

Derartige Kategorien, die fakultativ zusätzlich zu den Komplementen auftreten und selbst nichts mit den Subkategorisierungseigenschaften des betreffenden Lexems zu tun haben, bezeichnen wir als *Adjunkte* (engl. *adjunct*). So ist etwa in (28c) die NP *this paper* ein Komplement, da sie von den Subkategorisierungseigenschaften von *write* erzwungen wird, während die PP *with Bill* ein Adjunkt ist, da sie als fakultatives Element unabhängig von den Subkategorisierungseigenschaften von *write* ist.

Wenn nun sowohl Komplemente als auch Adjunkte in Verbindung mit einem lexikalischen Kopf auftreten, so stellt sich die Frage, ob diese unterschiedliche syntaktische Eigenschaften haben oder ob wir die Punkte in (22) bzw. (21a) beliebig durch Komplemente oder Adjunkte ersetzen können. Es zeigt sich nun jedoch, daß Adjunkte in beliebiger Reihenfolge auftreten können, während dies für die Abfolge Komplement + Adjunkt nicht gilt:

(29a) John slept [in a big bed] [under the bridge]
(29b) John slept [under the bridge] [in a big bed]

(30a) John wrote [a paper] [with Bill]
(30b) *John wrote [with Bill] [a paper]

(31a) John gave [the book to Mary] [last week]
(31b) *John gave [last week] [the book to Mary]

In einem intuitiven Sinne scheinen Komplemente mit dem lexikalischen Kopf eine sehr enge Einheit zu bilden, während Adjunkte weitaus unabhängiger vom Kopf einer Konstruktion sind. Dieses Faktum deutet nun darauf hin, daß Verben zusammen mit ihren Komplementen gegenüber den Adjunkten eine Konstituente bilden. In der Tat gibt es eine Reihe von grammatischen Prozessen, die genau die Abfolge V + Komplement involvieren, das Adjunkt jedoch ausschließen:

(32a) John [gives his son an allowance] every week and Tom does so every month

(32b) John [wrote a paper] and [published a book] with Bill

(32c) [read a book] is what John always does on Sundays

(32d) [give Mary the car] is what John always does during his summer vacation

Eine ähnliche interne Strukturierung der in Verbindung mit einem lexikalischen Kopf zugelassenen phrasalen Kategorien finden wir auch im Bereich der NP, wie etwa Hornstein & Lightfoot (1981) gezeigt haben. Betrachten wir hierzu das folgende Beispiel:

(33) John met this student of physics and Bill met that one

Da die Pro-Form *one* in (33) für *student of physics* steht, muß die Kette N+PP eine Konstituente bilden und somit von einem kategorialen Knoten ausschließlich dominiert sein. Wenn sich nun innerhalb der NP einzelne Elementabfolgen zu Konstituenten gruppieren, so müssen wir neben der Ebene der lexikalischen Kategorien und der der NP eine weitere kategoriale Ebene annehmen. Dementsprechend ist etwa für den Ausdruck *this student of physics* eine Struktur wie (34) anzusetzen:

(34)

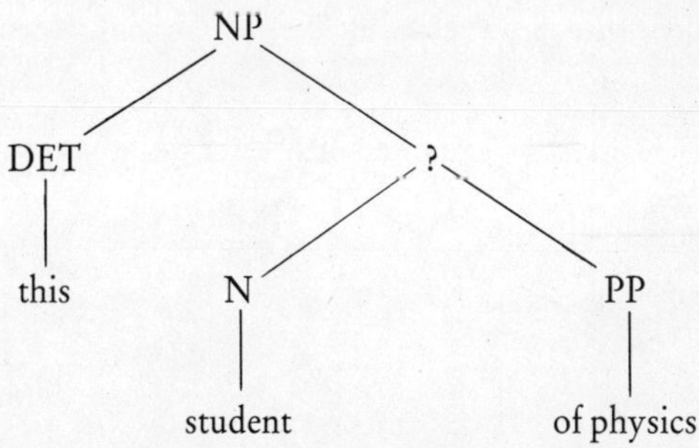


Die Frage stellt sich, welcher Art der Knoten ist, den wir in (34) mit »?« dargestellt haben. Da es sich bei der vorliegenden Struktur um eine

Nominalphrase handelt, deren obligatorisches Element ein Nomen ist, scheint es sinnvoll, daß jeder Konstituentenknoten innerhalb dieser NP den nominalen Charakter der Gesamtstruktur widerspiegeln sollte. Mit anderen Worten, die kategoriale Eigenschaft des Kopfes einer Konstruktion sollte in sämtliche Konstituentenknoten dieser Konstruktion hineinprojiziert werden. Dementsprechend bezeichnet man die Konstituente, die aus dem Kopf und dem Komplement besteht, mit dem $\bar{N}$ oder N' und liest dieses Symbol als *N-quer* (engl. *N-bar*). Diese Konstituente N' bildet nun im vorliegenden Falle zusammen mit dem Determiner die nächsthöhere Konstituente, die demzufolge als $\bar{\bar{N}}$ oder N'' bezeichnet und als *N-zwei-quer* (engl. *N-double-bar*) gelesen wird. N'' entspricht somit unserem bisherigen NP. In dieser Notation erhält unser Beispiel somit die folgende Struktur:

(35)

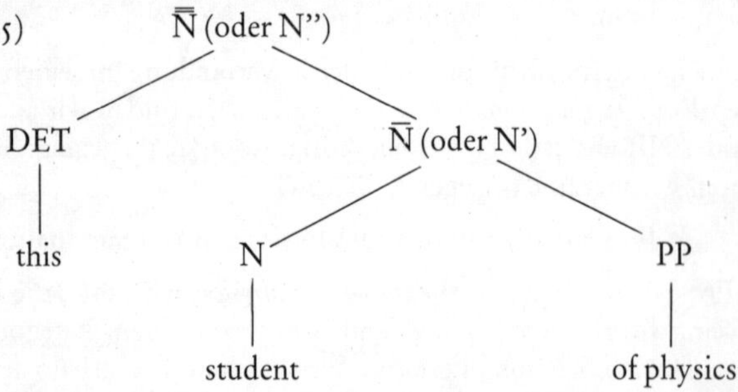


(35) zeigt also, daß *student* und *of physics* zusammen die Konstituente N' bilden, die im zweiten Halbsatz von (33) durch *one* ersetzt wird. In ähnlicher Weise können wir nun auch innerhalb der VP den Konstituentencharakter von V+Komplement-Abfolgen gegenüber den Adjunkten darstellen, so daß wir etwa für die VP in (30a) folgende Struktur erhalten:

(36)

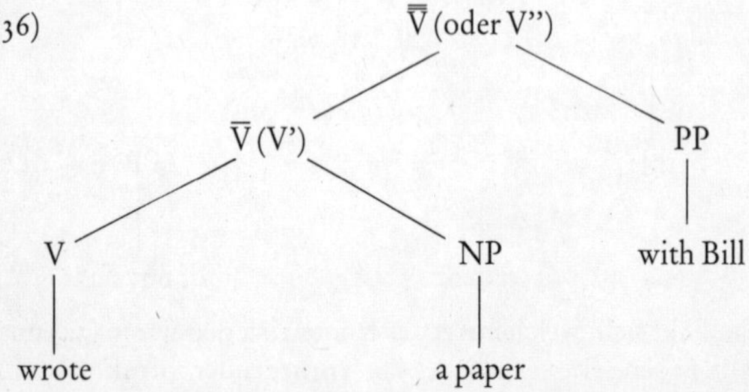

Wenn nun generell zutrifft, daß zwischen dem Kopf einer Konstruktion und XP eine weitere phrasale Kategorie anzusetzen ist, so müssen wir die Regel (22) offenkundig revidieren und durch (37) ersetzen:

(37) $\bar{\bar{X}} \rightarrow \ldots \bar{X} \ldots$
$\bar{X} \rightarrow \ldots \rightarrow \ldots$

Diese beiden Regel enthalten eine weitere offenkundige Generalisierung, die in (37) unausgesprochen bleibt. Auf der rechten Seite jeder Regel steht jeweils das Kategoriensymbol *X* mit einem Querstrich weniger als auf der linken Seite. Wenn wir nun für die Zahl der Querstriche die Variable *n* einsetzen, können wir die beiden Regeln wie in (38) in einer einzigen zusammenfassen:

(38) $X^{n} \rightarrow \ldots X^{n-1} \ldots$

(38) wird als *X-bar Schema* bezeichnet; es spezifiziert die in natürlichen Sprachen möglichen Strukturen phrasaler Kategorien und ist somit Bestandteil der Universalgrammatik. Konkret besagt das X-bar Schema, daß phrasale Kategorien stets einen lexikalischen Kopf enthalten müssen, der zusammen mit dem Komplement die nächsthöhere Kategorie, d.h. X' bildet. X' verbindet sich wiederum mit Adjunkten bzw. mit DET in der NP zu X''. Die einzelnen kategorialen Ebenen bezeichnen wir als *Projektionen* des Kopfes der Konstruktion. Dementsprechend nennt man die höchste Projektionsebene die *maximale Projektion* oder $X^{max}$. Der lexikalische Kopf einer Konstruktion wird vielfach mit dem Symbol $X°$ gekennzeichnet.

Die in (38) dargestellte Form des X-bar Schemas kann als die Standardversion angesehen werden, die den meisten generativistischen Arbeiten zugrunde liegt. Dennoch läßt diese Version eine Reihe von wichtigen Fragen unbeantwortet. Zunächst ist zu überlegen, ob $X^{max}$ stets mit X'' gleichzusetzen ist, i.e. n = 2, oder ob es Sprachen bzw. Kategorien gibt, in denen $X^{max}$ mehr als zwei Querstriche aufweisen kann. Um die in diesem Bereich auftretende Problematik zu erläutern, betrachten wir die folgenden Beispielsätze:

(39a) John finished his paper last week and Bill did so yesterday
(39b) John finished his paper last week and Bill did so, too

(40a) John met this student of physics from Glasgow and Bill met that one from London

(40b) John met this student of physics from Glasgow and Bill met that one

In (39a) und (40a) ersetzen die Pro-Formen *did so* bzw. *one* eine X'-Projektion, d.h. den Kopf und sein Komplement (= *finished his paper* bzw. *student of physics*). In (39b) und (40b) hingegen schließen die Pro-Formen auch die Adjunkte *last week* bzw. *from Glasgow* mit ein. Wenn nun sowohl die Sequenz Kopf+Komplement als auch die Sequenz Kopf+Komplement+Adjunkt jeweils eine eigene Konstituente bildet, die unterhalb der maximalen Projektion liegt, so scheinen wir in Strukturen wie (39) und (40) insgesamt nicht zwei, sondern drei Projektionsebenen ansetzen zu müssen; beispielsweise in (40) X' = *student of physics*, X'' = *student of physics from Glasgow*, X''' = *this student of physics from Glasgow.*

Nun können innerhalb der VP bzw. der NP auch mehr als ein Adjunkt erscheinen, wie die folgenden Sätze zeigen, in denen jeweils zwei Adjunkte (*last week* + *in Stanford* bzw. *from Glasgow* + *with long hair*) auftreten:

(41a) John finished his paper last week in Stanford and Gerd did so in Amherst

(41b) John met the student of physics from Glasgow with long hair and Bill met the one with short hair

Die Sätze in (41) illustrieren zunächst, daß die Pro-Formen *did so* bzw. *one* auch *Teile* einer Adjunktsequenz umfassen können. So treten etwa in (41b) die Adjunkte *from Glasgow* und *with long hair* auf, die Pro-Form *one* umfaßt jedoch neben Kopf und Komplement lediglich das erste Adjunkt, i.e. *from Glasgow.* Dementsprechend müßte in (41b) als maximale Projektion nunmehr ein X'''' angesetzt werden, d.h. X' = *student of physics*, X'' = *student of physics from Glasgow*, X''' = *student of physics from Glasgow with long hair*, X'''' = *the student of physics from Glasgow with long hair.*

Offenkundig läßt sich nun die Anzahl der Adjunkte – auch über die in den Beispielen (41) illustrierten Strukturen hinaus – prinzipiell beliebig erweitern, wobei stets jede Teilsequenz der Adjunkte zusammen mit dem Kopf und dem Komplement eine Konstituente bildet. Dies bedeutet jedoch, daß bei einer Formulierung des X-bar Schemas wie in (38) auch der Wert für *n* prinzipiell beliebig groß sein kann. Nun zeigen allerdings bereits die Beispiele in (39)-(41), daß sich die zwischen $X^{max}$ und $X^{\circ}$ liegenden Projektionsebenen syntaktisch offenbar gleich verhalten; so können sie etwa jeweils durch die gleiche Pro-Form ersetzt werden.

Die Beobachtung, daß zwischen $X^{max}$ und $X^{\circ}$ prinzipiell beliebig viele Projektionsebenen liegen können, die sich jedoch alle syntaktisch gleich verhalten, legt die Vermutung nahe, daß für diese Zwischenebenen eine einheitliche Projektionshöhe, i.e. $n = 1$, anzusetzen ist. Diese bedeutet jedoch, daß X' innerhalb des X-bar Schemas rekursiv eingeführt werden kann. Dementsprechend erhalten wir für die VP bzw. NP in (41) folgende Strukturen:

(41a')

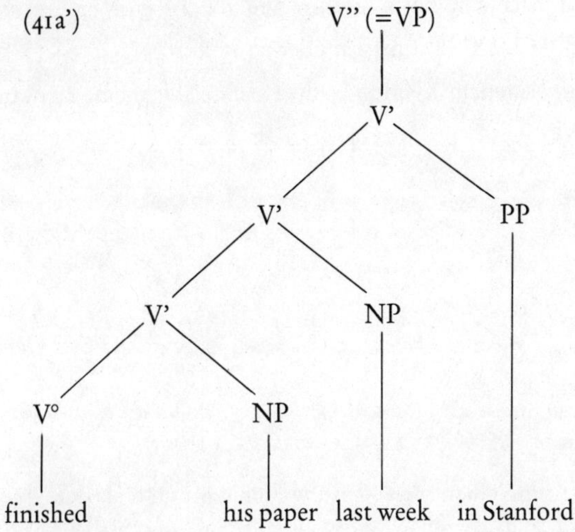


(41b')

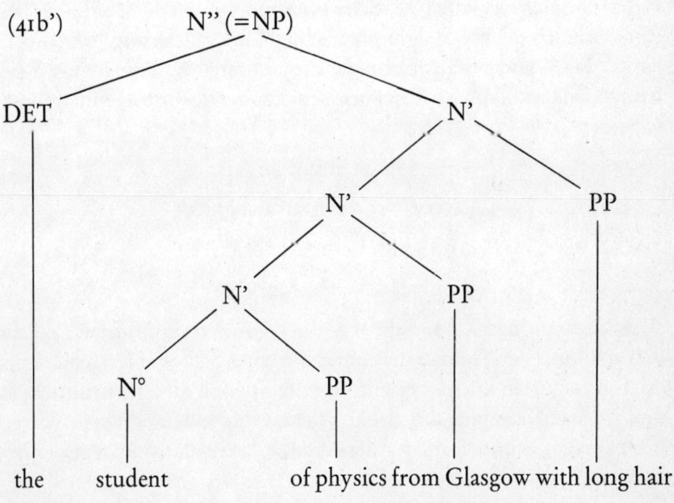

Wenn nun die Projektion X' rekursiv aufgerufen werden kann, so müssen wir offensichtlich die allgemeine Form des X-bar Schemas in (38) dahingehend abändern, daß $X^n$ entweder zu $X^{n-1}$ oder gleichbleibend zu $X^n$ expandiert werden kann. In späteren Kapiteln werden wir sehen, daß dieser rekursive Aufruf nicht nur für X', sondern auch für X'' gilt. Wir erhalten demnach eine Formulierung wie in (42):

(42) $X^n \rightarrow \ldots X^m \ldots;\ m = n \text{ oder } n-1$

Mit rekursiv aufgerufenem X' ergibt sich also eine allgemeine Struktur wie etwa in (43):

(43)

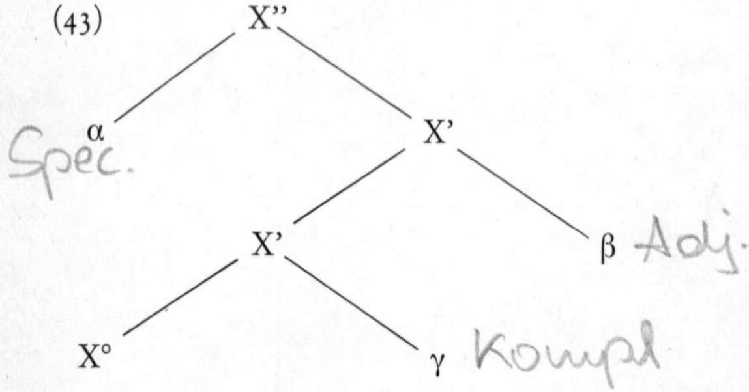


Während γ das Komplement von X° ist, wollen wir nun α als den *Specifier* von X'' und β als die an X' *adjungierte* (engl. *adjoined*) Position bezeichnen. Eine Kategorie β ist also an $X^n$ adjungiert, wenn sie zusammen mit einem weiteren $X^n$-Schwesterknoten von $X^n$ dominiert wird. Eine wichtige universalgrammatische Generalisierung besteht nun darin, daß β und γ stets maximale Projektionen sein müssen, während α auch eine lexikalische Kategorie sein kann, wie die folgenden Beispiele zeigen:

(44a) [$_{NP}$ [$_{DET}$ the] book about linguistics]

(44b) [$_{AP}$ [$_{Adv}$ very] proud of his daughter]

(44c) [$_{PP}$ [$_{Adv}$ roughly] under the bridge]

(44d) [$_{VP}$ [$_{Adv}$ only] looked at Mary]

Während nun das X-bar Schema in der Form von (38) bzw. (42) zwar den strukturellen Aufbau der innerhalb eines Satzes auftretenden phrasalen Kategorien korrekt erfaßt, so scheint doch die Satzstruktur selbst den Aufbauprinzipien des X-bar Schemas zu widersprechen. Wir erinnern uns an die in Kap. 1.2 dargestellte Satzexpansionsregel, die wir hier als (45) wiederholen:

(45) S → NP (AUX) VP

Nach dieser Regel besteht jeder Satz obligatorisch aus einer NP, einer VP sowie einem fakultativen Auxiliar. Nun zeigt sich jedoch bei genauer Betrachtung, daß jeder finite Satz neben den in (45) aufgeführten Kategorien ein obligatorisches Flexionsmorphem enthält, das insbesondere das Tempus (und in vielen Sprachen auch Modus und Aspekt) des betreffenden Satzes ausdrückt. Im Englischen und Deutschen wird dieses Flexionsmorphem stets an die erste Verbalform angehängt, während es etwa im Chinesischen auch am Satzende auftreten kann:

(46a) John play*ed* an important part in this affair
(46b) Hans konn*te* leider nicht kommen

(46c) ta jintian-zaochen shang feiji -le
er heute-morgen besteigt Flugzeug (»Vergangenheit«)

Dieses Flexionsmorphem wird als *INFL* bezeichnet und kann, wie die obigen Daten zeigen, in verschiedenen Sprachen an unterschiedlichen Positionen im Satz auftreten. Im Englischen wird INFL entweder als Flexionsmorphem oder – wie wir bereits gesehen haben – als Auxiliar realisiert. Dementsprechend ist die Satzexpansionsregel (45) durch die in (47) zu ersetzen:

(47) S → NP INFL VP

Nun beobachten wir zunächst, daß in (47) zwei maximale Projektionen, i.e. NP und VP, sowie eine nicht-maximale Projektion, i.e. INFL, auftreten. Wird nun INFL als Auxiliar realisiert, so zeigt sich besonders deutlich, daß das jeweilige INFL-Element nur mit bestimmten Typen von VPs kombiniert werden kann. So verlangt etwa *will* einen Infinitiv, *have* ein Partizip Perfekt und *be* ein Partizip Präsens:

(48a) John will take a nap
(48b) *John will taken a nap

(49a) John has taken a nap
(49b) *John has taking a nap

(50a) John is taking a nap
(50b) *John is take a nap

Diese enge Abhängigkeit zwischen INFL und VP – also einem X° und einem $X^{max}$ – erinnert uns nun stark an das Phänomen der Subkategorisierung, das etwa die eingeschränkte Kombinierbarkeit von Verben und ihren Komplementen regelt. Aus diesem Grunde liegt es nahe, auch die Beziehung zwischen INFL und VP als eine Kopf-Komplement Relation zu betrachten; d.h. der Kopf INFL verlangt einen bestimmten Typus von VP-Komplement. Darüber hinaus zeigen Strukturen wie (51), daß INFL und VP auch eine Konstituente bilden, da nur Konstituenten miteinander koordiniert werden können (cf. Kap. 1.2):

(51) John [will visit us] and [may take his girlfriend along]

Aufgrund dieser Beobachtungen können wir INFL und VP entsprechend dem X-bar Schema zu einer Projektion INFL' zusammenfassen:

(52)

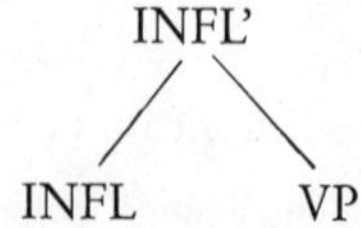


Die Tatsache, daß das Komplement von INFL stets eine VP ist, scheint nun allerdings eine Besonderheit des Englischen zu sein. Im Japanischen und Chinesischen verbinden sich INFL-Elemente auch mit APs, im Kawakwala mit allen maximalen Projektionen (cf. Anderson 1985). Unter universalgrammatischer Perspektive können wir also XP als Komplement von INFL ansetzen, so daß sich eine Konfiguration wie in (53) ergibt:

(53)

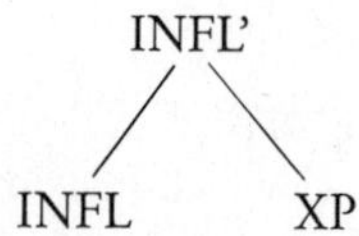


Es stellt sich nunmehr die Frage, in welcher Beziehung die Subjekt-NP zu INFL' steht. Zunächst ist zu beobachten, daß anstelle der NP auch ein Satz und marginal auch eine PP erscheinen kann, wie die folgenden Beispiele zeigen:

(54a) [$_{S'}$ that John is such a jerk] surprised me
(54b) [$_{PP}$ from Palo Alto to San Jose] is not too far

Wir sehen also, daß auch in der prä-INFL' Position verschiedene phrasale Kategorien zugelassen sind. Somit können wir entsprechend unserer bisherigen Konvention die jeweiligen Positionen durch Punkte markieren, die – wie auch bei den anderen phrasalen Kategorien – auf beiden Seiten der Projektion erscheinen, da Sprachen sich bezüglich der Abfolge der Elemente unterscheiden können. Es ergeben sich daher für die Satzexpansion die beiden Regeln (55a) und (55b), die sich wiederum zu (56) zusammenfassen lassen:

(55a) INFL'' $\rightarrow$ … INFL' …
(55b) INFL' $\rightarrow$ … INFL …

(56) $\text{INFL}^{n} \rightarrow \ldots \text{INFL}^{n-1} \ldots$

Mit (56) fügt sich die Satzexpansion nun nahtlos in das X-bar Schema ein. S ist nichts anderes als die maximale Projektion des Kopfes INFL und wird daher auch als INFL-Phrase oder abgekürzt als IP bezeichnet. Für einen Standardsatz mit Subjekt-NP und VP-Komplement erhalten wir somit eine Struktur wie in (57):

(57)

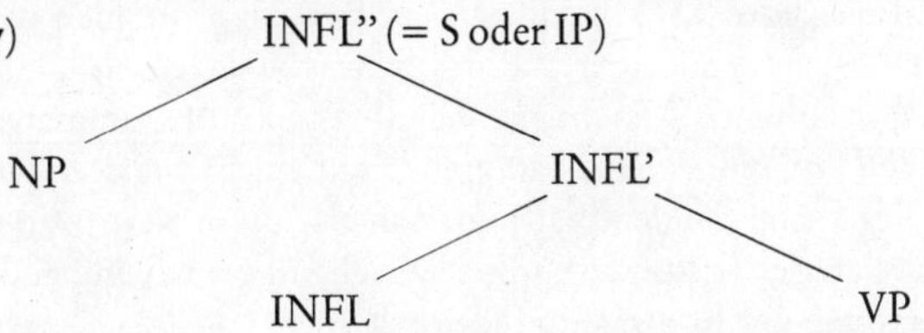


Durch die Integration der Satzexpansion in das X-bar Schema ist es nun möglich, eine weitere wichtige Generalisierung auszudrücken, die wir an den folgenden (nunmehr schon klassischen) Beispielsätzen illustrieren wollen:

(58a) the enemies will destroy the city
(58b) the enemies' destruction of the city

Die IP (58a) und die NP (58b) haben unter der Perspektive des X-bar Schemas den gleichen grundlegenden strukturellen Aufbau. Die Phrasen *the city* und *of the city* sind jeweils Komplement eines lexikalischen Kopfes (V bzw. N) und *the enemies(')* erscheint in beiden Fällen in der Specifier-Position von X''. Damit ist die Specifier-Position in einer IP identisch mit dem ist, was man traditionell als Subjekt bezeichnet. Aufgrund der prinzipiell identischen internen Strukturierung von IP und NP in (58) können wir in einem intuitiven Sinne sagen, daß offensichtlich nicht nur Sätze (= IPs), sondern auch NPs ein Subjekt haben (können). Unter dieser Perspektive ergibt sich ein wichtiger Unterschied zwischen der generativen Grammatik und traditionellen grammatiktheoretischen Ansätzen. Die üblicherweise als *grammatische Funktionen* bezeichneten Begriffe *Subjekt* und *Objekt* sind keine Grundterme der Theorie, sondern lassen sich vielmehr vollständig aus der phrasenstrukturellen Konfiguration einer Struktur ableiten. Subjekt ist diejenige Kategorie, die – zusammen mit einem X'-Schwesterknoten – von X'' dominiert wird, während das Objekt diejenige NP ist, die – zusammen mit einem X°-Schwesterknoten – von X' dominiert wird.

Die Aussage, daß nicht nur IPs, sondern auch NPs ein Subjekt haben, ist natürlich nur dann sinnvoll, wenn sich zeigen läßt, daß sich die NPs in der Specifier-Position von IP und NP unter bestimmten syntaktischen Bedingungen gleich verhalten. Dies ist in der Tat der Fall. Betrachten wir zunächst den folgenden Kontrast:

(59a) $[_{S}$ Bill will destroy himself]

(59b) *Bill believes that $[_{S}$ Mary will destroy himself]

Vereinfacht ausgedrückt, scheint sich ein Reflexivpronomen wie *himself* stets nur auf die Specifier-NP des Satzes beziehen zu können, in dem es selbst auftritt. Dementsprechend ist (59b) ungrammatisch, da zwischen *Bill* und *himself* eine Satzgrenze mit einem weiteren Specifier (=*Mary*) liegt. Entscheidend ist nun, daß wir diese Restriktion nicht nur im Bereich der IP, sondern in der gleichen Form auch bei der NP beobachten, wie der Kontrast in (60) zeigt:

(60a) Mary witnessed $[_{NP}$ Bill's destruction of himself]

(60b) *Bill witnessed $[_{NP}$ Mary's destruction of himself]

Auch hier kann sich *himself* nur auf das Element in der unmittelbar dominierenden Specifier-Position beziehen, nicht jedoch auf das Subjekt der IP. Diese Parallelität zwischen (59) und (60) folgt nun unmittelbar aus dem X-bar Schema, sofern wir eben annehmen, daß Sätze prinzipiell den gleichen grundlegenden Strukturaufbau haben wie alle übrigen phrasalen Kategorien. Es zeigt sich also, daß die Integration der Satzstruktur in das X-bar Schema auf vielerlei Weise empirisch motiviert werden kann.

Wenn wir nun für einen einfachen Aussagesatz wie *John loves Mary* eine Struktur wie (61) ansetzen, so werden offensichtlich Flexionsmorphem und Verb in der falschen Abfolge generiert:

(61)

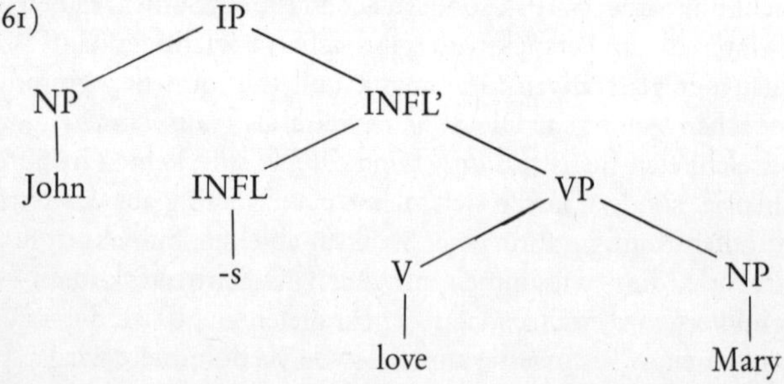

Wir hatten bereits darauf hingewiesen, daß INFL in verschiedenen Sprachen an unterschiedlichen Positionen im Satz auftreten kann, im Chinesischen z.B. auch am Satzende. Da das Flexionsmorphem im Englischen jedoch stets an die finite Verbform gehängt wird, scheint zunächst alles darauf hinzudeuten, daß INFL als Bestandteil der VP unmittelbar hinter V generiert werden sollte. Doch ließe sich unter einer solchen Annahme die Satzstruktur nicht mehr aus dem X-bar Schema ableiten, da dieses nicht vorsieht, daß der Kopf einer Konstruktion auch innerhalb seines Komplements auftreten kann.

Nun ist relativ offenkundig, daß der einzige Mangel von (61) die inkorrekte Abfolge *-s* + *V* betrifft. Somit liegt es nahe, eine Regel wie (62) zu formulieren, die auf die Struktur in (61) anzuwenden ist.

(62) Wandle die Sequenz *Flexionsmorphem* + *verbales Element* in die Sequenz *verbales Element* + *Flexionsmorphem* um.

Diese Regel wurde zuerst von Chomsky (1957) unter der Bezeichnung *Affix Hopping* vorgeschlagen. Es stellt sich natürlich die Frage nach dem Status einer solchen Regel. Offensichtlich handelt es sich nicht um eine Phrasenstrukturregel, da sie keine Strukturen aufbaut, sondern vielmehr durch das X-bar Schema erzeugte Strukturen *verändert*. Solche *strukturverändernden* Regeln nennt man *Transformationen*. Im vorliegenden Fall bewirkt die Transformation des *Affix Hopping* lediglich, daß eine durch die Phrasenstrukturregeln und lexikalischen Einsetzungsregeln erzeugte Kette von Elementen in eine Abfolge umgewandelt wird, die der tatsächlich lautlich realisierten Sequenz entspricht. Wir können daher zwei Strukturebenen unterscheiden: eine syntaktische Ebene, die vom X-bar Schema erzeugt wird, und eine als *Phonetische Form (PF)* bezeichnete Ebene, die die für die jeweilige Sprache gültige oberflächliche Abfolge von Elementen wiedergibt, und somit Input für phonologische Regeln ist. In Kap. 4.2 werden wir uns ausführlicher mit dieser PF-Ebene befassen. Darüber hinaus werden wir in Kap. 3.2 und 5 sehen, daß die Auxiliarstruktur des Englischen weitaus komplexer ist, als wir sie hier dargestellt haben.

Wir haben bislang den Aufbau sämtlicher phrasaler Kategorien – mit Ausnahme von S' – aus dem X-bar Schema abgeleitet. Somit stellt sich abschließend die Frage nach dem theoretischen Status dieses Schemas. Die in diesem Kapitel vorgestellte empirische Evidenz hat gezeigt, daß das X-bar Schema nötig ist, um jene phrasenstrukturellen Gesetzmäßigkeiten erfassen zu können, die für alle Sprachen gültig sind. Das X-bar Schema ist somit Bestandteil der Universalgrammatik. Dadurch erwies es sich jedoch als überflüssig, über das X-bar Schema hinaus noch einzelsprachliche Phrasenstrukturregeln anzunehmen. Da die sprachspezifischen phrasenstrukturellen Restriktionen über mögliche Komplementstrukturen aus den im Lexikon spezifizierten Subkategorisierungsinformationen folgen, ist eine vollständige einzelsprachliche PS-Grammatik im wesentlichen redundant; i.e. in ihr sind keinerlei Informationen enthalten, die über das hinausgehen, was das Zusammenspiel von UG und einzelsprachlichen Subkategorisierungen bereits erklärt.

## Literaturhinweise

Unsere Darstellung der X-bar Theorie orientiert sich im wesentlichen an den in Chomsky (1981:17–55) und Chomsky (1986a:160ff.) enthaltenen Überlegungen, die sich jedoch nicht zentral auf das X-bar Schema beziehen, sondern primär auf andere Fragestellungen abzielen.
Für eine weiterführende Lektüre scheint zunächst vor allem Chomsky (1970) geeignet. Hier werden das grundlegende Konzept der X-bar Theorie sowie die Begriffe Specifier, Komplement und Adjunkt erstmalig vorgestellt. Detailliertere Ausführungen finden sich vor allem in Jackendoff (1977), Emonds (1985) und Stuurman (1985). Jackendoff betrachtet das X-bar Schema jedoch als Beschränkung über einzelsprachlich zu formulierende Phrasenstrukturregeln. Diese Auffassung wird auch in der Lexical Functional Grammar (cf. Bresnan 1982a) und der Generalized Phrase Structure Grammar (cf. Gazdar et al. 1985) vertreten. Demgegenüber hat Stowell (1981, Kap. 1 und 2) zahlreiche Argumente dafür vorgebracht, daß die Annahme einzelsprachlicher PS-Regeln im Rahmen einer ausgearbeiteten Theorie der UG vollständig überflüssig ist.
Bei der Darstellung des rekursiven Aufrufs einer Projektion innerhalb des X-bar Schemas beziehen wir uns auf Radford (1981, Kap. 3). Zur Problematik der Ebenen zwischen maximaler und minimaler Projektion cf. auch Travis (1984).
Versuche zur Integration der Kategorie S in das X-bar Schema sind von verschiedenen Autoren unternommen worden: zur Reduktion von S auf IP cf. Chomsky (1986a:160ff.); zur Auffassung von S als maximaler V-Projektion cf. Jackendoff (1977).
Unsere Darstellung des *Affix Hopping* bezieht sich auf Chomsky (1957:38–42). Eine modernere Darstellung des englischen Auxiliarsystems sowie eine ausführliche Behandlung der Gesetzmäßigkeiten des INFL/AUX-Komplexes finden sich in Lasnik (1981) und Steele et al. (1981).
Vor allem Chomsky (1977a; 1981:127–134) und Hale (1983) haben die Frage angeschnitten, ob sich in den sog. »nicht-konfigurationalen« Sprachen grundsätzlich andere Typen von X-bar-Strukturen finden. Eine solche Auffassung wird z.B. in der Lexical Functional Grammar (cf. Bresnan 1982a) vertreten. Zu dieser Diskussion cf. vor allem Williams (1984), Webelhut (1985), Fanselow (1987a) und Haider (1987). Diese Arbeiten setzen jedoch Vertrautheit mit der GB-Theorie voraus.

## Aufgaben

1. Welche Konsequenzen ergeben sich aus den folgenden Kontrasten für die interne Struktur der NP (zur Diskussion dieses Problems cf. Hornstein & Lightfoot 1981):
   a) John met a student from Cambridge and Bill met one from Austin
   b) *John met a student of chemistry and Bill met one of biology
   c) John met a student of linguistics with long hair
   d) *John met a student with long hair of linguistics

2. Im Japanischen ist die Kopula bei Adjektivphrasen fakultativ, bei Nominalphrasen obligatorisch:
   a) kono hon-wa omoshiroi desu
      dieses Buch interessant ist
   b) kono hon-wa omoshiroi
   c) Taroo-wa sensei desu
      Taro Lehrer ist
   d) *Taroo-wa sensei

   Erklären Sie diesen Kontrast auf dem Hintergrund der Tatsache, daß japanische Adjektive, nicht jedoch Nomina tempusmarkiert werden können.

3. Überlegen Sie anhand der folgenden Daten, wo INFL im deutschen Nebensatz anzusetzen ist und ob die Beziehung zwischen Flexionsmorphemen und verbalen Elementen ähnlich wie im Englischen geregelt ist.
   a) ... weil Hans seinen Schlüssel nicht findet
   b) ... weil Hans seinen Schlüssel nicht gefunden hat
   c) ... weil Hans seinen Schlüssel nicht finden können wird
   d) ... weil der Schlüssel nicht gefunden werden konnte
   e) ... weil der Schlüssel nicht gefunden werden können darf

4. Für das Englische scheint eine Regel »Particle Shift« zur Erklärung der folgenden Daten erforderlich sein:
   a) he looked the answer up
   b) he looked up the answer
   c) he looked it up
   d) *he looked up it

   Formulieren Sie eine entsprechende Regel und überlegen Sie, ob es sich hierbei dabei um einen syntaktischen Prozeß oder eine Regularität der Phonetischen Form handelt.

5. Das Serbokroatische kennt eine unbetonte Kopulaform, die u.a. auch innerhalb verschiedener maximaler Projektionen auftreten kann:
   a) on je vrlo velik
      er ist sehr groß
   b) *je vrlo velik
   c) vrlo je velik
   d) velik je
   e) moj je otac vrlo velik
      mein ist Vater sehr groß

   Diese Daten scheinen sowohl dem Strukturabhängigkeitsprinzip als auch dem X-bar Schema zu widersprechen. Suchen Sie nach einer Lösung.

## 2.2 Kasustheorie

Im vorigen Kapitel haben wir gesehen, daß das X-bar Schema den grundlegenden Aufbau phrasaler Kategorien bestimmt. Es legt fest, welche Elemente in einer Konstituente erscheinen können bzw. müssen. Demgegenüber macht das X-bar Schema keinerlei Aussagen darüber, in welcher linearen Abfolge Komplement- bzw. Adjunktkategorien in einer phrasalen Kategorie auftreten. Mit anderen Worten, nach dem X-bar Schema sind zunächst sämtliche linearen Konstituentenabfolgen zugelassen.

Es ist nun nicht schwer, Daten zu finden, die darauf hindeuten, daß auch die Abfolge der innerhalb einer phrasalen Kategorie auftretenden Elemente keineswegs beliebig ist, sondern bestimmten Restriktionen unterliegt, wie die folgenden Beispiele aus dem Englischen, Französischen, Deutschen und Japanischen zeigen:

(1a) John gave this book to Mary in London<br>
(1b) *John gave in London to Mary this book<br>
(1c) *John gave to Mary in London this book

(2a) Jean a lu le livre de Pierre que j'ai acheté à Paris<br>
(2b) *Jean a lu le livre que j'ai acheté à Paris de Pierre

(3a) Hans verlor Marias Schlüssel für die Wohnungstür<br>
(3b) *Hans verlor für die Wohnungstür Marias Schlüssel<br>
(3c) *Hans verlor Schlüssel für die Wohnungstür Marias

(4a) Taroo-wa kino atta kirei-na onna-no-ko-o ai-shiteru<br>
Taroo gestern traf hübsches Mädchen(acc.) liebt<br>
»Taroo liebt das hübsche Mädchen, das er gestern traf«

(4b) *Taroo-wa kirei-na kino atta onna-no-ko-o ai-shiteru

Diese Daten zeigen, daß die innerphrasale Konstituentenabfolge (auch in Sprachen mit sog. freier Wortstellung) keineswegs beliebig ist. Somit stellt sich die Frage, welche Prinzipien den hier beobachtbaren Gesetzmäßigkeiten zugrunde liegen. Zur Beantwortung dieser Frage wollen wir zunächst die Wortstellung im deutschen Nebensatz etwas näher betrachten.

Bereits in Kap. 1.2 hatten wir vermerkt, daß im deutschen Nebensatz das finite Verb »normalerweise« in finaler Position auftritt. Diese Beobachtung ist jedoch in mehrfacher Hinsicht zu präzisieren. Satzkomplemente können auch in postverbaler Position auftreten; bei finiten Sätze ist dies in der Tat zumeist vorgeschrieben. Ebenso erscheinen adverbiale Präpositionen sowohl links als auch rechts vom Verb, wobei die postverbale Stellung häufig eine besondere stilistische Markierung ausdrückt. In der germanistischen Literatur bezeichnet man diese postverbale Position zumeist als *Nachfeld*:

(5a) ich glaube, daß Maria [mir einen Schal zu stricken] versucht
(5b) ich glaube, daß Maria versucht [mir einen Schal zu stricken]
(6a) ich glaube, daß Hans niemals zulassen wird, [daß wir kommen]
(6b) ich glaube, daß Hans [daß wir kommen] niemals zulassen wird
(7a) ich glaube, daß Hans wegen seiner Schulden entlassen wurde
(7b) ich glaube, daß Hans entlassen wurde wegen seiner Schulden
(8a) ich glaube, daß Hans Maria anstelle von Heidi heiratet
(8b) ich glaube, daß Hans Maria heiratet anstelle von Heidi

Demgegenüber dürfen im deutschen Nebensatz NPs grundsätzlich nur *vor* dem Verb stehen:

(9a) ich glaube, daß er seinem Freund wohl helfen wird
(9b) *ich glaube, daß er wohl helfen wird seinem Freund
(10a) ich glaube, daß die Leute den Mann mit dem Schnurrbart aus Passau nicht kennen
(10b) *ich glaube, daß die Leute nicht kennen den Mann mit dem Schnurrbart aus Passau

Während also Satz- und PP-Komplemente grundsätzlich vor oder hinter dem Verb stehen können, dürfen NPs in Nebensätzen stets nur in präverbaler Stellung auftreten. Nun ist wohl eines der augenfälligsten Merkmale von NPs, das sie von Sätzen und PPs unterscheidet, ihre Kasusmarkierung. In Abhängigkeit vom jeweiligen Verb *muß* eine NP einen Kasus tragen, während Sätze und PPs in ihrer morphologischen Form unabhängig vom verbalen Kopf der Konstruktion sind:

(11a) wir haben de*n* alten Mann gekannt
(11b) wir haben de*m* alten Mann geholfen
(11c) wir haben de*s* alten Mannes gedacht

Da der Kasus der NP von dem jeweiligen Verb abhängt, sagen wir, daß das Verb der NP *einen Kasus zuweist*. Wie wir in Kap. 2.1 gezeigt haben, erlaubt das X-bar Schema, daß Komplemente prinzipiell sowohl links als auch rechts vom lexikalischen Kopf erscheinen. Während nun Satz- und PP-Komplemente beide dieser Möglichkeiten ausschöpfen, müssen NPs stets präverbal stehen. Wenn wir nun annehmen, daß das Verb im Deutschen den Kasus nur nach links zuweist, so erhalten zwar die NPs in (9a) und (10a), nicht jedoch die NPs in (9b) und (10b) einen Kasus. Offensichtlich sind somit Sätze, in denen Nominalphrasen keinen Kasus erhalten, ungrammatisch. Wir können diesen Sachverhalt durch das folgende Prinzip ausdrücken, das üblicherweise als *Kasusfilter* (engl. *case filter*) bezeichnet wird:

(12) Kasusfilter:

*NP, wenn NP keinen Kasus zugewiesen bekommt.

Der Kasusfilter (cf. auch Kap. 3.1) wirkt nicht nur innerhalb der VP, sondern ebenso in Adjektivphrasen. Ein Satz- oder PP-Komplement kann wiederum vor oder hinter dem adjektivischen Kopf stehen, während ein nominales Komplement stets nur links vom Adjektiv auftreten darf, wie die folgenden Beispiele zeigen:

(13a) Fritz ist [dieses Risiko einzugehen] bereit
(13b) Fritz ist bereit, [dieses Risiko einzugehen]

(14a) Fritz ist [über diesen Sachverhalt] entsetzt
(14b) Fritz ist entsetzt [über diesen Sachverhalt]

(15a) Fritz ist [seiner Frau] treu
(15b) *Fritz ist treu [seiner Frau]

Somit können im Deutschen offensichtlich nicht nur Verben, sondern auch Adjektive Kasus zuweisen. Auch hier finden wir je nach Adjektiv unterschiedliche Kasus:

(16a) Fritz ist sein*em* Chef ergeben
(16b) Fritz ist sich sein*es* Erfolges bewußt

Im Deutschen sind nun die verschiedenen Kasus in vielen Fällen direkt an der morphologischen Endung des Nomens bzw. des Determiners ablesbar; jedoch benutzen Femina und Neutra die gleiche Endung für Nominativ und Akkusativ, während bei den Femina darüber hinaus auch Genitiv und Dativ morphologisch zusammenfallen:

| | | | | |
|---|---|---|---|---|
| (17) | Nominativ | der Mann | die Frau | das Kind |
| | Genitiv | des Mannes | der Frau | des Kindes |
| | Dativ | dem Manne | der Frau | dem Kinde |
| | Akkusativ | den Mann | die Frau | das Kind |

Es scheint nun plausibel, zwischen dem Kasus, den eine NP trägt, und der morphologischen Realisierung dieses Kasus zu unterscheiden. Die Tatsache, daß die Femina bzw. Neutra in (17) für Nominativ und Akkusativ die gleiche morphologische Form benutzen, ändert nichts daran, daß es sich um zwei verschiedene Kasus handelt. Man würde sicher nicht behaupten wollen, daß die deutschen Maskulina vier Kasus, die Neutra hingegen nur drei und die Femina nur zwei Kasus haben. Vielmehr gilt die vierfache Kasusdistinktion grundsätzlich für alle Genera; allein bei der morphologischen Realisierung der Kasus fallen bestimmte Endungen zusammen. Wenn wir im folgenden von Kasus sprechen, so meinen wir ausschließlich diese abstrakten Kasusdistinktionen, die unabhängig von der jeweiligen morphologischen Ausgestaltung in einer Sprache sind.

Betrachten wir nun das Englische, so fällt zunächst auf, daß die morphologische Kasusmarkierung allein bei den Pronomina auftritt, während Nomina in diesem Bereich unflektiert sind:

(18a) John loves Mary
(18b) Mary loves John
(19a) he loves her
(19b) *her loves he

Wenngleich das morphologische Markierungssystem also im Englischen noch eingeschränkter als im Deutschen ist, so gelten die abstrakten Kasusdistinktionen natürlich auch für diese Sprache. Dies zeigt sich u.a. daran, daß auch im Englischen die Stellung des NP-Komplementes bestimmten Restriktionen unterliegt:

(20a) John loves Mary
(20b) *John Mary loves

(21a) John gave the book to Mary
(21b) *John the book gave to Mary

Wenn wir nun annehmen, daß im Englischen – anders als im Deutschen – Kasus nach rechts zugewiesen wird, so ergibt sich die Ungrammatikalität von (20b) und (21b) wiederum aus dem Kasusfilter.

Die Kasuszuweisung scheint also bezüglich ihrer Richtung parametrisiert zu sein: in manchen Sprachen wird Kasus nach rechts, in anderen nach links zugewiesen:

(22) Kasusparameter (1)
X° weist Kasus sprachspezifisch nach links oder rechts zu

Aus dem Kasusparameter erklären sich u.a. zahlreiche der in natürlichen Sprachen auftretenden Wortstellungstypologien. So zeigen Sprachen wie das Englische oder Französische, in denen Kasus nach rechts zugewiesen wird, eine Subjekt-Verb-Objekt (SVO) Stellung, während im Japanischen oder Türkischen Kasus nach links zugewiesen wird, so daß wir in diesen Sprachen eine SOV-Abfolge vorfinden. Wie sprachtypologische Studien (Greenberg 1963; Vennemann 1976) gezeigt haben, tendieren natürliche Sprachen nun dazu, bei der Kasuszuweisung für alle relevanten lexikalischen Kategorien weitgehend die gleiche Richtung festzulegen. So weisen Sprachen mit O(bjekt)-V(erb) Stellung wie etwa das Japanische zumeist pränominale Genitive und *Post*positionen auf, während in VO-Sprachen (z.B. die romanischen Sprachen) typischerweise *Prä*positionen auftreten und Genitivkonstruktionen *hinter* dem nominalen Kopf erscheinen. Hawkins (1983) zeigt, daß sich etwa 50% der natürlichen Sprachen in dieser Hinsicht vollständig konsistent verhalten, während bei den übrigen Sprachen von der Kasustheorie unabhängige Prinzipien die Wortstellung mit beeinflussen. Während also das X-bar Schema die lineare Abfolge von Kopf und Komplement unspezifiziert läßt, folgen die diesbezüglichen sprachspezifischen Restriktionen u.a. aus dem Kasusfilter (12) in Verbindung mit dem Kasusparameter (22). Je nachdem in welche Richtung Kasus zugewiesen wird, unterscheiden wir zwischen *kopffinalen* (engl. *head-final*) Sprachen (Kasus wird nach links zugewiesen) und *kopfinitialen* (engl. *head-initial*) Sprachen (Kasus wird nach rechts zugewiesen).

Wenn nun die Abfolge der Elemente innerhalb einer phrasalen Kategorie über die Kasuszuweisung geregelt wird, so stellt sich zunächst die Frage, welche der lexikalischen Kategorien, die als Kopf einer Konstruktion auftreten können – also V, N, A und P –, Kasus zuweisen können. Nach den bisherigen Daten können wir annehmen, daß zunächst Verben sowohl im Deutschen als auch im Englischen Kasuszuweiser sind. Generell scheinen auch Präpositionen die Fähigkeit zu besitzen, Kasus zuzuweisen. Dies zeigt sich einerseits an der Tatsache, daß in Sprachen mit morphologischer Kasusmarkierung wie dem Deutschen oder Lateinischen der Kasus abhängig von der jeweiligen Präposition ist: dtsch. *mit* und *von* erfordern den Dativ, *gegen* und *für* den Akkusativ; lat. *cum* regiert den Ablativ, *per* den Akkusativ. Aber auch für das Englische scheint zu gelten, daß Präpositionen Kasus zuweisen. Wie (23) zeigt, sind Sätze ungrammatisch, wenn eine NP nicht im Zuweisungsbereich einer Präposition steht:

(23a) John bought a new dress for Mary
(23b) *John bought a new dress Mary for

Soweit derzeit bekannt, gilt als universale Eigenschaft aller natürlichen Sprachen, daß Verben und Präpositionen die Eigenschaft besitzen, Kasus zuzuweisen. Demgegenüber ist diese Eigenschaft bei Nomina und Adjektiven wiederum sprachspezifisch parametrisiert. Im Deutschen finden wir Strukturen wie (24), die darauf hindeuten, daß N und A in dieser Sprache ebenfalls Kasuszuweiser sind:

(24a) die Ablehnung meines Antrages ...
(24b) Fritz ist seinem Chef ergeben
(24c) Egon ist sich seines Fehlers bewußt

In Kap. 2.1 hatten wir bereits beobachtet, daß im Englischen bei Adjektiven und Nomina NP-Komplemente grundsätzlich nicht auftreten. Dieses Faktum legt die Annahme nahe, daß N und A im Englischen – im Gegensatz zum Deutschen – keinen Kasus zuweisen können. Somit ergibt sich die Ungrammatikalität von (25a) und (26a) wiederum aus dem Kasusfilter:

(25a) *the destruction the city
(26a) *proud his son

Wenn diese Deutung richtig ist, so ist zu erwarten, daß die beiden Sätze grammatisch werden, sobald ein kasuszuweisendes Element in die Struktur eingefügt wird. In der Tat ist es möglich, die Präposition *of* der Komplement-NP voranzustellen; dadurch wird dieser NP Kasus zugewiesen, und wir erhalten die grammatischen Strukturen (25b) und (26b):

(25b) the destruction of the city
(26b) proud of his son

Wir sehen also, daß das Fehlen von NP-Komplementen bei nominalen und adjektivischen Köpfen im Englischen keine spezifische X-bar Eigenschaft ist, sondern vielmehr aus der Kasustheorie abgeleitet werden kann.

Diese Daten zeigen, daß sich die lexikalischen Kategorien V, P, N und A aus kasustheoretischer Perspektive in zwei Gruppen unterteilen lassen. V und P besitzen universal die Eigenschaft der Kasuszuweisung, während N und A in dieser Hinsicht parametrisiert sind. Man mag sich fragen, ob diese Gruppierung rein zufällig ist oder tieferliegende Regularitäten widerspiegelt. Es scheinen nun alle natürliche Sprachen zumindest die lexikalischen Kategorien N und V zu kennen, während Präpositionen und Adjektive durchaus in manchen Sprachen fehlen. So benutzt z.B. das Chinesische verbale Elemente anstelle von Präpositionen, während etwa im Haussa Lexeme, die semantisch deutschen Adjektiven entsprechen, vermutlich als Nomina zu charakterisieren sind (cf. Schachter 1985). Darüber hinaus weisen Adjektive in Sprachen wie dem Deutschen teilweise nominale und teilweise verbale Eigenschaften auf. So können Adjektive – genau wie Verben – durch Adverbien modifiziert werden, während sie gleichzeitig – genau wie Nomina – nach Kasus, Genus und Numerus flektieren. Diese Verteilung von Eigenschaften legt es nahe, die lexikalischen Kategorien als Bündel zweier grundlegender Merkmale anzusehen, und zwar [N] und [V]:

| (27) | Verb | Nomen | Adjektiv | Präposition |
|---|---|---|---|---|
| [N] | – | + | + | – |
| [V] | + | – | + | – |

Auf der Grundlage dieser Merkmalsbündelung lassen sich nun genau vier Klassen von lexikalischen Kategorien bilden, die jeweils durch die Spezifizierung eines einzigen Merkmals charakterisiert sind: Verben und Präpositionen sind [-N], und Nomina und Adjektive sind [+N]; [-V] faßt Nomina und Präpositionen zusammen, [+V] Verben und Adjektive. Demgegenüber erfordern alle anderen Gruppierungen, z.B. Nomen/Verb oder Adjektiv/Präposition/Nomen, eine disjunkte Spezifizierung beider Merkmale. In Anlehnung an die in der phonologischen Theorie übliche Terminologie spricht man davon, daß etwa Verben und Präpositionen einerseits und Nomina und Adjektive andererseits *natürliche Klassen* bilden, die dadurch charakterisiert sind, daß ihre Elemente durch ein einziges Merkmal spezifiziert werden können. Die Grundannahme ist nun, daß phonologische wie auch syntaktische Prozesse stets nur natürliche Klassen involvieren. Somit lassen sich die für die Kasuszuweisung spezifischen Kategoriengruppierungen auf Gesetzmäßigkeiten lexikalischer Merkmale zurückführen, wobei hier das Merkmal [N] ausschlaggebend ist. [-N] weist hier universal Kasus zu, während [+N] nur in einigen Sprachen Kasuszuweiser ist.

Im Englischen unterliegt die Kasuszuweisung nun einer weiteren Restriktion. Ein Komplement erhält nur dann Kasus, wenn es unmittelbar neben dem lexikalischen Kopf steht. Technisch sagt man, daß Kopf und Komplement *adjazent* sein müssen:

(28a) John finished his dinner in a hurry
(28b) *John finished in a hurry his dinner

(29a) Mary suddenly left her husband
(29b) *Mary left suddenly her husband

Die Adjazenzbedingung scheint ebenfalls für bestimmte Konstruktionen im Italienischen zu gelten, wo Kasus gleichfalls nach rechts zugewiesen wird (cf. Rizzi 1982):

(30a) ieri Mario ha letto un libro
gestern Mario hat gelesen ein Buch

(30b) *Mario ha letto ieri un libro

(31a) ho dato diecimila lire a Mario
ich-habe gegeben 10000 Lire dem Mario

(31b) *ho dato a Mario diecimila lire

Im Deutschen hingegen können Verben der Objekt-NP auch »über andere Komplemente hinweg« Kasus zuweisen:

(32a) ... weil Fritz das Buch an seinen Freund weitergab
(32b) ... weil er das Auto in die Garage stellen wollte
(32c) ... weil Egon seinen Vater mit Churchill vergleicht

Die Adjazenzbedingung gilt allerdings auch in deutschen Nominalphrasen, d.h. Nomina können den Genitiv nur an unmittelbar benachbarte NPs zuweisen:

(33a) die Entlassung der Mitarbeiter gestern überraschte den Personalrat

(33b) *die Entlassung gestern der Mitarbeiter überraschte den den Personalrat

(34a) die Schwester meiner Mutter aus Darmstadt ist nett
(34b) *die Schwester aus Darmstadt meiner Mutter ist nett

(35a) das Buch Chomskys über Russell ist lesenswert
(35b) *das Buch über Russell Chomskys ist lesenswert

Die Tatsache, daß die obigen Ungrammatikalitäten in der Tat aus Eigenschaften der Kasuszuweisung folgt, wird deutlich, wenn man etwa den Genitiv *Chomskys* durch die semantisch äquivalente Präpositionalphrase *von Chomsky* ersetzt. In diesem Falle ist die Abfolge der Elemente beliebig:

(36a) das Buch von Chomsky über Russell ist lesenswert
(36b) das Buch über Russell von Chomsky ist lesenswert

Diese Daten zeigen, daß auch die Adjazenzbedingung sprachspezifischen parametrischen Variationen unterliegt. Es gibt einerseits Sprachen wie das Englische, in denen Kasus grundsätzlich nur unter Adjazenz zugewiesen wird, und andererseits Sprachen wie das Deutsche, in denen die Adjazenzbedingung kategorienspezifisch wirkt.

Wir können nun unsere bisherigen Beobachtungen in folgendem Prinzip zusammenfassen, wobei die als Parameter aufgeführten Bedingungen in manchen Sprachen gelten, in anderen hingegen nicht:

(37) Kasuszuweisung:

In einer Konfiguration [α β...] oder [...β α] weist α β Kasus zu, wenn
a) α der Kopf einer phrasalen Kategorie ist,
b) α [-N] ist.
Parameter: α und β müssen adjazent sein
Parameter: Kasus kann durch [+N] zugewiesen werden
Parameter: α steht vor/hinter β

Bei unserer bisherigen Betrachtung haben wir einen weiteren wichtigen Unterschied in der Kasusstruktur einzelner Sprachen nahezu unberücksichtigt gelassen. Während im Deutschen lexikalische Köpfe unterschiedliche Kasus zuweisen können, tritt im Englischen das Komplement stets im gleichen Kasus auf:

(38a) Fritz gedenkt seines toten Freundes
(38b) Fritz half seinem Nachbarn
(38c) Fritz verlor das Spiel

(39a) John saw him
(39b) John helped him
(39c) John is proud of him

Wenngleich das Deutsche über mehr verschiedene Kasus verfügt als das Englische, gibt es Sprachen mit einem noch reicheren Kasussystem, wie z.B. das Latein, das Russische oder das Finnische. Dementsprechend können bestimmte Verben in diesen Sprachen dem Komplement auch diese zusätzlichen Kasus zuweisen:

(40a) Latein
vari*is* instrument*is* ad lanificia utuntur (Ablativ)
verschiedene Geräte zum Weben sie-benutzen

(40b) Russisch
Ivan rukovodit otdel*om* (Instrumentalis)
Hans leitet (die) Abteilung

(40c) Finnisch
Matti ei välitä musiik*ista* (Elativ)
Matti nicht mag Musik

Es scheint nun, daß alle Sprachen zumindest einen Kasus kennen, den typischerweise ein Verb seinem Komplement zuweist. Dieser Kasus wird üblicherweise als *Objektiv* oder *Akkusativ* bezeichnet. Der Objektiv ist also sozusagen der Kasus des Verbkomplements *par excellence*. In Sprachen mit einem reicheren Kasussystem können Verbkomplemente in Abhängigkeit vom jeweiligen Lexem auch andere Kasus erhalten. Doch zeigt sich hier, daß in diesen Sprachen niemals Komplemente von Nomina oder Adjektiven den Objektiv erhalten können, während die übrigen Kasus prinzipiell sowohl bei verbalen als auch nominalen Komplementen erscheinen können. Dieses Faktum läßt sich besonders anschaulich am Russischen illustrieren. Nominalisierung von Verben, die den Instrumental erfordern, weisen ihrem Komplement ebenfalls den Instrumental zu. Bei Nominalisierungen von Verben, die den Akkusativ fordern, erscheinen die Komplemente im Genitiv, niemals im Akkusativ:

(41a) rukovodstvo otdelom(instr)
(die) Leitung der Abteilung

(41b) *rukovodstvo otdela(gen)

(42a) uničtoženie pisma(gen)
(die) Vernichtung des Briefes

(42b) *uničtoženie pismo(acc)

Wenn es nun in allen Sprachen einen Objektivkasus gibt, den Verben ihren Komplementen zuweisen, so können wir dieses Faktum in einem universal gültigen Prinzip wie (43) festhalten:

(43) V weist seinem Komplement Objektiv (Akkusativ) zu.

(43) steht nun in offensichtlichem Widerspruch zu der Beobachtung, daß in Sprachen wie dem Deutschen Verbkomplemente auch andere Kasus erhalten können; z.B. den Dativ bei *helfen* oder den Genitiv bei *gedenken*. Da diese spezifische Kasuszuweisung jedoch eine Besonderheit einzelner Lexeme ist, muß der betreffende Kasus offensichtlich im Lexikoneintrag des jeweiligen Verbs vermerkt sein. Analoges gilt für das Russische oder das Finnische. Demgegenüber muß die Zuweisung des Objektivs nicht speziell im Lexikoneintrag erscheinen, sondern folgt aus (43). Vereinfacht ausgedrückt: wenn im Lexikoneintrag nichts Gegenteiliges vermerkt ist, weisen Verben den Objektiv zu. Üblicherweise nennt man die Kasus, die im Lexikon vermerkt werden müssen, *oblique* Kasus, während der Objektiv, dessen Zuweisung aus einem universalen Prinzip wie (43) folgt, als *struktureller* Kasus bezeichnet wird.

Hier stellt sich offensichtlich die Frage, ob die Unterscheidung zwischen strukturellen und obliquen Kasus allein eine terminologische Finesse ist, oder ob aus ihr bestimmte empirische Konsequenzen folgen. Im Kap. 2.3 werden wir zeigen, wie diese Kasusdistinktion in Verbindung mit weiteren UG-Prinzipien die bisherige Annahme lexemspezifischer Subkategorisierungen überflüssig macht.

Bislang haben wir ausschließlich die Kasusbeziehungen zwischen lexikalischen Köpfen und ihren Komplementen, insbesondere diejenigen zwischen Verb und Objekt betrachtet. Somit stellt sich die Frage, ob auch Subjekt-NPs einen Kasus erhalten (können/müssen) und somit ebenfalls dem Kasusfilter unterliegen.

Im Deutschen wie in den meisten indoeuropäischen Sprachen erscheint das Subjekt eines finiten Satzes ausnahmslos im Nominativ:

(44a) er liebt Maria

(44b) he loves Mary

(44c) han elsker Maria (Schwedisch)

(44d) il aime Marie (Französisch)

(44e) él quiere a Maria (Spanisch)

(44f) aftós agapá ti Maria (Griechisch)

(44g) on ljubit Mariu (Russisch)

Jedoch ist die Nominativmarkierung des Subjekts keineswegs eine universale Eigenschaft natürlicher Sprachen. Im Isländischen etwa finden wir auch Dativ-Subjekte, während im Lateinischen das Subjekt eines infiniten Satzes im Akkusativ erscheinen kann.

(45) Gallos frequenter bellum gerere putat
die Gallier(acc) häufig Krieg(acc) führener-glaubt
»er glaubt, daß die Gallier häufig Krieg führen«

Es stellt sich nun die Frage, von welchem Element das Subjekt seinen Kasus erhält. Zwei Kategorien scheinen zur Auswahl zu stehen, und zwar das Verb oder INFL. Nun deutet bereits (45) darauf hin, daß nicht das Verb, sondern INFL dem Subjekt Kasus zuweist. Welchen Kasus das Subjekt erhält, hängt nämlich offensichtlich nicht von dem jeweiligen Verblexem ab, sondern vielmehr von der Flexionsform des Verbs. Bei infiniter Form erscheint das Subjekt im Akkusativ wie in (45), bei finiter Verbform hingegen im Nominativ wie in (46):

(46) Galli frequenter bellum gerunt
die Gallier (nom) häufig Krieg(acc) führen
»die Gallier führen häufig Krieg«

Auch im Deutschen und Englischen können nominativisch Subjekte nur im finiten Satz auftreten, niemals jedoch bei infiniter Verbform:

(47a) ich verspreche dir, daß er kommt
(47b) *ich verspreche dir er zu kommen

(48a) I expect that he will join us later
(48b) *I expect he to join us later
(48c) I expect him to join us later

Wenn wir nun annehmen, daß nur ein finites INFL dem Subjekt Kasus zuweist, so läßt sich die Ungrammatikalität von (47b) und (48b) wiederum aus dem Kasusfilter ableiten.

Weitere Evidenz für Kasuszuweisung durch INFL finden wir im Georgischen (cf. Harris 1981; Anderson 1984). Hier kann das Subjekt in drei verschiedenen Kasusformen erscheinen, und zwar im Nominativ (49a), im Ergativ (49b) oder im Dativ (49c). Mit IO bezeichnen wir das Kongruenzmorphem für das indirekte Objekt:

(49a) deda-c mi-xat'av-s (me) surat-s
Mutter(nom) IO-malt(3-subj) mir Bild
»Mutter malt mir ein Bild«

(49b) deda-m da-mi-xat'-a me surat-i
Mutter(erg) IO-malte(3-subj) mir Bild
»Mutter malte mir ein Bild«

(49c) deda-s ar da-u-xat'av-s cem-tvis surat-i
Mutter(dat) nicht PERF-3IO-malt(3-subj) mich-für Bild
»Mutter malte mir kein Bild«

Entscheidend an diesen Daten ist, daß der jeweilige Kasus, den das Subjekt erhält, allein von der Flexionsform des Verbs abhängt: trägt INFL das Merkmal Präsens, Imperfekt, Futur, Konditional oder Subjunktiv, so erscheint das Subjekt stets im Nominativ; ist INFL Aorist, Optativ oder Imperativ, wird dem Subjekt der Ergativ zugewiesen; bei Perfekt, Plusquamperfekt oder konjunktivischem Perfekt erscheint das Subjekt mit dem Dativ.

Aufgrund dieser Beobachtungen können wir folgendes Prinzip formulieren:

(50) INFL weist dem Subjekt Kasus zu, wenn es finit ist.
Parameter:
INFL weist dem Subjekt auch Kasus zu, wenn es infinit ist. (z.B. Latein, Altgriechisch, etc.).

In vielen Sprachen stehen Subjekt und finites Verb in einer Kongruenzbeziehung, d.h. sie stimmen bezüglich bestimmter Merkmale überein. So kongruieren etwa im Deutschen Subjekt und Verb in bezug auf Person und Numerus:

(51a) ich komm*e*
(51b) du komm*st*
(51c) er komm*t*

Diese Beziehung wird nun üblicherweise mit dem Mittel der *Kosuperskription* ausgedrückt, d.h. Subjekt und INFL müssen die gleichen Superskripte tragen:

(52) $[_{IP}\ NP^{j}\ INFL^{j}\ VP]$

Chomsky (1981) hat nun vorgeschlagen, die Kasuszuweisung durch INFL ebenfalls über den Prozeß der Kosuperskription durchzuführen. Die Grundidee hierbei ist, daß INFL neben Tempusmerkmalen auch ein Kongruenzmerkmal *AGR(eement)* enthält, das einen inhärenten Kasus trägt (z.B. Nominativ im Deutschen oder Englischen, Ergativ/Dativ im Georgischen, etc.) und dieses Kasusmerkmal über die Superskripte an das Subjekt weitergibt. Dieser Ansatz impliziert, daß Subjekt-Verb-Kongruenz und Nominativzuweisung stets zusammenfallen; d.h. NPs, die nominativisch markiert sind, müssen auch stets mit dem Verb kongruieren, und umgekehrt NPs, die mit dem Verb kongruieren, müssen auch den inhärenten Kasus von AGR tragen. Daher sollte das Subjekt in Infinitivsätzen nicht nominativisch markiert sein dürfen, da es hier nicht mit dem Verb kongruiert. Wie (45) zeigt, ist dies etwa im Lateinischen der Fall (cf. Quicoli 1982).

Fassen wir unsere bisherigen Beobachtungen zusammen, so läßt sich leicht erkennen, daß sich die in den verschiedenen Sprachen zugelassenen Phrasenstrukturen zu einem großen Teil aus dem Zusammenspiel von Subkategorisierung, X-bar Schema und Kasustheorie in Verbindung mit den assoziierten Parametern ableiten lassen. Die grundlegende Wortstellung, z.B. SVO oder SOV, ergibt sich im wesentlichen aus der parametrisierten Richtung der Kasuszuweisung. Ebenso wird die Linearisierung der Elemente innerhalb einer $X^{max}$ durch die Kasustheorie und deren Parameter (z.B. Adjazenz) bestimmt. Im folgenden Kapitel werden wir nun eine weitere Komponente der Universalgrammatik kennenlernen, die Gesetzmäßigkeiten erfaßt, die wir bislang vor allem der Subkategorisierung zugeschrieben haben.

## Literaturhinweise

Die Grundkonzeption der in diesem Kapitel dargestellten Kasustheorie ist in Chomsky (1980b) entwickelt worden; cf. jedoch auch Chomsky (1981:48–54, 170–182, 159–273; 1986a:186–204), sowie Rouveret & Vergnaud (1980) und Vergnaud (1982). Die Unterscheidung zwischen strukturellem und obliquem Kasus ist vor allem in Kayne (1979, 1980) und Pesetsky (1982a) ausgearbeitet worden. Zur Adjazenzbedingung cf. Chomsky (1981:94ff.)
Zur Beziehung zwischen Wortstellung und Kasuszuweisung cf. vor allem Stowell (1981) und Travis (1984). Es gibt eine Fülle von Literatur zur Kasuszuweisung in verschiedenen Sprachen; zur Subjektsmarkierung cf. Anderson (1984), Andrews (1982), Borer (1986), Jensen (1983) und Quicoli (1982). Die angegebene Literatur setzt jedoch Kenntnis der GB-Theorie voraus. In Chomsky (1981:332–339) wird ferner versucht, den Kasusfilter auf die im nächsten Kapitel vorgestellte Theta-Theorie zu reduzieren.
Das Kasussystem des Deutschen ist in der generativen Literatur noch relativ wenig behandelt worden; cf. etwa Fanselow (1985), Grewendorf (1987), Haider (1987) und Zeh (1980) zu einigen Bemerkungen. Insbesondere im Kontext der Adjazenzfrage stellen sich eine Reihe von schwierigen Fragen; cf. dazu Fanselow (1987b), Haider (1987).

## Aufgaben

1. Im Englischen wie auch im Französischen muß das Subjekt stets der VP vorausgehen, wie die folgenden Beispiele zeigen:
   (a) *loves Mary John
   (b) *gives he a book to Mary
   (c) *croit que Marie l'aime Jean
   (d) *sait Jean que Marie l'aime
   Demgegenüber steht als Grundwortstellung in Sprachen wie Tzeltal oder Hixkaryana (zwei mittelamerikanische Sprachen) das Subjekt am Satzende. Erklären Sie diesen Unterschied über die Kasustheorie.

2. Im Deutschen kongruieren Adjektive zwar in attributiver, nicht jedoch in prädikativer Stellung mit dem Nomen, während etwa im Französischen Kongruenz in beiden Fällen vorgeschrieben ist:
(a) eine intelligente Studentin
(b) *die Studentin ist intelligente
(c) die Studentin ist intelligent
(d) une étudiante intelligente
(e) l'étudiante est intelligente
(f) *l'etudiante est intelligent
Ebenso finden wir im Italienischen (fakultative) Kongruenz zwischen Objekt-NP und transitivem Verb im Partizip Perfekt, sofern das Verb dem Nomen folgt:
(g) ho comprat*o* i libri
ich-habe gekauft die Bücher
(h) *ho comprat*i* i libri
(i) i libri che ho comprat*i*
»die Bücher, die ich gekauft habe«
Überlegen Sie, ob sich diese Datenverteilung mit Mechanismen erfassen läßt, die auch bei der Kasuszuweisung relevant sind.

3. Erklären Sie die folgenden Kontraste:
a) John expects that Bill will get the job
b) that Bill will get the job, John expects
c) John expects Bill to get the job
d) *Bill to get the job, John expects

## 2.3 Das Theta-Kriterium

In den vorangegangenen Kapiteln haben wir gesehen, daß X-bar Schema und Kasustheorie in Verbindung mit den Subkategorisierungseigenschaften des lexikalischen Kopfes die interne Struktur der in der jeweiligen Sprache möglichen phrasalen Kategorien spezifizieren. Vereinfacht ausgedrückt, legt das X-bar Schema fest, welcher Typ von phrasaler Kategorie in welcher Konfiguration grundsätzlich zugelassen ist, während die Kasustheorie einerseits Linearisierungsaspekte regelt und andererseits vom X-bar Schema zugelassene Konfigurationen z.T. sprachspezifisch weiter einschränkt (z.B. das Verbot von NP-Komplementen in APs und NPs im Englischen). Demgegenüber werden aus der Perspektive des X-bar Schemas und der Kasustheorie die einzelnen phrasalen Kategorien grundsätzlich gleich behandelt; d.h. es werden etwa im Bereich der NP oder VP keine weitergehenden Unterscheidungen vorgenommen. In diesem Kapitel wollen wir nun auf einige

Gesetzmäßigkeiten eingehen, die derartige Distinktionen innerhalb eines phrasalen Kategorientyps erfordern.

Wir betrachten zunächst die Subjektposition und erinnern uns daran, daß nach dem X-bar Schema und der Kasustheorie hier u.a. NPs zugelassen sind, sofern sie kasusmarkiert sind. Dementsprechend finden wir Strukturen wie in (1):

(1a) ...weil [$_{NP}$ Hans] [$_{VP}$ seinen Gegner besiegte]

(1b) ...weil [$_{NP}$ dieses Buch] [$_{VP}$ gute Ideen enthält]

(1c) ...weil [$_{NP}$ Chomskys Theorie] [$_{VP}$ Veränderungen erfuhr]

Da nun für die bislang besprochenen beiden Subtheorien alle NPs grundsätzlich den gleichen Status haben, müßte prinzipiell jeder nominale Ausdruck als Subjekt erscheinen können. Wie die folgenden Daten zeigen, ist dies jedoch offenkundig nicht der Fall:

(2a) es regnet
(2b) *Hans regnet

(3a) es scheint, daß Hans Maria liebt
(3b) *dieses Bild scheint, daß Hans Maria liebt

(4a) es tanzt sich gut
(4b) *Maria tanzt sich gut

(5a) es gibt viele Krater auf dem Mond
(5b) *die Theorie von Chomsky gibt Krater auf dem Mond

In diesen Beispielsätzen kann jeweils nur das sog. *unpersönliche* Pronomen *es* in der Subjektposition erscheinen, nicht jedoch eine NP wie *Hans*, *dieses Bild* oder *die Theorie von Chomsky*. Wir bezeichnen dieses *es* als unpersönlich, weil es – im Gegensatz zu den »normalen« Pronomina – nicht auf irgendeinen komplexeren nominalen Ausdruck referiert, sondern als semantisch weitgehend leeres Element die Subjektposition syntaktisch füllt. Derartige Elemente nennt man auch *Expletiva*; sie sind keine Besonderheiten des Deutschen, sondern treten z.B. auch im Französischen als *il* oder im Englischen als *it/there* auf:

(6a) il pleut
(6b) il semble que Jean aime Marie
(6c) il arrivait trois garçons

(7a) it is raining
(7b) it seems that John loves Mary
(7c) there are three flowers in my garden

Betrachten wir nun den Kontrast zwischen (1) und (2)-(5), so hängt der Typ der zugelassenen NP offenbar von dem jeweiligen Verb innerhalb der VP ab. Mit anderen Worten, es scheint einerseits Verben wie etwa *regnen* oder *scheinen* zu geben, in deren Subjektposition nur ein Expletivum auftreten kann, und andererseits Verben wie *besiegen* oder *enthalten*, die einen nominalen Ausdruck wie *Hans* oder *dieses Buch* erfordern.

In den Beispielsätzen (1) besteht nun offenbar zwischen dem Verb und der Subjekt-NP eine enge *thematische* Beziehung. So ist in (1a) *Hans* das *Agens* der durch *besiegen* ausgedrückten Handlung. In (1b) gibt die Subjekt-NP den *Ort* an, an dem sich die Ideen befinden, und in (1c) drückt die NP den Gegenstand bzw. das Objekt aus, das durch die Veränderungen *affiziert* ist. Diese Angaben wollen wir nun als *thematische Rollen* oder *Theta-Rollen* (*θ-Rollen*) bezeichnen. Da die thematische Rolle des Subjekts vom jeweiligen Verb abhängt, sagen wir, daß das Verb dem Subjekt *eine θ-Rolle zuweist.* Neben den bereits erwähnten Beispielen können Subjekte – in Abhängigkeit vom jeweiligen Verb – noch weitere θ-Rollen zugewiesen bekommen, wie die Daten in (8) illustrieren:

| | | |
|---|---|---|
| (8a) | Hans brach sich ein Bein | (Patiens) |
| (8b) | dieser Schlüssel öffnet die Tür | (Instrument) |
| (8c) | Hans erhielt einen Brief | (Empfänger) |
| (8d) | Hans kennt die Wahrheit | (›Experiencer‹) |
| (8e) | Hans profitiert von Peters Unglück | (Benefizient) |
| (8f) | Hans erlag seinen Verletzungen | (Affektum) |
| (8g) | Hans bekam die Einladung zugeschickt | (Ziel) |

Betrachten wir nun unter dieser Perspektive wiederum die Beispiele in (2)-(5), so scheint es eine spezifische Eigenschaft der in diesen Sätzen auftretenden Verben bzw. Konstruktionen zu sein, daß sie dem Subjekt keine solche thematische Rolle zuweisen. Das expletive *es* läßt sich eben weder als Agens oder Patiens noch als irgendein anderer thematischer Bezugspunkt identifizieren; vielmehr erfüllt das Expletivum allein die Funktion, die syntaktische Subjektposition lexikalisch zu besetzen. Zu den Verben, die in diesem Sinne dem Subjekt keine θ-Rolle zuweisen, gehören u.a. einerseits die sog. Witterungsverben wie *regnen* oder *schneien* und andererseits Verben wie etwa dtsch. *scheinen*, engl. *seem/appear* oder frz. *sembler/paraître* etc. Ebenso findet sich das Expletivum bei sog. unpersönlichen Konstruktionen wie in (9):

(9a) es friert mich
(9b) es graust mich

(10a) it follows that the theory is wrong
(10b) it surprised me that Bill married Sue

(11a) il s'ensuit que nous nous sommes trompés
(11b) il faut que nous y aillons

Wir sehen an diesen Beispielen, daß die Subjektposition eines Satzes grundsätzlich von zwei verschiedenen Typen von nominalen Ausdrükken besetzt werden kann. Dementsprechend wollen wir nun NPs, die wie in den Beispielen (1) und (8) etwa auf eine Person oder ein Objekt referieren, *Argumente* oder *A-Ausdrücke* (engl. *A-expression*) nennen, während wir semantisch leere nominale Elemente wie die Expletiva *es/il/it/there* als *non-A-Ausdrücke* (engl. *non-argument*) bezeichnen.

Diese bislang besprochenen Daten scheinen nun auf folgende Gesetzmäßigkeit hinzudeuten. Es gibt Verben, die dem Subjekt eine θ-Rolle zuweisen, und genau bei diesen Verben *muß* ein Argument oder A-Ausdruck in der Subjektposition erscheinen. Umgekehrt darf bei Verben, die dem Subjekt keine θ-Rolle zuweisen, nur ein Expletivum, nicht jedoch ein Argument in der Subjektposition stehen. Diese Gesetzmäßigkeit läßt sich durch folgendes Prinzip erfassen:

(12) Jedes Argument muß eine θ-Rolle erhalten, und jede θ-Rolle muß einem Argument zugewiesen werden.

Aus dem ersten Halbsatz in (12) folgt die Ungrammatikalität von (2b)-(5b). Ein Witterungsverb wie *regnen* weist der Subjektposition keine θ-Rolle zu, so daß der nominale Ausdruck *Hans* nicht θ-markiert wird. Da es sich jedoch bei *Hans* um einen A-Ausdruck handelt, *muß* dieser nach (12) eine θ-Rolle erhalten; andernfalls ist der Satz ungrammatisch. Der zweite Halbsatz von (12) besagt umgekehrt, daß eine Subjektposition, die von einem Verb eine θ-Rolle zugewiesen bekommt, nur mit einem A-Ausdruck, nicht jedoch mit einem Expletivum besetzt werden darf. Da das deutsche Expletivum *es* stets auch eine persönliche Lesart hat, ist es etwas schwierig, hier ein Kontrastbeispiel zu finden. Es scheint jedoch intuitiv erkennbar zu sein, daß *es* in (13) stets nur im Sinne eines persönlichen Pronomens (etwa anstelle von *das Kind* oder *das Ding*), nicht jedoch analog zu (9) als Expletivum verstanden werden kann:

(13a) es tötet mich
(13b) es liebt mich
(13c) es sieht mich

Im Englischen hingegen finden wir neben dem unpersönlichen *it*, das in ähnlicher Weise wie das deutsche *es* gleichzeitig eine persönliche Lesart hat, das Expletivum *there*, das in NP-Positionen stets nur unpersönlich gebraucht werden kann. Dementsprechend erhalten wir folgende Kontraste, die eben aus dem zweiten Halbsatz von (12) folgen:

(14a) there is a book on the table
(14b) there seems to be a man in the room

(15a) *there loves Mary
(15b) *there hit the man with a stick

Wenn nun Subjekte zum Verb in eine enge thematische Beziehung treten (können), so stellt sich natürlich die Frage, ob dies auch für die Komplemente eines Verbs gilt. Mit anderen Worten: Läßt sich zeigen, daß die phrasalen Kategorien, die als Komplement eines verbalen Kopfes auftreten, von dem betreffenden Verb eine θ-Rolle zugewiesen bekommen? Zunächst zeigen die folgenden Beispiele recht deutlich, daß sich derartige θ-Rollen auch für die Objekte eines Verbs identifizieren lassen.

| | | |
|---|---|---|
| (16a) | Hans las ein Buch | (Objekt) |
| (16b) | Hans benutzte ein Messer | (Instrument) |
| (16c) | Hans gab Maria einen Stift | (Empfänger + Objekt) |
| (16d) | Hans leidet an Rheuma | (Affiziens) |
| (16e) | Hans erreichte das Ziel | (Ort) |

Wenngleich sich offensichtlich auch für die phrasalen Kategorien in Komplementposition je nach Verb unterschiedliche thematische Rollen feststellen lassen, so stellt sich dennoch die Frage, ob thematische Strukturverhältnisse irgendwelche syntaktischen Konsequenzen haben und daher in der Grammatiktheorie berücksichtigt werden müssen. In Kap. 2.1 hatten wir bereits gesehen, daß sich die Komplementstruktur eines Verbs vollständig aus dessen Subkategorisierungseigenschaften ableiten läßt. So enthält etwa der Subkategorisierungsrahmen eines Verbs wie *benutzen* oder *erreichen* die Information, daß hier ein NP-Komplement erforderlich ist. Somit mag man zunächst vermuten, daß die in (16) erkennbaren thematischen Rollen zumindest im Komplementbereich ohne weitere syntaktische Bedeutung sind.

Es zeigt sich nun jedoch, daß expletive Elemente wie *es* zwar bei bestimmten Verben bzw. Konstruktionen die Subjektposition besetzen, niemals jedoch in Komplementstrukturen auftreten können. Aus den bereits oben erwähnten Gründen läßt sich dieser Umstand im Deutschen nur schwer illustrieren, so daß wir wiederum auf das in dieser Beziehung eindeutigere englische Expletivum *there* zurückgreifen müssen. Wie die Beispielsätze in (17) zeigen, führt ein Expletivum in Komplementposition stets zur Ungrammatikalität des betreffenden Satzes:

(17a) *John loves there
(17b) *John gave there to Mary
(17c) *John looked at there

Wir können also den Schluß ziehen, daß die phrasalen Kategorien, nach denen die verschiedenen Verben subkategorisiert sind, stets durch Argumente oder A-Ausdrücke zu besetzen sind. Mit anderen Worten, subkategorisierte phrasale Kategorien müssen stets auch θ-markiert sein. Dieses Gesetzmäßigkeit ergibt sich jedoch nicht aus den im Lexikon spezifizierten Subkategorisierungsinformationen selbst, da diese sich ja allein auf den Typ der geforderten phrasalen Kategorie(n) – also z.B. NP oder PP – beziehen, nicht jedoch auf die Unterscheidung zwischen A-Ausdrücken und non-A-Ausdrücken. Somit muß das Prinzip (12) nicht nur für Subjekt-NPs, sondern gleichermaßen für die Komplementstruktur gelten, um die Ungrammatikalität von Sätzen wie in (17) zu erklären; diese verletzen den zweiten Halbsatz von (12): es fehlen die A-Ausdrücke, denen die Verben ihre θ-Rolle zuweisen können.

Das Prinzip in (12) stellt also eine Beziehung zwischen Argumenten und thematischen Rollen her und besagt, daß Argumente ohne θ-Rolle und θ-Rollen ohne Argumente zur Ungrammatikalität eines Satzes führen. Es zeigt sich jedoch, daß dieses Prinzip noch restriktiver formuliert werden muß. Nach (12) sollte es möglich sein, ein und dieselbe θ-Rolle mehreren Argumenten zuzuweisen. Doch diese Möglichkeit scheint ausgeschlossen zu sein, wie die folgenden Beispiele zeigen:

(18a) John opened the door with a key
(18b) *this key opens the door with a hammer

(19a) John smashed the window with a stone
(19b) *the stone smashed the window with a ball

(20a) toutes les grandes choses se font par le peuple
(20b) *Jean a tué son voisin par le peuple

In (18b) und (19b) gibt das Subjekt jeweils das Instrument an, mit dem die Tür geöffnet bzw. das Fenster zerbrochen wird. Doch diese θ-Rolle »Instrument« ist gleichzeitig an die PPs *with a hammer* bzw. *with a ball* gebunden. Mit anderen Worten, zwei verschiedene A-Ausdrücke erhalten die gleiche θ-Rolle. In (20b) wird die θ-Rolle »Agens der Handlung« sowohl dem Subjekt *Jean* als auch der PP *par le peuple* zugewiesen. Die Ungrammatikalität dieser Sätze deutet darauf hin, daß eine solche doppelte Zuweisung der gleichen θ-Rolle ausgeschlossen werden muß.

Wenn nun jede θ-Rolle stets nur einem einzigen Argument zugewiesen werden darf, so stellt sich die Frage, ob umgekehrt ein einziges Argument mehrere θ-Rollen tragen darf. Auch in diesem Falle deutet die verfügbare Evidenz darauf hin, daß eine solche mehrfache θ-Markierung des gleichen A-Ausdrucks unzulässig ist. Allerdings sind die hierfür einschlägigen Daten relativ komplexer Natur und weisen Struktureigenschaften auf, die wir erst in späteren Abschnitten ausführlich darstellen werden. Wir müssen uns daher im Augenblick mit einem Beispiel wie dem folgenden begnügen:

(21a) Hubert bekam das neue Buch von Chomsky

(21a) ist mehrdeutig und gestattet einerseits die Lesart, daß Hubert von irgendeiner Person das neue Buch bekam, das Chomsky geschrieben hat. Andererseits kann der Satz ebenso bedeuten, daß Hubert das neue Buch, das irgendeine Person geschrieben hat, von Chomsky bekam. In der ersten Lesart ist Chomsky also der Autor des Buches, in der zweiten derjenige, der Hubert das Buch gab. Dementsprechend kann *Chomsky* entweder die θ-Rolle »Autor« oder die θ-Rolle »Quelle« tragen. Diese beiden θ-Rollen lassen sich nun auch zwei verschiedenen Argumenten zuweisen, wie (21b) zeigt. Hier trägt *Chomsky* die θ-Rolle »Autor« und *Arnim* die θ-Rolle »Quelle«:

(21b) Hubert bekam das neue Buch von Chomsky von Arnim

Nun ist denkbar, daß Autor und Übergeber ein und dieselbe Person sind, z.B. Chomsky. Bestünde nun die Möglichkeit der PP *von Chomsky* beide θ-Rollen zuzuweisen, so müßte (21a) die Lesart gestatten: Hubert bekam das neue Buch, das Chomsky geschrieben hat, von Chomsky selbst. Doch eine solche Lesart scheint (21a) nicht zuzulassen. Um einen solchen Sachverhalt auszudrücken, müssen wir eine Struktur wie etwa (21c) wählen:

(21c) Hubert bekam das neue Buch von Chomsky von ihm selbst

Diese Daten deuten darauf hin, daß wir das Prinzip (12) revidieren und restriktiver fassen müssen, um auszuschließen, daß die gleiche θ-Rolle mehreren Argumenten zugewiesen wird bzw. daß das gleiche Argument mehrere θ-Rollen erhält. (22) gibt diese revidierte Version an, die als *Theta-Kriterium* (engl. *theta-criterion*) bezeichnet wird (cf. auch Kap. 3.1):

(22) Theta-Kriterium:

Jede θ-Rolle muß genau einem Argument zugewiesen werden, und jedes Argument muß genau eine θ-Rolle erhalten.

Genau wie X-bar Schema und Kasustheorie ist auch das Theta-Kriterium ein für alle natürlichen Sprachen geltendes Prinzip und somit Bestandteil der Universalgrammatik. Wie wir in den folgenden Kapiteln sehen werden, hat das Theta-Kriterium in den unterschiedlichsten Domänen eine Vielzahl von einschneidenden empirischen Konsequenzen, von denen wir einige bereits an dieser Stelle erwähnen wollen.

Dem aufmerksamen Leser wird bereits aufgefallen sein, daß die Aufnahme des Theta-Kriteriums zu einer gravierenden Redundanz in der Theorie führt. Da sowohl die Subkategorisierungseigenschaften als auch die zuzuweisenden θ-Rollen lexemspezifisch sind, müssen beide Informationen im Lexikoneintrag des jeweiligen Verbs vermerkt sein. Nun besteht aber zwischen den thematischen Eigenschaften und dem Subkategorisierungsrahmen eines lexikalischen Elements eine offenkundige Beziehung. So weist z.B. ein Verb wie *betrachten* eine thematische Rolle wie etwa »Ziel« zu, so daß nach dem Theta-Kriterium eine entsprechende Objekt-NP als Argument vorhanden sein muß, und gleichzeitig wird diese Objekt-NP nochmals durch die Subkategorisierungseigenschaften von *betrachten* gefordert:

(23a) Hans betrachtete Maria im Spiegel
(23b) *Hans betrachtete im Spiegel

In (23a) erfüllt die NP *Maria* somit einerseits die Subkategorisierungsbedingungen von *betrachten* und andererseits das Theta-Kriterium. Dementsprechend verletzt (23b) gleichzeitig das Theta-Kriterium *und* den Subkategorisierungsrahmen von *betrachten*. Mit anderen Worten, der Lexikoneintrag eines Verbs wie *betrachten* muß eine Subkategorisierung [___ NP] genau deshalb enthalten, weil dieses Verb dem Objekt eine bestimmte θ-Rolle zuweist, und diese thematische Eigenschaft ergibt sich wiederum aus der Tatsache, daß *betrachten* in seinem Subkategorisierungsrahmen eine Objekt-NP fordert. Nach Chomsky (1986a) wollen wir die Wahl der als Komplement auftretenden phrasalen Kategorien, i.e. die Subkategorisierung, als *C-Selektion* und die Wahl der θ-Rollen als *S-Selektion* bezeichnen. Ein Verb c-selegiert also bestimmte phrasale Kategorien als Komplement und s-selegiert bestimmte thematische Rollen, die Argumenten zugewiesen werden (müssen). Offensichtlich sind nun aber C-Selektion und S-Selektion nicht unabhängig voneinander, sondern bedingen sich gegenseitig; d.h. ein Verb (oder anderer lexikalischer Kopf) c-selegiert genau diejenigen phrasalen Kategorien, denen es auch eine θ-Rolle zuweisen kann, und es s-selegiert genau diejenigen thematischen Kategorien, für die in der Komplementstruktur ein A-Ausdruck vorhanden sein muß. Aufgrund dieser Redundanz stellt sich die Frage, ob sich nicht die C-Selektion aus der S-Selektion ableiten läßt bzw. umgekehrt.

Zunächst scheint klar zu sein, daß der Lexikoneintrag eines Verbs nicht nur angeben muß, *daß* dieses Verb θ-Rollen zuweist, sondern darüber hinaus auch, *welche* konkreten θ-Rollen es im einzelnen s-selegiert. So s-selegiert *betrachten* z.B. die θ-Rolle »Ziel«, während *schlagen* die thematische Kategorie »Patiens« s-selegiert. Wir bezeichnen die Gesamtheit der thematischen Kategorien, die ein lexikalischer Kopf s-selegiert, als das θ-*Raster* (engl. θ-*grid*). Demgegenüber enthält der Subkategorisierungsrahmen der beiden genannten Verben lediglich die gleiche Information, i.e. [___ NP], so daß sich aus dieser Information nicht ableiten läßt, welche θ-Rolle der NP von dem Verb zugewiesen wird. Mit anderen Worten, die im Lexikon eingetragene Theta-Information eines Verbs ist reicher und differenzierter als die Subkategorisierungsinformation. Darüber hinaus läßt sich beobachten, daß auch die Beziehung zwischen θ-Rolle und dem jeweils subkategorisierten phrasalen Kategorientyp keineswegs zufällig ist. So werden etwa die θ-Rollen »Agens« oder »Patiens« im Deutschen normalerweise als NP realisiert, während etwa die θ-Rolle »Instrument« in der Regel als PP mit der Präposition *mit* und die θ-Rolle »Quelle« als PP mit der Präposition *von* erscheint. Wir können daher den verschiedenen thematischen Rollen jeweils eine »canonical structural representation« (CSR) (Chomsky 1986a) zuordnen.

Diese Überlegungen legen die Vermutung nahe, daß die Subkategorisierung eines Verbs gar nicht als eigenständige Information im Lexikon spezifiziert werden muß, sondern sich vielmehr aus dem θ-Raster und der CSR ableiten läßt. In diese Richtung deutet auch der Umstand, daß die bei einem Verb möglichen Subkategorisierungen systematisch von dessen θ-Raster abhängen, und nicht etwa umgekehrt. So zeigt sich etwa, daß bei vielen Verben die thematische Rolle als Proposition realisiert werden kann, wobei diese Proposition in der Komplementstruktur entweder als S' oder als NP erscheint:

(24a) Hans leugnete, daß er das Auto gestohlen hat
(24b) Hans leugnete den Diebstahl des Autos

(25a) Hans weiß, welche Telefonnummer Maria hat
(25b) Hans weiß Marias Telefonnummer

Unter Subkategorisierungsgesichtspunkten müßte der Lexikoneintrag von *leugnen* bzw. *wissen* u.a. die Information [___ S'] und [___ NP] enthalten, jedoch bliebe es eine reine Zufälligkeit, daß bei den genannten Verben ausgerechnet diese beiden Kategorien stets zusammen im Subkategorisierungsrahmen auftreten. Wird nun als kanonische strukturelle Repräsentation der Proposition sowohl S' als auch NP zugelassen und allein die S-Selektion im Lexikon eingetragen, so folgt, daß Verben, die »Proposition« s-selegieren, sowohl S' als auch NP als Komplement akzeptieren. Diese Gesetzmäßigkeit läßt sich nur erfassen, wenn wir Subkategorisierungsinformationen aus dem θ-Raster eines Verbs ableiten. Darüber hinaus wird erklärt, warum bei diesen Verben nur solche NPs als Komplement zugelassen sind, die einen propositionalen Gehalt ausdrücken:

(26a) Hans leugnete den Diebstahl
(26b) *Hans leugnete das Auto

(27a) Hans weiß die Telefonnummer
(27b) *Hans weiß das Telefon

Nun zeigt sich aber, daß bei einigen Verben, die propositionale NPs als Komplement zulassen, Sätze – entgegen der oben skizzierten Gesetzmäßigkeit – ausgeschlossen sind:

(28a) die Darstellung entspricht nicht den Tatsachen
(28b) *die Darstellung entspricht nicht, daß dieser Verlust uns so schwer traf

(29a) wir gedenken der Niederlage bei Waterloo
(29b) *wir gedenken, daß die Armee bei Waterloo geschlagen wurde

In Kap. 2.2 hatten wir bereits die Unterscheidung zwischen strukturellen und obliquen Kasus eingeführt, ohne diese Distinktion im Detail empirisch zu begründen. Insbesondere hatten wir darauf hingewiesen, daß nur die Zuweisung obliquer Kasus als lexemspezifische Eigenschaft im Lexikoneintrag des jeweiligen Verbs spezifiziert ist, während die Zuweisung struktureller Kasus aus einem allgemeinen Prinzip folgt. Es scheint nun, daß die empirische Relevanz dieser Unterscheidung im vorliegenden Fall besonders deutlich wird. Der hier entscheidende Unterschied zwischen den Verben in (24)-(25) und (28)-(29) liegt offensichtlich darin, daß *leugnen* und *wissen* strukturellen Kasus zuweisen, während *entsprechen* und *gedenken* obliquen Kasus (Dativ bzw. Genitiv) zuweisen. Es liegt also die Vermutung nahe, daß der Kontrast zwischen (24)-(25) und (28)-(29) etwas mit den Kasuseigenschaften der betreffenden Verben zu tun hat. Die Ungrammatikalität von (28b) und (29b) deutet darauf hin, daß bei Verben, die obliquen Kasus zuweisen, dieser auch stets als solcher an einer NP realisiert sein muß. In diese Richtung deuten auch die folgenden Daten aus dem Russischen:

(30a) Ivan ždet pismo(acc)
Ivan erwartet (den/einen bestimmten) Brief

(30b) Ivan ždet pisma(gen)
Ivan erwartet (irgendeinen) Brief

(31a) Ivan rukovodit otdelom(instr)
Ivan leitet (die/eine bestimmte) Abteilung

(31b) *Ivan rukovodit otdela(gen)

Wie (30a-b) zeigen, kann im Russischen ein direktes Objekt auch als Genitiv erscheinen, wenn eine sog. partitive Lesart beabsichtigt ist. Doch ist dies nur bei Verben möglich, die strukturellen Kasus zuweisen, während bei Verben mit obliquem Kasus – wie etwa der Instrumentalis bei *rukovodit* – dieser Kasus stets realisiert sein muß, wie die Ungrammatikalität von (31b) illustriert. Struktureller Kasus kann also – im Gegensatz zu obliquem Kasus – auch durch andere Formen ersetzt werden, wie etwa durch den Genitiv in (30b).

Nun hat Stowell (1981) unabhängige Evidenz dafür vorgelegt, daß Sätze im Gegensatz zu NPs keinen Kasus tragen dürfen. Ist Stowells These richtig, so wird deutlich, warum Sätze nicht als Komplement von Verben zugelassen sind, die obliquen Kasus zuweisen. Da obliquer Kasus stets realisiert sein muß, Sätze hingegen keinen Kasus tragen dürfen, sind Konstruktionen wie (28b) und (29b) ungrammatisch. Demgegenüber ist die Zuweisung des strukturellen Kasus fakultativ, so daß bei den entsprechenden Verben Stowells Kasusverbot für Sätze nicht verletzt wird. Daher sind (24a) und (25a) grammatisch.

Während die obigen Beispiele zeigen, daß Kasuseigenschaften bei bestimmten Verben mit propositionaler θ-Rolle Satzkomplemente ausschließen, gibt es umgekehrt auch Verben, bei denen allein Satzkomplemente, jedoch keine NP-Komplemente zugelassen sind. Die Konstruktionen in (32) und (33) illustrieren den hier relevanten Kontrast:

(32a) John asked (me) what time it is
(32b) John asked (me) the time

(33a) John wondered what time it is
(33b) *John wondered the time

Auch hier mag die Vermutung naheliegen, daß *ask* und *wonder* unterschiedliche Kasuseigenschaften aufweisen, die für die hier zu beobachtende Restriktion verantwortlich sind. Da nach dem Kasusfilter jede NP ungrammatisch ist, die keinen Kasus trägt, ist anzunehmen, daß *wonder* – im Gegensatz zu *ask* – ein Verb ist, das keinen Kasus zuweist. Da es sich hier offenkundig um eine lexemspezifische Eigenschaft handelt, muß im Lexikoneintrag von Verben vermerkt werden, ob sie Kasus zuweisen oder nicht. Dementsprechend erlauben Verben mit einem [-Kasus]-Eintrag nur Satzkomplemente, die keinen Kasus erfordern, oder PP-Komplemente, in denen die NP von der Präposition Kasus erhält. Während also sowohl bei *ask* als auch bei *wonder* die θ-Rolle des Komplements als Proposition realisiert werden kann, bestimmen die unterschiedlichen Kasuseigenschaften der beiden Verben, welche phrasale Kategorie als Komplement auftreten kann. Auch die folgenden Beispiele illustrieren das Verhalten von Verben, die keinen Kasus zuweisen.

(34a) John thought that Bill was promoted
(34b) *John thought Bill's promotion
(34c) John thought of Bill's promotion

(35a) John dreams that he will win the contest
(35b) *John dreams his victory
(35c) John dreams of his victory

(36a) John wondered whether Bill will succeed
(36b) *John wondered Bill's success
(36c) John wondered about Bill's success

Wir sehen also an diesen Beispielen, daß Theta-Theorie und Kasustheorie in sehr spezifischer Weise miteinander interagieren. Die im Lexikon spezifizierten θ-Rollen legen in Verbindung mit dem Theta-Kriterium die als Komplement eines Verbs zugelassenen Argumentpositionen und deren thematische Natur fest. Kasustheorie und CSR bestimmen hingegen, durch welche phrasalen Kategorientypen diese Argumente realisiert werden können. Da sich aus den lexemspezifischen Kasus- und Theta-Eigenschaften sämtliche für den jeweiligen Kopf zugelassenen Komplementstrukturen vollständig ableiten lassen, erweist sich die zusätzliche Angabe von Subkategorisierungsinformationen als überflüssig. Mit anderen Worten, im Lexikon sind ausschließlich Merkmale der Kasus- und θ-Rollen-Zuweisung eingetragen. Das, was traditionell als Subkategorisierung bezeichnet wird, ist nichts anderes als ein Derivat dieser Kasus- und Theta-Eigenschaften und somit entbehrlich.

Ein weiteres Beispiel für das enge Zusammenwirken von Kasustheorie und Theta-Kriterium zeigt sich in Konstruktionen wie (37):

(37a) John would prefer [$_{S'}$ for [$_{IP}$ his brother to leave town]]

(37b) they expect [$_{IP}$ John to win the race]

An der Klammerung in (37a) mag zunächst verwundern, daß *for his brother* nicht als zum Matrixverb gehörige PP, sondern als Bestandteil des eingebetteten Satzes angesetzt ist. Es läßt sich jedoch zeigen, daß *for* in (37a) offensichtlich die Rolle eines Complementizers übernimmt, so daß *his brother* als Subjekt des eingebetteten Satzes anzusehen ist. Zunächst zeigen mit *for* eingeleitete Infinitivstrukturen ähnliche Eigenschaften wie finite *that*-Sätze; so können etwa beide als Subjekt eines Satzes auftreten:

(38a) [that John will win the prize] was quite unexpected for us
(38b) [for John to win the prize] was quite unexpected for us

Darüber hinaus verlangt insbesondere das Theta-Kriterium die Annahme, daß *his brother* in (37a) das Subjekt des eingebetteten Satzes sein muß. Da *leave* seinem Subjekt offensichtlich eine θ-Rolle – nämlich Agens – zuweist, ist *his brother* die einzig mögliche Konstituente, die diese θ-Rolle realisieren kann. Wäre *his brother* eine Konstituente des Matrixsatzes, so gäbe es innerhalb des eingebetteten Satzes keinen A-Ausdruck, dem diese θ-Rolle zugewiesen werden könnte, und der Satz müßte wegen Verletzung des Theta-Kriteriums ungrammatisch sein. Da es sich in (37a) um einen Infinitivsatz handelt, müssen wir darüber hinaus annehmen, daß *for* dem Subjekt auch den durch den Kasusfilter geforderten Kasus zuweist.

Noch klarer wird die Bedeutung des Theta-Kriteriums in (37b). Obwohl auch hier *John* auf den ersten Blick eher Objekt von *expect* als Subjekt von *to win the race* zu sein scheint, zeigen die Daten in (39), daß bei Verben wie *expect* die fragliche Position ihre θ-Rolle vom Verb des eingebetteten Satzes bekommen muß:

(39a) we expect Bill
(39b) it rains

(39c) we expect it to rain
(39d)* we expect Bill to rain

(39a-b) zeigen, daß zwar *expect* seinem Objekt, jedoch nicht *rain* seinem Subjekt eine θ-Rolle zuweist. Daher kann nach der Theta-Theorie *it* in (39b) nur als Expletivum und nicht etwa als Pronomen mit persönlicher Referenz interpretiert werden. Wäre nun *it* in (39c) Objekt von *expect*, so erhielte dieses expletive *it* – ähnlich wie *Bill* in (39a) – vom Verb eine θ-Rolle zugewiesen, so daß der Satz wegen Verletzung des Theta-Kriteriums kontrafaktisch als ungrammatisch markiert würde. Umgekehrt gilt für (39d), daß *Bill* als Objekt von *expect* die von diesem Verb zugewiesene θ-Rolle realisieren würde, so daß dieser Satz nun wiederum grammatisch sein müßte. Betrachten wir hingegen *Bill* bzw. *it* als Subjekt des eingebetteten Satzes, so ergibt sich die korrekte Datenverteilung aus dem Theta-Kriterium. Da *rain* seinem Subjekt keine θ-Rolle zuweist, ist in der entsprechenden Position nur ein Expletivum wie *it* in (39c), jedoch kein A-Ausdruck wie in (39d) zugelassen.

Da zwischen Verben und ihren Komplementsätzen adverbiale Ausdrücke stehen können (cf. Kap. 3.2 zur Erläuterung) wäre darüber hinaus zu erwarten, daß derartige Ausdrücke auch vor dem Infinitivsatz erscheinen können, wenn die hier zur Diskussion stehende Position Objekt des Matrixverbs wäre. Wie der Kontrast in (40) zeigt, ist dies jedoch nicht der Fall:

(40a) John expected the whole time that Sue would marry him
(40b) *John expected Sue the whole time to marry him

Ersetzen wir nun *John* in (37b) durch ein entsprechendes Pronomen, so wird deutlich, daß Subjekte in Infinitivsätzen im Akkusativ und nicht etwa im Nominativ erscheinen müssen:

(41a) they expect him to win the race
(41b) *they expect he to win the race

Bereits bei der Darstellung der Kasustheorie hatten wir gesehen, daß INFL im Englischen seinem Subjekt nur dann Kasus – und zwar Nominativ – zuweisen kann, wenn es das Merkmal [+finit] trägt, d.h. nur in finiten Sätzen. Daher würde ein Infinitivsatz mit lexikalischem Subjekt dem Kasusfilter zum Opfer fallen, wenn dieses Subjekt nicht von einem anderen Element als INFL Kasus erhielte. Soweit erkennbar, wird dieser Kasus in (41a) vom Matrixverb *expect* zugewiesen.

Es stellt sich somit zunächst die Frage, ob die Fähigkeit eines Verbs, dem Subjekt des eingebetteten Satzes Kasus zuzuweisen, für jeden

Typus von eingebettetem Satz gilt. Wie der folgende Kontrast zeigt, ist dies offensichtlich nicht der Fall:

(42a) they expect him to win the race
(42b) *they expect that him will win the race

Der entscheidende Unterschied zwischen (42a) und (42b) liegt nun offensichtlich darin, daß in (42a) die Complementizer-Position leer ist, während sie in (42b) durch *that* besetzt ist. Es liegt die Vermutung nahe, daß in (42a) eine IP, in (42b) hingegen ein S' eingebettet ist. Es scheint nun, daß Kasuszuweisung durch das Matrixverb nur bei IP-Einbettungen möglich ist. Dieses Faktum folgt jedoch aus dem Kasusfilter in Verbindung mit der für das Englische gültigen Adjazenzbedingung. Mit anderen Worten, ein Matrixverb kann dem Subjekt eines eingebetteten Satzes nur dann Kasus zuweisen, wenn beide unmittelbar nebeneinander stehen, d.h. adjazent sind. Wird nun diese Adjazenz – etwa durch Voranstellung wie in (43b) – blockiert, so kann kein Kasus zugewiesen werden, und der Satz wird wegen Verletzung des Kasusfilters als ungrammatisch markiert. Wir können also schließen, daß das eingebettete Subjekt in (42a) in der Tat seinen Kasus von *expect* erhält.

(43a) that he will win the race, they expect
(43b) *him to win the race, they expect

Weiterhin ist hier zu fragen, ob die Fähigkeit, dem eingebetteten Subjekt Kasus zuzuweisen, grundsätzlich für alle Verben gilt. Auch hier muß die Antwort negativ ausfallen:

(44a) we expect Bill to win the prize
(44b) we believe Bill to win the prize

(45a) *we try Bill to win the prize
(45b) *we propose Bill to win the prize

(46a) we tried this experiment before
(46b) we proposed a vote of censure

Wie der Kontrast zwischen (44) und (45) zeigt, ist die Fähigkeit, dem eingebetteten Subjekt Kasus zuzuweisen, eine lexemspezifische Eigenschaft. Verben wie *expect* oder *believe* verfügen über diese Fähigkeit, *try* oder *propose* hingegen nicht. Die Daten in (46) zeigen, daß *try* und *propose* keineswegs generell die Fähigkeit fehlt, Kasus zuzuweisen; vielmehr scheint bei diesen Verben allein die Kasuszuweisung an ein eingebettetes Subjekt blockiert zu sein. Wenn wir nun in Analogie zu (42b) annehmen, daß Kasus nicht über ein S' hinweg zugewiesen werden kann, so liegt die Vermutung nahe, daß bei *expect* und *believe* eine IP, bei *try* und *propose* ein S' eingebettet ist. Mit anderen Worten, es scheint eine bestimmte Gruppe von Verben zu geben, die sozusagen »ausnahmsweise« dem Subjekt des eingebetteten Satzes Kasus zuweisen können, weil unter ihnen eine IP eingebettet ist. Daher spricht man bei diesen Verben von *exceptional case-marking* und nennt sie *ECM-Verben*.

Wir haben in diesem Kapitel gesehen, wie sich die in natürlichen Sprachen möglichen Phrasenstrukturen über das Zusammenspiel dreier autonomer Komponenten der Grammatik spezifizieren lassen: X-bar Schema, Kasustheorie und Theta-Kriterium. Die in diesen drei Teiltheorien verankerten Prinzipien geben zunächst die universalen Aspekte natürlich-sprachlicher Phrasenstrukturen wieder und sind somit Bestandteil der UG. Einzelsprachspezifische Besonderheiten ergeben sich einerseits aus unterschiedlichen kasus- bzw. theta-bezogenen Lexikoneinträgen und andererseits aus den mit einzelnen UG-Prinzipien verbundenen Parametrisierungen, wie etwa die Richtung der Kasuszuweisung. Während also X-bar Schema, Kasustheorie und Theta-Kriterium den universal gültigen Rahmen für phrasenstrukturelle Konfigurationen umreißen, wird dieser Rahmen einzelsprachlich u.a. durch im Lexikon enthaltene Informationen ausgefüllt. Damit zeigt sich bereits hier ein zentrales Merkmal der GB-Theorie, nämlich die Modularität. Was in einer gegebenen Sprache eine mögliche Phrasenstruktur ist, wird nicht etwa – wie in vielen traditionellen Ansätzen – durch einen einzelsprachspezifischen Regelapparat bestimmt, sondern vielmehr durch die Interaktion verschiedener autonomer Module, von denen einige universalgrammatisch und andere einzelsprachspezifisch sind. Durch diese strikte und konsequente Trennung von universalen und einzelsprachlichen Eigenschaften ist es möglich, einer Erklärung des logischen Problems des Spracherwerbs (cf. Band I, Kap. 3) näher zu kommen. Die etwa durch X-bar Schema, Kasustheorie oder Theta-Kriterium spezifizierten Eigenschaften müssen nicht gelernt werden, sondern sind Teil der genetisch determinierten mentalen Ausstattung des Kindes und schränken somit die Zahl und Art der Hypothesen ein, die ein Kind angesichts einer bestimmten Datenlage aufstellen wird. Hierzu gehört etwa die Tatsache, daß phrasale Kategorien stets einen lexikalischen Kopf haben müssen, oder daß oblique Kasus als solche realisiert werden müssen. Demgegenüber muß das Kind die einzelsprachspezifischen Eigenschaften, wie etwa bestimmte lexemabhängige Kasus- und Theta-Merkmale, über positive Evidenz erlernen. Mit anderen Worten, ein Kind muß an seinen sprachlichen Daten ablesen, daß etwa *helfen* den Dativ, aber *unterstützen* den Akkusativ zuweist.

Besonders Kasustheorie und Theta-Kriterium illustrieren ein weiteres zentrales Merkmal der GB-Theorie, durch das sie sich von anderen Ansätzen unterscheidet. Während man das X-bar Schema in gewissem Sinne als einen Regelapparat ansehen kann, der Strukturen generiert, sind Kasusfilter und Theta-Kriterium keine Regeln, sondern Wohlgeformtheitsbedingungen; d.h. sie erzeugen keine Strukturen, sondern überprüfen bereits erzeugte Strukturen auf deren Grammatikalität. Mit anderen Worten, Kasusfilter und Theta-Kriterium sind auf beliebig erzeugte strukturelle Repräsentationen anzuwenden, die sie entweder als grammatisch oder ungrammatisch markieren. In diesem Faktum äußert sich bereits der *repräsentationelle* Charakter der GB-Theorie, im Gegensatz zu *derivationellen* Theorien, in denen die Klasse der in einer Sprache möglichen Strukturen ausschließlich über einen Regelapparat definiert wird, der die entsprechenden Strukturen erzeugt oder deriviert. Da bislang völlig unklar ist, wie durch einen Regelapparat jene Generalisierungen erfaßt werden können, die etwa durch das Theta-Kriterium oder den Kasusfilter ausgedrückt werden, spricht derzeit alles dafür, daß ein repräsentationelles Modell einem derivationellen überlegen ist.

## Literaturhinweise

In der Darstellung der Grundzüge der Theta-Theorie beziehen wir uns auf Chomsky (1981:34–37,101–116,170–182); etwas revidierte Fassungen finden sich in Chomsky (1981:335–340;1986a:94–114, 131–144,184–203).
Das Grundkonzept der θ-Rolle wurde bereits von Gruber (1965) und Fillmore (1968) entwickelt, der dabei jedoch den Terminus *deep case* verwendete. Erste Versionen des Theta-Kriteriums finden sich in Fillmore (1968) und Freidin (1978), wobei vor allem Freidin dessen Bedeutung für eine Theorie der UG herausarbeitete. Eine wichtige Weiterentwicklung der Theta-Theorie – insbesondere mit Bezug auf Subjekts-θ-Rollen findet sich in Williams (1980).
Untersuchungen zu den CSR (in unterschiedlicher Terminologie) begannen bereits mit Fillmore (1968); neuere Ansätze – vor allem zum Zusammenhang zwischen θ-Rollen und kanonischer struktureller Repräsentation im Deutschen – bieten die Arbeiten von Eroms (1981) und Reis (1982). Grundideen zur Reduktion der Subkategorisierung auf Theta-Theorie und Kasuseigenschaften wurden in Grimshaw (1981) vorgestellt und von Pesetsky (1982a) weiter ausgearbeitet.
Die Analyse der ECM-Verben geht auf Chomsky (1973) zurück. Dabei sind verschiedene Versionen etwa in Chomsky & Lasnik (1977), Chomsky (1980b) und Chomsky (1986a) vorgestellt worden; alternative Konzeptionen des Phänomens finden sich insbesondere in Postal (1974) und Bresnan (1982b).

Aufgaben:

1. Thematische Rollen können an unterschiedlichen Satzpositionen erscheinen. Formulieren Sie anhand der folgenden Daten die für das Deutsche hier geltenden Gesetzmäßigkeiten:
   a) Hans zerbrach die Scheibe mit einem Hammer
   b) der Hammer zerbrach die Scheibe
   c) *der Hammer zerbrach die Scheibe durch Hans
   d) Senta kochte die Suppe
   e) die Suppe kochte
   f) *die Suppe kochte durch Senta
   g) Karl begann die Rede mit einem Versprecher
   h) die Rede begann mit einem Versprecher
   i) *ein Versprecher begann die Rede

2. Begründen Sie, warum die in den folgenden Beispielsätzen kursiv gedruckten Ketten als Satzstruktur aufzufassen sind:
   a) John tried *to sell his car*
   b) it is nice *to meet you*
   c) the president announced his plan *to increase the budget*

   Leiten Sie diese Behauptung aus dem Theta-Kriterium ab, und überlegen Sie, welche strukturelle Repräsentation a)-c) haben könnten.

3. Koordinative Strukturen wie die folgenden scheinen das Theta- Kriterium zu widerlegen:
   a) Hans und Maria luden ihre Kollegen zu einer Party ein
   b) John and Mary met in San Francisco
   c) Hans liebt und verehrt Beethoven

   Suchen Sie eine Lösung.

4. Erklären Sie die folgenden Kontraste:
   a) Aufgabe des Staates ist die Unterstützung der Armen
   b) *Aufgabe des Staates ist die Hilfe der Armen
   c) eine totale Begeisterung der Massen gelang dem Diktator nie
   d) *ein totales Gefallen der Massen gelang dem Diktator nie

## 2.4 Bindungstheorie

In Kapitel 2.3 hatten wir bereits gesehen, daß die Verteilung unterschiedlicher NPs durch die Theta-Theorie geregelt wird. So können A-Ausdrücke nur an θ-markierten NP-Positionen auftreten, während Expletiva wie dtsch. *es* oder engl. *there* solchen Positionen vorbehalten sind, denen keine θ-Rolle zugewiesen wird. Diese Verteilung korreliert mit der Beobachtung, daß Expletiva keinen erkennbaren semantischen Gehalt haben, während sich A-Ausdrücke in der Regel auf ein bestimmtes Objekt oder eine Person beziehen. Es scheint nun jedoch, daß die jeweilige *konkrete* Referenz eines A-Ausdrucks nicht an der Struktur des betreffenden Satzes abgelesen werden kann, sondern sich vielmehr grammatikunabhängig aus dem Gesprächskontext ergibt. Dies ist besonders deutlich bei den Pronomina, wie der Satz (1a) zeigt:

(1a) Hans glaubt, daß er intelligent ist

Das Pronomen *er* in (1a) kann sich auf Hans selbst oder auf irgendeine andere Person (männlichen Geschlechts) beziehen. Auch der Bezug auf ein Objekt, etwa einen Computer, ist unter bestimmten Bedingungen denkbar. Welche Referenz nun im Einzelfall konkret beabsichtigt ist, läßt sich nur aus dem situationellen Kontext ermitteln, in dem (1a) geäußert wird. Der grammatische Status der NP *er*, i.e. ihre syntaktischen Beziehungen zu anderen Elementen des Satzes, scheint hier weitgehend irrelevant zu sein. Mit anderen Worten, bei der Interpretation eines Satzes wie (1a) scheinen syntaktisches und semantisch-kontextuelles Wissen in sehr spezifischer Form miteinander zu interagieren.

Betrachten wir nun einen Satz wie (2a), so ist auch hier die konkrete Referenz des Pronomens situationsabhängig:

(2a) er glaubt, daß Hans intelligent ist

Zwischen (1a) und (2a) besteht jedoch ein gravierender Unterschied. Während *er* in (1a) u.a. auch auf Hans selbst referieren kann, ist ein solcher Bezug in (2a) prinzipiell *nicht* möglich. Dieser Satz kann nur so interpretiert werden, daß sich *Hans* und *er* auf zwei verschiedene Personen beziehen, und zwar völlig unabhängig davon, in welchem Kontext (2a) geäußert wird. Dieses Faktum deutet darauf hin, daß die Grammatik bestimmte Referenzmöglichkeiten ausschließt, so daß der Kontext allein innerhalb dieses von der Grammatik zugelassenen Rahmens den jeweiligen konkreten Bezug bestimmen kann.

Wir wollen nun zwei NPs, für die der Sprecher den gleichen Objektbezug intendiert, als *koreferent* bezeichnen. Technisch wird diese Beziehung dadurch ausgedrückt, daß der NP ein sog. *referentieller Index* zugewiesen wird. Tragen zwei NPs den gleichen Index, so sind sie als koreferent zu interpretieren; tragen sie hingegen verschiedene Indices, so sprechen wir von *disjunkter Referenz* (engl. *disjoint reference*). Unter koreferenter Lesart erhalten wir somit den folgenden Kontrast:

(1b) $Hans_i$ glaubt, daß $er_i$ intelligent ist

(2b) *$er_i$ glaubt, daß $Hans_i$ intelligent ist

Wir beobachten also, daß die Koreferenz zwischen pronominalen und nicht-pronominalen NPs bestimmten syntaktischen Beschränkungen unterliegt. Nicht-pronominale NPs wie etwa *Hans* bezeichnet man auch als *referentielle Ausdrücke* (*R-Ausdrücke*), und man könnte auf den ersten Blick vermuten, daß derartige R-Ausdrücke nicht mit einem Pronomen koreferent sein können, das *vor* ihnen im Satz erscheint. Mit anderen Worten, R-Ausdruck und koreferentes Pronomen unterliegen einer Linearisierungsbeschränkung, nach der der R-Ausdruck dem Pronomen stets vorangehen muß. Wie die folgenden Beispiele zeigen, ist eine solche Erklärung für die Ungrammatikalität von (2b) jedoch offensichtlich nicht richtig:

(3a) der Plan, ihn$_i$ zu entlassen, beunruhigte Hans$_i$

(3b) der Mann, der mit ihm$_i$ gesehen wurde, behauptete, daß Hans$_i$ unschuldig ist

Auch hier geht das koreferente Pronomen dem R-Ausdruck voraus. Dennoch sind die Sätze (3a-b) im Gegensatz zu (2b) vollständig grammatisch. Intuitiv scheint nun der entscheidende Unterschied darin zu liegen, daß das Pronomen in (3a-b) in einem Satz eingebettet ist, in dem der R-Ausdruck *Hans* selbst nicht enthalten ist, während in (2b) das Pronomen in einem Satz auftritt, der gleichzeitig *Hans* (als Konstituente des eingebetteten Satzkomplementes) enthält. Zur Verdeutlichung dieses Gedankens betrachten wir die entsprechenden (vereinfachten) Strukturdiagramme, die aus hier nicht relevanten Gründen in Kap. 3.2 nochmals modifiziert werden:

(4a)

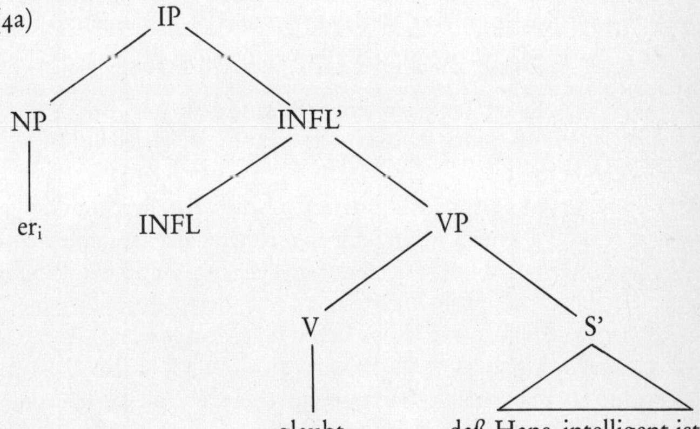

(4b)

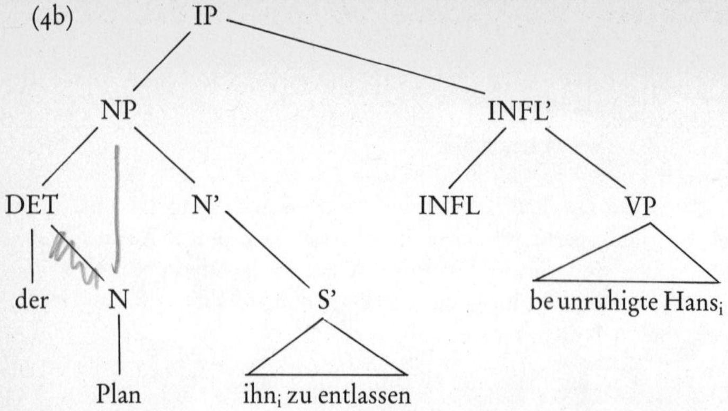


In (4a) tritt das Pronomen *er* im Matrixsatz (= IP) auf und dieser Satz enthält gleichzeitig den R-Ausdruck *Hans*, und zwar als Konstituente des VP-Komplementes. In (4b) hingegen erscheint das Pronomen im eingebetteten Satz S', in dem *Hans* jedoch nicht als Konstituente auftritt. Es scheint also, daß ein Pronomen $\alpha$ nur dann mit einem R-Ausdruck $\beta$ koreferent sein kann, wenn es einen Satz *S* gibt, der das Pronomen, aber nicht den R-Ausdruck enthält.

Es zeigt sich nun, daß wir eine entsprechende Regularität auch bei Koreferenz innerhalb der NP finden, so daß die für die hier zu beobachtende Regularität relevante Bezugsgröße nicht allein der Satz sein kann:

(5a) [$_{NP}$ das Photo von ihm$_i$] hat Fritz$_i$ verlegen gemacht

(5b) [$_{NP}$ ihr$_i$ Mann] schenkt Maria$_i$ täglich Blumen

(5c)* [$_{NP}$ sein$_i$ Buch über Fritz$_i$] war ein Erfolg

Auch hier ist Koreferenz zwischen R-Ausdruck und Pronomen nur dann möglich, wenn der R-Ausdruck nicht in der gleichen NP wie das Pronomen auftritt.

Die an diesen Beispielen illustrierten Koreferenzbeschränkungen in Sätzen und NPs scheinen nun im wesentlichen damit zusammenzuhängen, in welcher strukturkonfigurationellen Beziehung das Pronomen und sein koreferenter R-Ausdruck zueinander stehen. Der hier einschlägige Begriff ist das *C-Kommando* (engl. *c-command*). Vereinfacht gesagt, steht hinter diesem Begriff die intuitive Idee, daß es für bestimmte grammatische Prozesse ausschlaggebend ist, ob von zwei Kategorien die eine höher im Strukturbaum »hängt« als die andere.

Etwas präziser ausgedrückt: eine Kategorie α c-kommandiert alle diejenigen Kategorien, die unter dem gleichen Knoten hängen, der α unmittelbar dominiert, aber von α selbst nicht dominiert werden.

(6) C-Kommando:

α c-kommandiert β, α ≠ β gdw. (=genau dann, wenn)
a) jeder verzweigende Knoten γ, der α dominiert auch β dominiert,
b) α β nicht dominiert.

Als Vereinfachung können wir uns merken: man geht von α zum nächsthöheren verzweigenden Knoten; α c-kommandiert dann alle Kategorien, die von diesem Knoten dominiert werden. Zur Illustration betrachten wir die folgende Konfiguration:

(7)

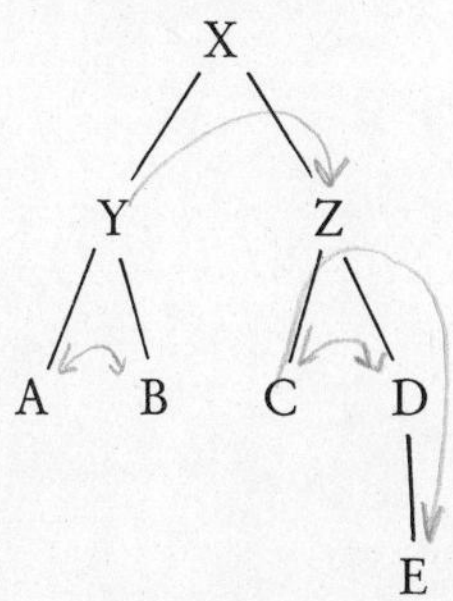


In (7) c-kommandiert z.B. Y die Kategorien Z, C, D und E, da Y nur von einem einzigen Knoten dominiert wird, nämlich X, der auch die genannten Kategorien dominiert. Demgegenüber c-kommandieren sich A und B zwar gegenseitig, da sowohl X und Y beide dominieren; jedoch c-kommandieren diese beiden Kategorien keine anderen Knoten, insbesondere nicht Z, C, D oder E, da es einen Knoten (= Y) gibt, der zwar A und B, nicht jedoch Z, C, D und E dominiert, so daß die Bedingung (6a) nicht erfüllt ist. Ebenso c-kommandieren sich C und D gegenseitig. Während C jedoch auch E c-kommandiert, c-kommandiert D aufgrund der Bedingung (6b) E nicht, i.e. C-Kommando setzt stets verzweigende Knoten voraus.

Der Begriff des C-Kommandos gestattet es nun, die Bedingungen für Koreferenz zwischen Pronomina und R-Ausdrücken präzis zu erfassen. So gilt für (4a), daß hier das Pronomen *er* den R-Ausdruck *Hans* c-kommandiert, da der einzige Knoten, der die NP dominiert – nämlich IP –, auch *Hans* dominiert. Demgegenüber c-kommandiert das Pronomen *ihn* in (4b) den R-Ausdruck nicht. Die erste verzweigende Kategorie über dem Pronomen ist die VP und bereits diese VP dominiert den R-Ausdruck nicht. Ebenso dominieren S', N' oder NP zwar das Pronomen, aber nicht den R-Ausdruck.

Um die Parallelität der Verhältnisse in (5) zu erkennen, betrachten wir exemplarisch die (vereinfachten) Strukturdiagramme von (5a) vs. (5c):

(8a)

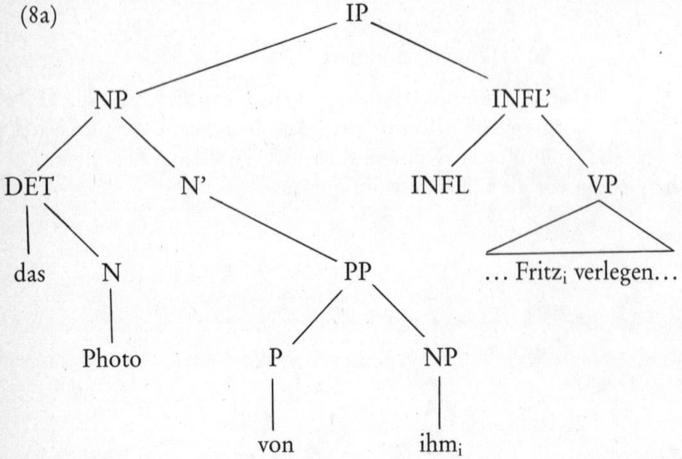


(8b)

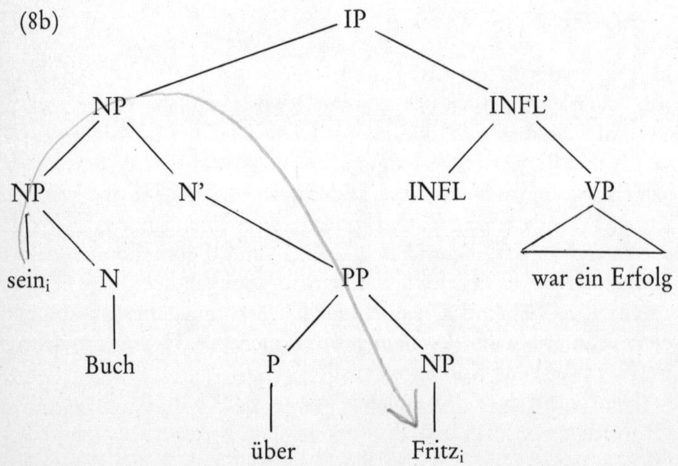


In (8a) wird das Pronomen *ihm* etwa von der PP oder auch von N' dominiert, die beide den R-Ausdruck *Fritz* nicht dominieren; daher c-kommandiert das Pronomen in (5a) bzw. (8a) den R-Ausdruck nicht. In (8b) dominieren alle Knoten, die das Pronomen dominieren (nämlich NP und IP) gleichzeitig auch den R-Ausdruck, so daß in dieser Struktur das Pronomen den R-Ausdruck c-kommandiert.

Diese Daten zeigen also, daß ein koreferentes Pronomen einen R-Ausdruck offensichtlich nicht c-kommandieren darf:

(9) *[...$\alpha_i$...$\beta_i$...], wenn
a) $\alpha$ ein Pronomen und $\beta$ ein R-Ausdruck ist
b) $\alpha$ $\beta$ c-kommandiert

Wir sehen also, daß sich die Koreferenzbeschränkungen zwischen Pronomina und R-Ausdrücken nicht über deren lineare Abfolge, sondern vielmehr nur über den strukturellen Begriff des C-Kommandos formulieren lassen. Da ein dem Pronomen linear vorausgehender R-Ausdruck niemals von diesem Pronomen c-kommandiert werden kann, ist in Sätzen wie (1a) Koreferenz stets möglich.

Nun ist Prinzip (9) jedoch noch zu restriktiv gefaßt. Nicht nur Pronomina können mit einem R-Ausdruck koreferent sein, sondern auch bestimmte »qualifizierende« R-Ausdrücke selbst, wie die Beispiele in (10) zeigen:

(10a) der Bürgermeister$_i$ hat viel für die Stadt getan, so daß alle Bürger diesen bedeutenden Politiker$_i$ verehren

(10b) wir haben Hans$_i$ angeboten mit nach Paris zu fahren, doch der Idiot$_i$ wollte lieber zu Hause bleiben

Es zeigt sich nun, daß auch dieser Typus von Koreferenz den gleichen C-Kommando-Beschränkungen unterliegt, die wir bislang bei den Pronomina beobachtet haben:

(11a) Leute, die für den Kanzler$_i$ arbeiten, fürchten Kohl$_i$

(11b) *der Kanzler$_i$ sagt, daß Kohl$_i$ ein neues Programm plant

(12a) the plan to impeach the president$_i$ frightened Nixon$_i$

(12b) *Nixon$_i$ ignored the plan to impeach the president$_i$

In (11a) und (12a) c-kommandieren *Kanzler* bzw. *president* die R-Ausdrücke *Kohl* bzw. *Nixon* nicht, während in (11b) und (12b) eine solche C-Kommando-Beziehung vorliegt. Entgegen der Formulierung in (9) scheint also nicht das Pronomen entscheidend zu sein; vielmehr darf ein R-Ausdruck von keinerlei koreferentem Element c-kommandiert werden. Um diesen Sachverhalt zu erfassen, wollen wir den Begriff *Bindung* (engl. *binding*) im Sinne von (13) verwenden:

(13) Bindung:

$\alpha$ bindet $\beta$ gdw.
a) $\alpha$ mit $\beta$ koindiziert ist (= den gleichen Index trägt)
b) $\alpha$ $\beta$ c-kommandiert.

Weiterhin wollen wir sagen, daß ein Ausdruck $\alpha$ gebunden (engl. *bound*) ist, wenn es ein $\beta$ gibt, das $\alpha$ bindet. Wenn ein Ausdruck $\alpha$ nicht gebunden ist, so ist er *frei*. Wir können nunmehr (9) durch das allgemeinere Prinzip (14) ersetzen:

(14) Bindungsprinzip für R-Ausdrücke:

Ein R-Ausdruck muß frei sein.

Das Prinzip (14) besagt, daß Koreferenz zwischen Pronomina und R-Ausdrücken nur unter bestimmten strukturellen Bedingungen möglich ist. Mit anderen Worten, in Strukturen, in denen nach (14) eine koreferente Lesart des Pronomens ausgeschlossen ist, muß der Bezug des Pronomens disjunkt interpretiert werden, wie etwa in (2a). Hierbei ist anzumerken, daß der Begriff der Bindung weitergehend ist als der Begriff der Koreferenz, da wir Bindung nunmehr auch für Fälle wie (15) ansetzen können, in denen offensichtlich keine Referenzbeziehung zwischen den koindizierten Elementen vorliegt. Doch auch hier gilt (14), d.h. auch Ausdrücke wie *niemand* sind R-Ausdrücke.

(15a) $\text{niemand}_i$ glaubt, daß $\text{er}_i$ die Prüfung bestehen kann

(15b) *$\text{er}_i$ glaubt, daß $\text{niemand}_i$ die Prüfung bestehen kann

Es gibt nun eine Klasse von Pronomina, die grundsätzlich keine disjunkte Lesart zulassen, sondern stets von einem Ausdruck gebunden sein müssen. Es handelt sich hierbei um die Reflexivpronomina wie dtsch. *sich* oder engl. *myself*, *himself*, etc. und die Reziprokpronomina *einander* bzw. *each other*. Wir wollen nunmehr diese Reflexiv- und Reziprokpronomina unter dem Begriff *Anapher* (engl. *anaphor*) zusammenfassen und den Terminus »Pronomen« den Personal- und Possessivpronomina vorbehalten. Da im Englischen Reflexivpronomina nach Genus und Person unterschieden werden, läßt sich hier besonders deutlich erkennen, daß Anaphern stets einen Bezugausdruck verlangen. Ist ein solcher Bezug – etwa wegen fehlender Kongruenz von Person oder Numerus – nicht möglich, so erhalten wir stets einen ungrammatischen Satz:

(16a) I hit myself
(16b) *John hit myself

(17a) the boys hit each other

(17b) *John hit each other

Wir wollen nun den Ausdruck, mit dem eine Anapher koindiziert ist, als *Antezedens* bezeichnen. Es stellt sich somit die Frage, ob die Beziehung zwischen Anapher und Antezedens irgendwelchen strukturellen Beschränkungen unterliegt. Wie die Beispiele in (18) und (19) zeigen, ist auch hier der Begriff des C-Kommandos einschlägig, d.h. das Antezedens muß die Anapher c-kommandieren:

(18a) $\text{John}_i$ hit $\text{himself}_i$

(18b) *$\text{John's}_i$ mother hit $\text{himself}_i$

(19a) the $\text{girls}_i$ looked at each $\text{other}_i$

(19b) *each $\text{other's}_i$ mother loves the $\text{girls}_i$

Da die Subjektposition eines Satzes stets die Objektposition c-kommandiert, sind (18a) und (19a) grammatisch. In (18b) hingegen c-kommandiert die NP *John's* die Anapher *himself* nicht, da diese NP nicht Subjekt des Satzes ist, sondern innerhalb der Subjektposition tiefer eingebettet ist. In (19b) wiederum wird *each other* von keinerlei R-Ausdruck c-kommandiert.

Da eine Anapher nun nicht nur mit einem Antezedens koindiziert, sondern darüber hinaus von diesem c-kommandiert werden muß, können wir entsprechend der Definition in (13) feststellen, daß Anaphern offensichtlich – im Gegensatz zu R-Ausdrücken – gebunden sein müssen.

Nun ist allein die Bedingung, daß Anaphern gebunden sein müssen, nicht ausreichend. In den folgenden Beispielen wird die Anapher von ihrem Antezedens jeweils c-kommandiert und somit gebunden; dennoch sind die Sätze ungrammatisch:

(20a) *the $\text{people}_i$ think that the soldiers will save each $\text{other}_i$

(20b) *$\text{John}_i$ believes that the job will please $\text{himself}_i$

Intuitiv scheinen Daten wie (18)-(20) die Vermutung nahezulegen, daß Anaphern in Objektposition stets durch das sie c-kommandierende Subjekt des jeweiligen Satzes gebunden sein müssen. Jedoch zeigt der Kontrast in (21), daß unter bestimmten Bedingungen auch ein Objekt als Antezedens einer Anapher auftreten kann:

(21a) they sold the $\text{slave}_i$ to $\text{himself}_i$

(21b) *they sold $\text{himself}_i$ the $\text{slave}_i$

In (21a) c-kommandiert und bindet die Objekt-NP *slave* die Anapher *himself*, die selbst in einer PP eingebettet ist. (21b) hingegen verstößt gegen Prinzip (14), da hier der R-Ausdruck *slave* von *himself* c-kommandiert und somit gebunden wird.

Grundsätzlich können jedoch Objekt-Anaphern stets durch das Subjekt des gleichen Satzes gebunden sein:

(22a) John$_i$ will defend himself$_i$

(22b) Mary expects [that John$_i$ will defend himself$_i$]

(22c) Mary expects [John$_i$ to defend himself$_i$]

(22d) *John$_i$ expects [that Mary will defend himself$_i$]

(22e) *John$_i$ expects [Mary to defend himself$_i$]

Es scheint somit zu gelten, daß stets der Satz die relevante Domäne bildet, innerhalb derer eine Anapher gebunden sein muß. Dies ist in der Tat auch die traditionelle Auffassung über die Bedingungen der anaphorischen Bindung. Dieser Auffassung stehen allerdings Daten wie in (23) entgegen:

(23a) Mary lost John's picture of himself
(23b) *John lost Mary's picture of himself

Obwohl *himself* in (23b) innerhalb des Satzes durch das Subjekt *John* gebunden ist, ist der Satz ungrammatisch. Wie (23a) zeigt, muß eine Anapher, die im Komplement einer NP erscheint, offensichtlich durch das Antezedens in der Specifier-Position dieser NP gebunden sein, wenn ein solcher Specifier vorhanden ist. Nun hatten wir bereits bei der Darstellung des X-bar Schemas in Kap. 2.1 auf die parallele Struktur von IPs und NPs hingewiesen, die besonders in Konstruktionen wie (24) deutlich wird:

(24a) the enemies will destroy the city
(24b) the enemies' destruction of the city

In beiden Sätzen erscheint die Phrase *the enemies* jeweils in der Specifier-Position von IP bzw. NP. Wenn wir nun eine solche NP in der Specifier-Position als Subjekt bezeichnen, so folgt daraus, daß nicht nur Sätze, sondern auch NPs Subjekte haben können. Dementsprechend scheint es, daß eine Anapher, die in der Komplementposition eines nominalen Kopfes erscheint, von dem Subjekt der NP gebunden werden muß. Doch gilt dies nur, wenn die Subjektposition der NP auch besetzt ist; andernfalls kann auch das Subjekt der gesamten IP als Antezedens fungieren:

(23c) $[_{IP}$ John lost $[_{NP}$ a picture of himself]]

(23c) zeigt vor allem, daß eine Kategorie nur dann für die anaphorische Bindung relevant ist, wenn sie ein Subjekt enthält. Da nun NPs nur fakultativ, IPs hingegen immer ein Subjekt enthalten, ergibt sich, daß in (23c) die IP, in (23a) hingegen die NP die für die Bindung relevante Domäne ist. Ausschlaggebend ist also stets die Präsenz eines Subjekts. Nun erinnern wir uns aus Kap. 2.1 und 2.3 daran, daß Verben und Nomina mit bestimmten Subjekten, Objekten und Adjunkten verbunden werden können, wobei Subjekten und Objekten insofern eine Sonderstellung zukommt, als ihre Präsenz zumindest teilweise durch das Theta-Kriterium geregelt ist. Wie wir bereits in Kap. 2.2 erwähnt haben, bezeichnet man Subjekt und Objekt auch als *grammatische Funktionen*. Um nun die besondere Bedeutung des Subjekts für die Festlegung der bindungsrelevanten Domäne zu erfassen, hat Chomsky (1986a) den Begriff des *vollständigen funktionalen Komplexes* (engl. *complete functional complex*), abgekürzt CFC, eingeführt und wie in (25) definiert:

(25) Eine Kategorie $\alpha$ ist ein CFC, wenn $\alpha$ einen Kopf $\beta$ und alle mit $\beta$ verträglichen grammatischen Funktionen enthält.

Vereinfacht ausgedrückt, besagt (25), daß nur solche Kategorien ein CFC sind bzw. sein können, bei denen ein Subjekt in der Specifier-Position auftritt. Da nun nur in der IP und der NP der Specifier-Position Kasus zugewiesen werden kann, folgt aus dem Kasusfilter, daß nur diese beiden Kategorien Subjekte haben können. Aus diesem Grunde können auch nur IP und NP, niemals jedoch VP, AP oder PP die Bedingung (25) erfüllen und somit ein CFC sein. Da IPs immer ein Subjekt enthalten, sind sie auch stets ein CFC. NPs hingegen sind nur dann ein CFC, wenn in der Specifier-Position tatsächlich ein Subjekt auftritt, wie der Kontrast zwischen (23b) und (23c) zeigt.

Die bislang betrachteten Daten deuten also darauf hin, daß eine Anapher stets in dem kleinsten CFC, in dem sie auftritt, gebunden sein muß. Vergleichen wir nun in diesen Strukturen die Zulässigkeit von Anaphern mit der von Pronomina, so zeigt sich hier eine wichtige Gesetzmäßigkeit. Anaphern und Pronomina sind nämlich komplementär verteilt, d.h. in Positionen, in denen Anaphern erscheinen können, sind koreferente Pronomina nicht zugelassen, und umgekehrt, Positionen, die koreferente Pronomina gestatten, verbieten das Auftreten von Anaphern:

(26a) John$_i$ will defend himself$_i$

(26b) *John$_i$ will defend him$_i$

(27a) John$_i$ expects that Mary will defend him$_i$

(27b) *John$_i$ expects that Mary will defend himself$_i$

(28a) John$_i$ expects Mary to defend him$_i$

(28b) *John expects Mary to defend himself

(29a) John$_i$ lost Mary's picture of him$_i$

(29b) *John$_i$ lost Mary's picture of himself$_i$

(30a) John$_i$ lost a picture of himself$_i$

(30b) *John$_i$ lost a picture of him$_i$

Diese komplementäre Verteilung von Anaphern und Pronomina zeigt, daß Anaphern offenbar in dem kleinsten sie enthaltenden CFC gebunden, während Pronomina genau in dieser Domäne frei sein müssen.

Betrachten wir nun jedoch ECM-Strukturen wie (31)-(32), in denen Anapher bzw. Pronomen nicht in Objekt-, sondern in Subjektposition auftreten, so ergibt sich, daß in diesem Fall nicht der kleinste CFC, sondern der nächsthöhere CFC die für die Bindung relevante Domäne ist:

(31a) {John$_i$ expects [himself$_i$ to get the job]}

(31b) *{John$_i$ expects [him$_i$ to get the job]}

(32a) *Bill$_i$ thinks {that John expects [himself$_i$ to get the job]}

(32b) Bill$_i$ thinks {that John expects [him$_i$ to get the job]}

In (31a) ist der kleinste CFC, in der die Anapher enthalten ist, der durch eckige Klammern eingeschlossene eingebettete Satz. Obwohl die Anapher innerhalb dieses CFC nicht gebunden ist, ist der Satz grammatisch. Ausschlaggebend für die Bindung ist also offenbar der nächsthöhere CFC (in diesem Falle der Gesamtsatz), den wir durch geschweifte Klammern markiert haben und innerhalb dessen die Anapher nun offensichtlich gebunden sein muß. Ist dies nicht der Fall, so ist der Satz ungrammatisch, wie (32a) zeigt. Analoges gilt für (31b). Das Pronomen muß nicht nur in dem kleinsten, sondern auch in dem nächsthöheren CFC frei sein. Ist dies nicht der Fall, wie in (31b), so ist der Satz ungrammatisch. Ist das Pronomen jedoch jenseits des nächsthöheren CFC gebunden – wie in (32b) – so ist der Satz wiederum grammatisch.

Diese Daten scheinen darauf hinzudeuten, daß bei Anaphern bzw. Pronomina in Subjektposition der für die Bindung relevante Bereich von dem kleinsten, auf den nächsthöheren CFC erweitert werden muß. Gegen diese Auffassung sprechen jedoch Strukturen wie in (33), in denen die Anapher bzw. das Pronomen in der Subjektposition eines finiten Satzes erscheinen:

(33a) the boys$_i$ believe [that they$_i$ will win the race]

(33b) *the boys$_i$ believe [that each other$_i$ will win the race]

Um den Kontrast in (33) korrekt zu erklären, müssen wir offenbar annehmen, daß hier die für die Bindung relevante Domäne wiederum der kleinste CFC und nicht der nächsthöhere CFC ist, obwohl die Anapher bzw. das Pronomen – ebenso wie in (31) – in der Subjektposition des eingebetteten Satzes steht. Wäre die bindungsrelevante Domäne der nächsthöhere CFC (also der Gesamtsatz), wären sowohl das Pronomen als auch die Anapher jeweils durch *the boys* gebunden, so daß der Grammatikalitätskontrast umgekehrt zu dem tatsächlich vorliegenden sein müßte.

Die Erweiterung auf den nächsthöheren CFC gilt also offenbar nur für Anaphern bzw. Pronomina in der Subjektposition eines *infiniten* Satzes. Somit stellt sich die Frage, wie wir diese Beobachtungen systematisieren können; d.h. was haben Subjekte in finiten Sätzen und Objekte – gegenüber Subjekten in infiniten Sätzen -gemeinsam?

Nun scheint der hier relevante Unterschied darin zu bestehen, daß Subjekte in finiten Sätzen als auch Objekte ihren Kasus von einem Element zugewiesen bekommen, das sich in dem gleichen CFC befindet wie das Subjekt bzw. das Objekt selbst. Wie wir in Kap. 2.2 gesehen haben, erhalten Objekte ihren Kasus vom Verb, während Subjekte in finiten Sätzen ihren Kasus, i.e. den Nominativ, vom finiten INFL zugewiesen bekommen. Demgegenüber erhalten Subjekte infiniter Sätze ihren Kasus vom Matrixverb, d.h. von einem Element, das sich nicht in dem gleichen, sondern in dem nächsthöheren CFC befindet. Somit scheint für die Frage, ob unter bindungsrelevanten Aspekten der kleinste CFC auf den nächsthöheren CFC erweitert werden muß, ausschlaggebend zu sein, in welcher Position sich das kasuszuweisende Element befindet.

Nun besteht zwischen einem Verb und dem Element, das von ihm Kasus erhält, offensichtlich stets eine C-Kommando-Beziehung. Man mag daher vermuten, daß C-Kommando eine Voraussetzung für die Kasuszuweisung ist. Hierbei ergibt sich jedoch ein Problem für die

Beziehung zwischen INFL und der Subjektposition. Nach der in (6) angegebenen Definition c-kommandiert eine Kategorie stets nur diejenigen Knoten, die - salopp gesprochen – tiefer im Strukturbaum hängen als die Kategorie selbst. Mit anderen Worten, nach (6) kann der Kopf einer Konstruktion zwar sein Komplement und alle dessen Konstituenten c-kommandieren, nicht jedoch die Specifier-Position, da diese »höher im Strukturbaum« hängt als der Kopf selbst. Das Strukturdiagramm in (34) verdeutlicht diesen Sachverhalt.

(34)

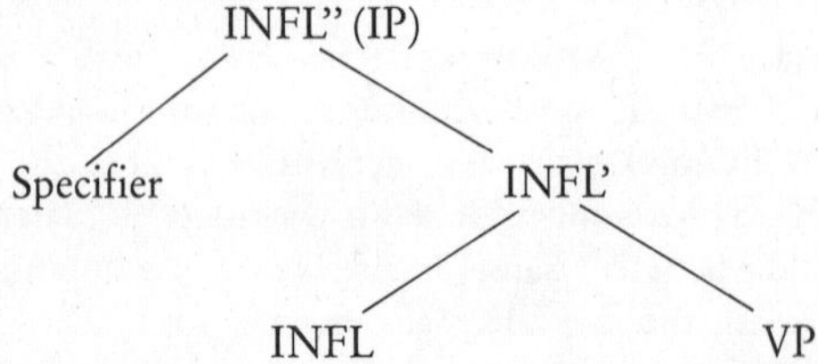


Da wir jedoch gezeigt haben, daß die Subjektposition im finiten Satz ihren Kasus von INFL erhält, ist der Begriff des C-Kommandos für eine allgemeingültige Beschreibung der Beziehung zwischen kasuszuweisendem und kasuserhaltendem Element offensichtlich zu restriktiv, da er die Relation zwischen Kopf und Specifier nicht mit einschließt. Genau dies leistet jedoch der erweiterte Begriff des *M-Kommandos* (engl. *m-command*), der wie in (35) definiert ist:

(35) M-Kommando:

$\alpha$ m-kommandiert $\beta$ gdw.
a) jede maximale Projektion $\gamma$, die $\alpha$ dominiert, auch $\beta$ dominiert,
b) weder $\alpha$ $\beta$ noch $\beta$ $\alpha$ dominiert.

Der entscheidende Unterschied zwischen C-Kommando und M-Kommando besteht darin, daß die C-Kommando-Beziehung – vereinfacht gesprochen – stets nur »nach unten geht«, d.h. wenn $\alpha$ $\beta$ c-kommandiert, dann kann $\beta$ niemals höher im Strukturbaum hängen als $\alpha$. Beim M-Kommando hingegen kann $\beta$ höher hängen als $\alpha$, solange beide innerhalb derselben maximalen Projektion stehen. Mit anderen Worten, die M-Kommando-Beziehung geht aufwärts bis zur Specifier-Position, aber nicht darüber hinaus. Von diesem Falle abgesehen sind C-Kommando und M-Kommando identisch.

Nun handelt es sich darüber hinaus bei der Beziehung zwischen dem kasuszuweisenden und dem kasusempfangenden Element offenbar um einen Sonderfall des M-Kommandos. Während nach der Definition in (35) α und β jede beliebige Kategorie sein können, ist α – also der Kasuszuweiser – bei der M-Kommando-Beziehung zwischen kasuszuweisendem und kasusempfangendem Element stets ein X°. Bei Objekten und Subjekten infiniter Sätze ist X° ein Verb, bei Subjekten in finiten Sätzen ist X° = INFL. Darüber hinaus gibt es im allgemeinen Fall des M-Kommandos keinerlei Lokalitätsbeschränkungen bezüglich der Abwärts-Entfernung zwischen α und β; d.h. β kann beliebig tief im Strukturbaum hängen. Bei der Kasuszuweisung hingegen sehen wir, daß ein Verb entweder seinem Komplement – wie bei NP-Objekten – oder der Specifier-Position seines Komplements - wie bei den ECM-Fällen in (31) – Kasus zuweisen kann. Kasus kann also niemals tiefer als bis zur Specifier-Position des Komplements zugewiesen werden. Mit anderen Worten, die Entfernung zwischen α und β ist auch nach unten hin eingeschränkt.

Diesen Sonderfall des M-Kommandos mit den beiden oben genannten einschränkenden Eigenschaften wollen wir nun als *Rektion* (engl. *government*) bezeichnen und wie in (36) definieren:

(36) Rektion:

α regiert β gdw.
a) α β m-kommandiert,
b) α ein X° ist,
c) es kein $X^{max}$ γ gibt, das von α m-kommandiert wird und β dominiert und β ≠ Specifier oder Kopf von γ

Nach (36) besteht eine Rektionsbeziehung zwischen zwei Elementen, wenn α eine X° ist (Klausel (b)) und wenn β nicht tiefer als die Specifier- oder die Kopfposition des Komplements liegt (Klausel (c)), i.e. eine maximale Projektion unterbricht die Rektionsbeziehung, es sei denn β ist der Specifier oder der Kopf dieser maximalen Projektion. Die Gründe für die Annahme, daß ein X° auch den Kopf der eingebetteten maximalen Projektion regieren kann, werden in Kap. 3.4 erläutert.

Der Begriff der Rektion ist nun einerseits für das Phänomen der Kasuszuweisung von Bedeutung; d.h. α kann β nur dann Kasus zuweisen, wenn α β regiert. Andererseits spielt die Rektion auch für die Festlegung der bindungsrelevanten Domäne die entscheidende Rolle: die Position des Regens legt offenbar fest, welcher CFC für die Bindung ausschlaggebend ist. Befindet sich das Regens in dem gleichen CFC wie die Anapher bzw. das Pronomen – wie bei den finiten Strukturen –, so bildet dieser CFC die Domäne, innerhalb der die Anapher gebunden und das Pronomen frei sein müssen. Befindet sich das Regens hingegen in dem nächsthöheren CFC – wie bei den ECM-Strukturen –, so ist dieser die bindungsrelevante Domäne. Die Position des Regens der Anapher bzw. des Pronomens bestimmt also, ob von dem kleinsten auf den nächsthöheren CFC zu erweitern ist.

Der für die Bindung entscheidende CFC ist also stets der kleinste CFC, der neben dem Pronomen bzw. der Anapher auch deren Regens enthält. Wir wollen nun den CFC, der genau diese Bedingung erfüllt als *Rektionskategorie* (engl. *governing category*) bezeichnen und wie in (37) definieren:

(37) Rektionskategorie:

α ist die Rektionskategorie für β, gdw.
a) α ein CFC ist,
b) α β und das Regens von β enthält,
c) es kein γ gibt, das a) und b) erfüllt und von α dominiert wird.

Auf der Grundlage der Rektionskategorie können wir nunmehr – unter Einschluß von (14) – die für die Bindung relevanten Prinzipien präzis formulieren. Traditionell werden diese Prinzipien mit fortlaufenden Buchstaben identifiziert und bilden das, was man als die klassische Version der *Bindungstheorie* (*binding theory*) bezeichnet kann:

(38) Bindungstheorie:

Prinzip A: Anaphern müssen in ihrer Rektionskategorie gebunden sein.
Prinzip B: Pronomina müssen in ihrer Rektionskategorie frei sein.
Prinzip C: R-Ausdrücke müssen frei sein.

In dieser klassischen Version der Bindungstheorie ist nun die Rektionskategorie als eine absolute Größe definiert, d.h. ob ein CFC als Rektionskategorie zu gelten hat oder nicht, hängt – entsprechend der Definition (37) – ausschließlich davon ab, ob er das Regens der Anapher bzw. des Pronomens enthält. Bei genauer Betrachtung zeigt sich jedoch, daß der so definierte Begriff der Rektionskategorie bei Anaphern und Pronomina eine jeweils unterschiedliche Funktion hat. Unter Prinzip A legt die Rektionskategorie fest, innerhalb welcher Domäne Bindung erfolgen *muß*, während sie unter Prinzip B festlegt, innerhalb welcher Domäne Bindung *nicht* erfolgen *darf*. Vereinfacht ausgedrückt, unter Prinzip A sind alle Koindizierungen verboten, die nicht ausdrücklich spezifiziert sind, während unter Prinzip B alle Koindizierungen erlaubt sind, die nicht ausdrücklich verboten sind. Dieser Unterschied in der Funktion der Rektionskategorie in A und B hat nun eine Reihe von wichtigen Konsequenzen.

Betrachten wir zunächst nochmals die Verhältnisse bei den Pronomina, wobei für die folgende Diskussion insbesondere die Strukturen von Bedeutung sind, in denen das Pronomen in einer Subjektposition auftritt. In den Beispielen in (39) ist die Rektionskategorie jeweils durch geschweifte Klammern und das Regens des Pronomens durch Fettdruck markiert:

(39a) the artists$_i$ looked at {their$_i$ *pictures*}

(39b) the artists$_i$ believe {that they$_i$ *will* be successful}

(39c) the artists$_i$ believe that {their$_i$ *pictures*} will be successful

(39d) the artists$_i$ believe {that pictures *of* them$_i$ will be successful}

In (39) befindet sich das Regens jeweils in dem kleinsten CFC, so daß dieser entsprechend der Definition in (37) die Rektionskategorie ist. Zu beachten ist hier, daß in (39d) das Pronomen und sein Regens zwar innerhalb der NP auftreten, jedoch kann diese kein CFC sein, da ihre Subjektposition nicht besetzt ist. Der kleinste CFC ist somit der eingebettete Satz. Da in (39) der koindizierte R-Ausdruck jeweils außerhalb der Rektionskategorie steht, sind die Sätze grammatisch.

Entscheidend ist nun folgendes: befindet sich wie in (39) ein Pronomen in der Subjektposition der Rektionskategorie, so kann es innerhalb dieser Rektionskategorie logischerweise keinen Ausdruck geben, der die Subjektposition c-kommandieren und somit das Pronomen – illegitimerweise – binden könnte. Mit anderen Worten, Pronomina in solchen Subjektpositionen können das Prinzip B der Bindungstheorie unter keinerlei denkbaren Umständen verletzen.

Aus diesen Überlegungen folgt andererseits, daß Anaphern in den entsprechenden Positionen niemals zugelassen sein sollten. Da Anaphern stets gebunden sein müssen, jedoch aus den gleichen logischen Gründen nicht gebunden sein können, falls sie selbst in der Subjektposition der Rektionskategorie stehen, ist zu erwarten, daß die entsprechenden Strukturen stets ungrammatisch sind. Wie die folgenden Beispiele zeigen, ist dies jedoch nicht der Fall:

(40a) the artists$_i$ look at [each other's$_i$ pictures]

(40b) the artists$_i$ believe that [each other's$_i$ pictures] will be successful

(40c) the artists$_i$ believe that [pictures of each other$_i$ will be successful]

Zunächst zeigen die Strukturen in (40), daß wir hier – entgegen den Voraussagen der Bindungstheorie in (38) – keine komplementäre Verteilung von Pronomen und Anaphern vorfinden, d.h. in den hier relevanten Subjektpositionen können gleichermaßen Pronomina wie auch Anaphern auftreten. Es scheint nun zu gelten, daß die Rektionskategorie bei Anaphern genau dann auf den nächsthöheren CFC erweitert werden muß, wenn eine Bindung im kleinsten CFC aus den oben erwähnten Gründen nicht möglich ist. Wie (41) zeigt, *muß* die Anapher dann jedoch in diesem nächsthöheren CFC gebunden sein:

(41) *the artists$_i$ believe that their sponsors claim that pictures of each other$_i$ will be successful

Ebenso zeigt (42), daß es für jede Anapher notwendigerweise eine sie bindende Kategorie geben muß; d.h. ist eine solche Kategorie nicht vorhanden, da die Anapher von keiner anderen NP c-kommandiert wird, so ist der Satz ungrammatisch:

(42) *each other's pictures are lovely

Aus diesen Überlegungen ergeben sich nun zwei entscheidende Konsequenzen. Zunächst *muß* es eine Domäne geben, innerhalb derer eine Anapher gebunden bzw. ein Pronomen frei ist. Doch kann die Domäne, innerhalb derer diese Bedingung zu erfüllen ist, bei Anaphern und Pronomina unterschiedlich sein. Daraus folgt, daß wir nicht wie in (37) – insbesondere durch die Klausel (37c) – eine konstante Größe »Rektionskategorie« festlegen dürfen; vielmehr muß die bindungsrelevante Domäne – d.h. der strukturelle Bereich, in dem Anaphern gebunden und Pronomina frei sein müssen – als Variable konzipiert werden, deren Wert durch die Bindungsprinzipien selbst spezifiziert werden muß.

Unter bindungstheoretischer Perspektive ist eine Struktur $\Sigma$ demnach nur dann grammatisch, wenn eine in ihr enthaltene Anapher in einer variablen Domäne $\beta$ gebunden ist bzw. ein in ihr erhaltenes Pronomen in $\beta$ frei ist. Dementsprechend wollen wir sagen, daß eine Struktur $\Sigma$ mit der Bindungstheorie kompatibel, abgekürzt *BT-kompatibel* ist, wenn diese Bedingungen erfüllt werden:

(43) BT-Kompatibilität:

Eine Struktur Σ ist BT-kompatibel, gdw.

a) eine in Σ enthaltene Anapher in der Domäne β gebunden ist,
b) ein in Σ enthaltenes Pronomen in der Domäne β frei ist,
c) ein in Σ enthaltener R-Ausdruck in der Domäne β frei ist.

Für die verschiedenen bindungsrelevanten Kategorien – i.e. Anaphern, Pronomina und R-Ausdrücke – muß die nun jeweils gültige Domäne β spezifiziert werden.

(44) Einer Struktur Σ erfüllt die Bindungstheorie, wenn es für jede NP α mit einem lexikalischen Regens γ eine Domäne β mit den folgenden Eigenschaften gibt:

a) α ist in β BT-kompatibel,
b) ist α ein R-Ausdruck, dann β = Σ,
c) ist α ein Pronomen oder eine Anapher, dann β = der kleinste CFC, der α und γ enthält, und in dem α ein Index zugewiesen werden kann, so daß α mit diesem Index in β BT-kompatibel ist.

Klausel (44b) ist unproblematisch. Da R-Ausdrücke stets frei sein müssen, fällt die bindungsrelevante Domäne β in diesem Falle mit der Gesamtstruktur Σ zusammen. Klausel (43c) spezifiziert die intuitive Idee, daß Anaphern und Pronomina stets in dem kleinsten CFC gebunden bzw. frei sein müssen, in dem die Bedingungen in (43) erfüllt werden können. Wie wir bereits oben gezeigt haben, ist dies bei Pronomina aus logischen Gründen stets der tatsächlich kleinste CFC, bei Anaphern in Subjektposition hingegen der nächsthöhere CFC. Klausel (44a) garantiert, daß innerhalb des jeweils relevanten Bereiches β die Bedingungen in (43) erfüllt werden. (43) und (44) ersetzen also die klassische Version der Bindungstheorie in (37) und (38).

Dem aufmerksamen Leser wird nicht entgangen sein, daß diese revidierte Fassung der Bindungstheorie zwar die bislang betrachteten Daten korrekt erfaßt, jedoch bei Sätzen wie (45) auf offenkundige Schwierigkeiten stößt:

(45) *the artists$_i$ believe that each other$_i$ will be successful

Da der kleinste CFC, innerhalb dessen die Anapher in (45) nach (44c) gebunden sein kann, der Gesamtsatz ist und hier in der Tat eine bindende NP (= *the artists*) vorliegt, sollte der Satz grammatisch sein.

Die Besonderheit von (45) – gegenüber den Daten in (40) – liegt nun offensichtlich darin, daß die Anapher hier von einem infiniten INFL regiert wird. In der klassischen Version der GB-Theorie von Chomsky (1981) nahm man nun die Ungrammatikalität von (45) zum Anlaß, die Bindungstheorie zu revidieren: durch einen erweiterten Subjektsbegriff – das sog. *zugängliche SUBJEKT* ( *accessible big subjekt*), das auch das finite INFL einschließt – wurde die bindungsrelevante Domäne so definiert, daß in (45) eine Erweiterung der Rektionskategorie auf den Gesamtsatz verhindert wird.

Bereits Chomsky (1980b) vermutete jedoch, daß die Ungrammatikalität von (45) nicht aus der Verletzung von Bindungsprinzipien resultiert, sondern vielmehr damit zusammenhängt, daß das Subjekt finiter Sätze von INFL regiert wird. Eine Besonderheit der Rektion von INFL liegt nun darin, daß INFL die einzige Kategorie ist, die Nominativ zuweisen kann. Aus diesem Grunde formulierte Chomsky die *Nominative Island Condition* (*NIC*), die in (46) wiedergegeben ist:

(46) Nominative Island Condition (NIC)
$*[_{NP}\ \alpha]$ falls $\alpha$ eine Anapher im Nominativ ist

Nun ist es – gelinde gesagt – sicherlich zumindest unschön, für die Erklärung einer einzigen Struktur ein eigenes Prinzip anzusetzen. Wir werden jedoch in Kap 3.5 sehen, daß NIC nichts anderes als ein Spezialfall eines weitaus allgemeineren Prinzips ist, das eine Fülle von sehr heterogenen Phänomenen erklärt.

## Literaturhinweise

In der frühen generativen Literatur versuchte man, die Gesetzmäßigkeiten der anaphorischen und pronominalen Bindung als Beschränkungen über Pronominalisierungsregeln zu beschreiben, so z.B. in Ross (1967a), Lakoff (1968) und Langacker (1969). Da sich jedoch zeigte, daß sich Bindungsregularitäten aus prinzipiellen Gründen (cf. Band I, Kap. 2.2) nicht über Regelbeschränkungen erfassen lassen, schlugen zunächst Dougherty (1969), Jackendoff (1972) und Wasow (1972) eine Erklärung vor, die sich auf Beschränkungen über zugelassene Repräsentationen bezieht. Der hierbei zentrale Begriff des C-Kommandos wurde erstmals – unter etwas anderer Bezeichnung – von Klima (1964) formuliert und später unabhängig voneinander von Culicover (1976b) und Reinhart (1976) präzisiert und auf Bindungsphänomene angewandt. Aufbauend auf Vorarbeiten wie etwa Lasnik (1976) entwickelten Chomsky & Lasnik (1977) und Chomsky (1980b) die Bindungstheorie in

ihrer klassischen Version. Der Begriff der Rektion wurde vor allem von Chomsky (1981) entwickelt und in Chomsky (1986b) in Beziehung zum M-Kommando gesetzt.
Fragen des Zusammenspiels von Bindungstheorie und semantischer Interpretation werden vor allem in Reinhart (1983) diskutiert. Zur Behandlung bindungstheoretischer Probleme im Deutschen cf. Grewendorf (1983, 1985).

## Aufgaben

1. Die folgenden deutschen Daten scheinen den Prinzipien der Bindungstheorie zu widersprechen. Zeigen Sie, inwiefern hier Verletzungen der Bindungstheorie auftreten und suchen Sie nach einer Lösung:
   a) stolz auf sich ist jeder Gewinner
   b) auf einander waren die Gegner sehr wütend
   c) sich selbst liebt jeder am meisten

2. Erklären Sie die Kontraste in den folgenden Daten:
   a) every $soldier_i$ expects that $he_i$ will survive
   b) *that every $soldier_i$ survived surprised $him_i$
   c) *the rumor about all the $investors_i$ annoyed $them_i$
   d) $Bill_i$ expects that $he_i$ will survive
   e) that $Bill_i$ survived surprised $him_i$
   f) the rumor about $Bill_i$ annoyed $him_i$

# Bewegungsregeln

## 3.1 NP-Bewegung

Bei der Darstellung der Theta-Theorie in Kap. 2.3 hatten wir bereits gesehen, daß mit jedem Verb eine bestimmte Argumentstruktur, i.e. eine feste Anzahl von A-Ausdrücken, assoziiert ist, die sich aus dem jeweiligen Lexikoneintrag des Verbs in Verbindung mit dem Theta-Kriterium ergibt. Mit anderen Worten, der Lexikoneintrag eines Verbs spezifiziert, welche θ-Rollen das Verb zuweist, und das Theta-Kriterium fordert, daß in der Phrasenstruktur eines Satzes für jede dieser θ-Rollen ein entsprechender A-Ausdruck vorhanden ist. Fehlt für eine bestimmte θ-Rolle ein solcher A-Ausdruck, so verletzt der Satz das Theta-Kriterium und ist daher ungrammatisch, wie die Beispiele in (1) zeigen:

(1a) *Hans legte das Buch
(1b) *legte das Buch auf den Tisch

Ein Verb wie *legen* selegiert offenbar u.a. eine θ-Rolle *Ort* sowie eine θ-Rolle *Agens*, für die in einem Satz jeweils ein A-Ausdruck vorhanden sein muß. Da nun in (1a) für *Ort* und in (1b) für *Agens* kein A-Ausdruck existiert, dem die entsprechende θ-Rolle zugewiesen werden kann, verletzen die beiden Sätze das Theta-Kriterium und sind daher ungrammatisch.

Nun lassen sich jedoch unschwer Strukturen finden, die vollständig grammatisch sind, obwohl sie das Theta-Kriterium zu verletzen scheinen. Betrachten wir die Sätze in (2):

(2a) Hans sagt, daß Fritz dem Mädchen den Ball gestohlen hat
(2b) Hans sagt, daß dem Mädchen der Ball gestohlen wurde

Ein Verb wie *stehlen* selegiert zweifellos eine θ-Rolle *Agens*, die in (2a) dem Subjekt des eingebetteten Satzes – d.h. *Fritz* – zugewiesen wird. Doch dieser θ-Rolle entspricht in (2b) keinerlei A-Ausdruck, so daß der Satz wegen Verletzung des Theta-Kriteriums ungrammatisch sein müßte.

Nun liegt der offenkundige Unterschied zwischen diesen beiden Sätzen darin, daß es sich bei (2a) um einen Aktivsatz, bei (2b) jedoch um einen Passivsatz handelt. Da beide Konstruktionen grammatisch sind, können wir also zunächst konstatieren, daß für die θ-Rolle, die im Aktivsatz dem Subjekt zugewiesen wird (also: *Fritz*), im Passivsatz ein entsprechender A-Ausdruck nicht vorhanden sein muß. Allerdings kann fakultativ eine PP erscheinen, die diese θ-Rolle übernimmt, wie etwa *von Fritz* in (3):

(3) ... daß dem Mädchen der Ball von Fritz gestohlen wurde

Ob also bei einem Verb wie *stehlen* die θ-Rolle *Agens* zugewiesen werden *muß* oder nur fakultativ zugewiesen werden *kann*, scheint davon abzuhängen, ob das Verb mit aktivischer oder passivischer Morphologie auftritt.

Diesen Sachverhalt können wir durch folgende Generalisierung ausdrücken:

(4) Eine θ-Rolle, die ein aktivisches Verb dem Subjekt zuweist, kann dem Subjekt nicht mehr zugewiesen werden, wenn das Verb mit passivischer Morphologie erscheint.

Soweit derzeit bekannt, gilt (4) universal für alle natürlichen Sprachen, sofern sie überhaupt eine Passivkonstruktion kennen. In der Tat besteht in vielen Sprachen der einzige Unterschied zwischen Aktiv- und Passivsatz darin, daß die im Aktivsatz obligatorisch dem Subjekt zuzuweisende θ-Rolle im Passivsatz entweder fehlt oder einer nichtsubjektivischen XP zugewiesen wird, wie die folgenden Beispiele aus Comrie (1977) und Borer (1986) zeigen:

(5a) Walisisch:
fe'i lladdodd draig
ihn tötete Drachen
»ein Drachen tötete ihn«

(5b) fe'i lladdwyd (gan draig)
ihn wurde-getötet von Drachen
»er wurde von einem Drachen getötet«

(6a) Japanisch:
Taroo-wa go-han-o takusan taberu
Taroo Reis(acc) viel ißt
»Taroo ißt viel Reis«

(6b) go-han-o (Taroo-ni) takusan taberareru
Reis(acc) von Taroo viel wird-gegessen

(7a) Hebräisch:
Ya'akov katavt 'et ha-yedi'a ha-zot ba-'iton
Jakob schrieb (acc) die-Nachricht dieser-auf-Zettel
»Jakob hat die Nachricht auf diesen Zettel geschrieben«

(7b) haya katuv 'et ha-yedi'a ha-zot ba-'iton
wurde-geschrieben (acc) die-Nachricht dieser-auf-Zettel
»die Nachricht wurde auf diesem Zettel geschrieben«

Während also die Generalisierung in (4) für alle Sprachen zu gelten scheint, beziehen sich einzelsprachliche Unterschiede u.a. darauf, durch welchen Typ von maximaler Projektion die im Passivsatz fakultative θ-Rolle realisiert wird. Im Deutschen, Englischen und in den in (5)-(7) genannten Sprachen erscheint hier eine PP, im Sanskrit oder im Litauischen hingegen finden wir auch NPs mit einem nicht-nominativischen Kasus (cf. Postal 1986).

(8a) Sanskrit:
caitrena kusulo bhidyata
Chaitra(instr) Korngefäß(acc) wurde-zerbrochen
»das Korngefäß wurde (von Chaitra) zerbrochen«

(8b) Litauisch:
Kristolinis sietynas buvo mano pirktas
Kandelaber(nom) ist ich(gen) gekauft
»der Kandelaber wurde von mir gekauft«

Betrachten wir nun die deutsche Passivkonstruktion, so zeigt sich zunächst, daß – im Gegensatz zu den in (5)–(7) genannten Sprachen – das Objekt des Aktivsatzes im Passiv hier obligatorisch im Nominativ erscheinen muß:

(9a) Hans sagt, daß dem Mädchen der Ball gestohlen wurde
(9b) *Hans sagt, daß dem Mädchen den Ball gestohlen wurde

Die Ungrammatikalität von (9b) deutet darauf hin, daß im Deutschen ein Verb, das im Aktivsatz dem Objekt den Akkusativ zuweist, diese Eigenschaft verliert, wenn es mit passivischer Morphologie auftritt. Man kann also sagen, daß die Passivmorphologie den strukturellen Kasus, den ein Verb normalerweise zuweist, sozusagen »aufsaugt«. Daher bezeichnet man dieses Phänomen als *Kasusabsorption* (engl. *case absorption*):

(10) Kasusabsorption:

Passivische Morphologie absorbiert den strukturellen Kasus, den ein Verb zuweist.

Die Tatsache, daß ein passivisches Verb Kasus absorbiert, scheint damit zusammenzuhängen, daß das Partizip Perfekt Passiv eines Verbs sich in verschiedener Hinsicht wie ein Adjektiv verhält und Adjektive weisen – wie wir bereits in Kap. 2.2 gesehen haben – keinen strukturellen Kasus zu. So können etwa sowohl Adjektive als auch Passivpartizipien in pränominaler Stellung und vielfach auch in prädikativer Stellung auftreten:

(11a) der gestohlene Ball
(11b) die getötete Katze
(11c) die Tür ist geschlossen
(11d) der Soldat ist verwundet

Wenn nun im Deutschen die Kasusabsorption bei passivischen Verbformen mit derem adjektiv-ähnlichen Status zusammenhängt, so wäre zu erwarten, daß Kasusabsorption nur bei strukturellem Kasus (i.e. Akkusativ), nicht jedoch bei den obliquen Kasus Genitiv und Dativ auftritt, da – wie wir in Kap. 2.2 gezeigt haben – Adjektive durchaus obliquen, aber eben nicht strukturellen Kasus zuweisen können. In der Tat wird diese Erwartung durch Beispiele wie in (12) bestätigt:

(12a) es wurde des besten Sportlers gedacht
(12b) *es wurde der beste Sportler gedacht

(13a) es wurde dem besten Sportler geholfen
(13b) *es wurde der beste Sportler geholfen

(14a) *es wurde den besten Sportler ausgezeichnet
(14b) es wurde der beste Sportler ausgezeichnet

Da nun cin passivisches Verb offenbar die Fähigkeit verliert, dem Objekt strukturellen Kasus zuzuweisen, so muß die entsprechende NP von einem anderen Element des Satzes Kasus erhalten, um nicht den Kasusfilter zu verletzen. Wie nun die Beispiele (9a) und (14b) zeigen, erscheint die fragliche NP im Nominativ, und da im Deutschen INFL das einzige Element ist, das Nominativ zuweist, muß diese NP ihren Kasus offensichtlich von INFL erhalten.

Wir sehen also, daß der hier entscheidende Unterschied zwischen Deutsch einerseits und etwa Japanisch oder Hebräisch andererseits in den verschiedenen Kasuseigenschaften der jeweiligen Sprachen liegt. Im Japanischen oder Hebräischen können aktivische wie passivische Verben gleichermaßen strukturellen Kasus zuweisen, während im Deutschen das passivische Verb den Kasus absorbiert, so daß die fragliche NP nunmehr von INFL den Nominativ erhält. Über diesen Unterschied sowie die Generalisierung in (4) hinaus scheinen Aktiv- und Passivkonstruktionen in ihrem strukturellen Aufbau gleich zu sein.

Da nun die fragliche NP in (9a) und (14b) im Nominativ erscheint, mag man vermuten, daß es sich bei dieser NP nun nicht mehr – wie im Aktivsatz – um ein Objekt, sondern vielmehr um ein Subjekt handeln sollte. Mit anderen Worten, der entscheidende Unterschied zwischen Aktiv und Passiv bestünde darin, daß das aktivische Objekt im Passivsatz stets zum Subjekt wird. Dies ist in der Tat auch die traditionelle Auffassung über die Beziehung zwischen Aktiv und Passiv.

Wir erinnern uns zunächst daran (cf. Kap. 2.4), daß Subjekt und Objekt konfigurationale Begriffe sind, die die Beziehung zwischen einer NP und dem Verb des Satzes spezifizieren. Vereinfacht gesprochen ist das Objekt diejenige NP, die zusammen mit dem Verb vom VP-Knoten dominiert wird, während das Subjekt die NP ist, die außerhalb der VP in der Specifier-Position von IP auftritt. Subjekt und Objekt definieren sich also nicht über den Kasus der jeweiligen NP, sondern über deren konfigurationale Beziehung zum Verb bzw. zu INFL. Somit ist *a priori* nichts gegen die Vorstellung eines nominativischen Objekts einzuwenden, so wie wir in Kap. 2.2 auch akkusativische Subjekte – etwa im Lateinischen oder Englischen – kennengelernt hatten:

(15a) *Gallos* bellicosos esse putatur
(15b) they expect *him* to come to the party

Aufgrund der relativ freien Wortstellung im Deutschen ist es nun zumeist überaus schwierig, an der oberflächlichen Abfolge von Konstituenten eindeutig festzustellen, ob eine gegebene NP Subjekt oder Objekt ist. Dennoch gibt es eine Reihe von Konstruktionen, in denen sich Subjekte und Objekte aufgrund ihres unterschiedlichen syntaktischen Verhaltens recht deutlich identifizieren lassen. So finden wir etwa Strukturen, in denen das PP-Komplement eines nominalen Kopfes auch außerhalb der NP am Satzanfang erscheinen kann:

(16a) die Zeitung hat einen Bericht über Boris Becker publiziert
(16b) über Boris Becker hat die Zeitung einen Bericht publiziert

Eine solche Trennung des PP-Komplements vom nominalen Kopf ist jedoch nur bei Objekt-NPs, nicht hingegen bei Subjekt-NPs möglich:

(17a) ein Bericht über Boris Becker wird der Zeitung nützen
(17b) *über Boris Becker wird ein Bericht der Zeitung nützen

Es zeigt sich nun, daß die Trennung von Komplement und Kopf auch in der entsprechenden Passivkonstruktion zugelassen ist:

(18a) ein Bericht über Boris Becker wurde gestern veröffentlicht
(18b) über Boris Becker wurde gestern ein Bericht veröffentlicht

Wir sehen also, daß sich die nominativische NP *ein Bericht (über Boris Becker)* in (18) syntaktisch wie ein Objekt verhält.

Noch deutlicher wird der Objektstatus nominativischer NPs in Passivsätzen im Italienischen. In dieser Sprache muß bei bestimmten quantifizierten NPs das Pronomen *ne* (vergleichbar mit dem französischen *en* oder dem deutschen *davon*) an das Verb klitisiert werden, wenn der nominale Kopf der NP fehlt; doch ist dieser Prozeß nur bei Objekten, nicht bei Subjekten möglich:

(19a) Gianni ha venduto molti libri
Hans hat verkauft viele Bücher

(19b) Gianni ne ha venduto molti
Hans (davon) hat verkauft viele

(20a) molti libri costano troppo
viele Bücher kosten zuviel

(20b) *molti ne costano troppo
viele (davon) kosten zuviel

Da nun die *ne*-Klitisierung auch im Passivsatz möglich ist, verhalten sich die NPs in (21) offenkundig wiederum wie Objekte:

(21a) sono stati venduti molti libri
sind-worden verkauft viele Bücher
(21b) ne sono stati venduti molti

Die Frage stellt sich natürlich, ob die NP *molti (libri)* nominativisch oder akkusativisch ist, d.h. ob sich das Italienische in diesen Passivkonstruktionen etwa wie das Japanische oder eher wie das Deutsche verhält, wo die NP wegen Kasusabsorption von INFL den Nominativ zugewiesen bekommt. Wegen der fehlenden overten Kasusmorphologie im Italienischen kann diese Frage nur indirekt beantwortet werden. Wir beobachten jedoch, daß in (21) zwischen der NP und dem Verbkomplex Numerus- und Genuskongruenz besteht, und da eine solche Kongruenz nur bei nominativischen NPs möglich ist, muß *molti (libri)* hier offenbar den Nominativ tragen. Mit anderen Worten, das Italienische verhält sich in diesem Bereich eher wie das Deutsche und nicht wie das Japanische oder Hebräische.

Nun kann jedoch im italienischen Passivsatz die fragliche NP nicht nur in Objekt-, sondern fakultativ auch in Subjektposition erscheinen, wie (22a) zeigt:

(22a) molti libri sono stati venduti

Aufgrund der doppelten Stellungsmöglichkeit der NP im Passivsätzen liegt es nun nahe, diese NP über das X-bar Schema alternativ entweder in der Subjekt- oder in der Objektposition zu generieren. Darüber hinaus wäre festzulegen, daß die θ-Rolle, die ein Verb »normalerweise« dem Objekt zuweist, im Passivsatz auch dem Subjekt zugewiesen werden kann, damit Sätze wie (22a) nicht das Theta-Kriterium verletzen. Wenn nun die NP *molti libri* in (22a) durch das X-bar Schema in der Subjektposition generiert wird, so wäre zu erwarten, daß *ne*-Klitisierung in diesem Falle zu einem ungrammatischen Satz führt, da dieser Prozeß ja stets nur bei Objekten zugelassen ist. Entgegen einer solchen Erwartung ist (22b) jedoch völlig grammatisch:

(22b) molti ne sono stati venduti

Obwohl die NP *molti* in (22b) in Subjektposition erscheint, verhält sie sich bezüglich der *ne*-Klitisierung weiterhin wie ein Objekt. Um nun diesen Doppelstatus der NP zu erfassen, liegt es nahe, sie auch im Passivsatz zunächst in der Objektposition zu generieren und von dort über eine spezielle Regel in die Subjektposition zu bewegen. Mit anderen Worten, das X-bar Schema erzeugt Strukturen wie in (21), die dann über einen grammatischen Prozeß, der die Objekt-NP in die Subjektposition bewegt, zu (22) umgewandelt werden. Dieser Prozeß wird als *NP-Bewegung* (engl. *NP-movement*) bezeichnet.

Es scheint also, daß die syntaktischen Eigenschaften der Passivkonstruktion entscheidend von den spezifischen Kasuseigenschaften einer Sprache abhängen. In Sprachen wie dem Japanischen oder Hebräischen, in denen ein Verb sowohl in aktivischer als auch in passivischer Morphologie dem Objekt (strukturellen) Kasus zuweisen kann, läßt sich der Unterschied zwischen Aktiv- und Passivsatz vielfach allein auf die Generalisierung in (4) reduzieren. Demgegenüber finden wir im Italienischen oder Deutschen aufgrund der Kasusabsorption einen Kasuswechsel zwischen Aktiv- und Passivkonstruktion, d.h. der Objekt-NP wird im Passiv nicht mehr vom Verb der Akkusativ, sondern von INFL der Nominativ zugewiesen. Darüber hinaus scheinen alle bislang betrachteten Sprachen fakultativ die Möglichkeit zu besitzen, über die NP-Bewegung die Objekt-NP in die Subjektposition zu bewegen. Dies gilt auch für das Japanische oder Hebräische, wobei in diesem Sprachen ein Kasuswechsel vom Akkusativ zum Nominativ eben nur bei der NP-Bewegung stattfindet:

| | | | | | |
|---|---|---|---|---|---|
| (23a) | Nihon-ni-wa | go-han-ga | takusan | taberareru | |
| | Japan-in | Reis(nom) | viel | wird-gegessen | |
| (23b) | yedi'a | xashuva | hayta ktuva | | ba-'iton |
| | Nachricht | wichtige | wurde-geschrieben | | auf-Zettel |

Betrachten wir nun das Englische, so scheint auch hier zu gelten, daß passivische Verben Kasus absorbieren:

(24a) *it was killed John/him
(24b) *Bill believes that was killed John/him

Die Ungrammatikalität der Sätze von (24) ergibt sich somit aus der Verletzung des Kasusfilters, da die Passivform *killed* Kasus absorbiert, so daß die NPs *John* bzw. *him* keinen Kasus erhalten. Es stellt sich jedoch die Frage, warum diese NPs nicht – wie etwa im Deutschen oder Italienischen – von INFL den Nominativ erhalten können. Mit anderen Worten, warum sind (9a), (14b) und (21) grammatisch, (25a-b) hingegen ungrammatisch?

(25a) *it was killed John(nom)/he
(25b) *Bill believes that was killed John(nom)/he

Nun hatten wir bereits in Kap. 2.2 darauf hingewiesen, daß im Englischen Kasus stets nur unter Adjazenz zugewiesen werden kann, d.h. das kasuszuweisende und das kasusempfangende Element müssen unmittelbar nebeneinander stehen. Dies bedeutet jedoch, daß *John* bzw. *he* in (25) von INFL keinen Kasus erhalten können, da sie nicht adjazent zu INFL stehen; i.e. zwischen INFL und der fraglichen NP erscheint ein weiteres Element, nämlich das Verb. Demnach ergibt sich die Ungrammatikalität von (25) wiederum aus der Verletzung des Kasusfilters.

Die einzige Möglichkeit, die Passivkonstruktion im Englischen zu »retten«, scheint nun darin zu bestehen, die Objekt-NP in die Subjektposition zu bewegen, so daß ihr dann unter Adjazenz von INFL der Nominativ zugewiesen werden kann:

(26a) John/he was killed
(26b) Bill believes that John/he was killed

Wir sehen also, daß im Englischen die NP-Bewegung in Passivkonstruktionen aufgrund der Adjazenzbedingung obligatorisch ist. Mit anderen Worten, da etwa im Deutschen oder Italienischen INFL auch nicht-adjazenten Elementen den Nominativ zuweisen kann, ist die Bewegung des Objekts in die Subjektposition in diesen Sprachen lediglich ein fakultativer Prozeß. Demgegenüber kann INFL im Englischen – aufgrund der Adjazenzbedingung – Kasus nur der Subjektposition zuweisen, so daß hier die NP-Bewegung notwendig ist, um eine Verletzung des Kasusfilters zu vermeiden.

Auch die englischen Daten zeigen also, daß die Gesetzmäßigkeiten der Passivkonstruktion im wesentlichen aus den sprachspezifischen Kasuseigenschaften in Verbindung mit dem universalen Kasusfilter folgen. Dementsprechend wäre zu erwarten, daß Konstituenten, die nicht dem Kasusfilter unterliegen, auch im englischen Passivsatz nicht notwendigerweise in die Subjektposition bewegt werden müssen. In Kap. 2.2. hatten wir bereits darauf hingewiesen, daß Sätze in Objektposition – im Gegensatz zu NPs – nicht kasusmarkiert werden. Daher sollten derartige Objektsätze bei passivischen Verben in ihrer ursprünglichen Position verbleiben können und nur fakultativ in die Subjektposition bewegt werden. Wie die folgenden Sätze zeigen, ist dies in der Tat der Fall, d.h. nur bei Objekt-NPs ist Bewegung obligatorisch, bei Objektsätzen hingegen fakultativ:

(27a) it was expected that John would win the race
(27b) that John would win the race was expected

(28a) *it was expected a new program
(28b) a new program was expected

Es stellt sich nun offensichtlich die Frage, welcher Status der NP-Bewegung innerhalb der Grammatik zukommt. Zunächst ist die NP-Bewegung ein grammatischer Prozeß und keine Wohlgeformtheitsbedingung wie etwa der Kasusfilter oder das Theta-Kriterium. Andererseits werden durch NP-Bewegung nicht etwa – wie durch das X-bar-Schema – Phrasenstrukturen erzeugt, sondern vielmehr werden bereits erzeugte Strukturen verändert. Dies bedeutet jedoch, daß wir innerhalb der Grammatik offenbar zwei verschiedene Strukturebenen ansetzen müssen. Das X-bar Schema generiert eine spezifische Phrasenstruktur, auf die dann – unter bestimmten Kasusbedingungen – die Regel der NP-Bewegung angewandt wird bzw. werden kann. Diejenige Struktur, die das X-bar Schema erzeugt, wollen wir nun *D-Struktur* (engl. *D-structure*) nennen. Auf diese D-Struktur wird dann unter den genannten Bedingungen die NP-Bewegung angewandt. Die daraus resultierende Struktur bezeichnen wir als *S-Struktur* (engl. *S-structure*). Die Wahl dieser beiden Termini ergibt sich aus recht komplexen historischen Entwicklungen innerhalb der generativen Grammatik, auf die wir hier nicht eingehen wollen (cf. Literaturhinweise). Mnemotechnisch steht *D* für *deep* und *S* für *surface*. Es ist jedoch zu beachten, daß D-Struktur und S-Struktur nicht identisch mit den Begriffen *Tiefenstruktur* und *Oberflächenstruktur* sind, wie sie in früheren Versionen der generativen Grammatik verwendet wurden.

Dementsprechend können wir uns den Aufbau der Grammatik in etwa so wie in (29) vorstellen:

(29) X-bar Schema

↓

| D-Struktur |

↓

NP-Bewegung

↓

| S-Struktur |

Wenn nun die NP-Bewegung in der Passivkonstruktion eine Objekt-NP in die Subjektposition bewegt, so setzt dies einerseits voraus, daß eine solche Position vorhanden ist, und andererseits, daß sie leer ist, d.h. kein lexikalisches Element enthält, da sonst die bewegte NP nicht aufgenommen werden könnte. Nun ist das X-bar Schema selbst neutral gegenüber der Frage, ob eine Kategorie leer oder lexikalisch besetzt ist, d.h. das X-bar Schema legt allein die möglichen internen Strukturierungen maximaler Projektionen fest, nicht jedoch, welche dieser Möglichkeiten im Einzelfall zu realisieren ist. Ob eine NP nun leer sein kann oder durch einen A-Ausdruck lexikalisch besetzt sein muß, ergibt sich aus dem Theta-Kriterium. Mit anderen Worten, eine NP muß immer dann einen A-Ausdruck enthalten, wenn der entsprechenden Position eine θ-Rolle zugewiesen wird. Demzufolge kann eine thematisch unmarkierte Position – wie etwa die Subjektposition im Passivsatz – auch lexikalisch unbesetzt, d.h. leer sein. Eine derartige X-bar-generierte leere NP wollen wir mit dem Buchstaben *e* (nach dem engl. *empty*) markieren. Somit erhalten wir im Falle der Passivkonstruktion eine (vereinfachte) D-Struktur wie in (30a):

(30a) $[_{IP}\ [_{NP}\ e]$ was $[_{VP}$ killed $[_{NP}$ John$]]]$ D-Struktur

Wenden wir nun die NP-Bewegung auf eine Struktur wie (30a) an, so daß die Objekt-NP *John* in die Subjektposition bewegt wird, so stellt sich die Frage, wie die daraus resultierende S-Struktur aussieht. Zwei grundsätzliche Möglichkeiten bieten sich hier an. Wir könnten einerseits annehmen, daß die ursprüngliche Objektposition aufgrund der NP-Bewegung getilgt wird, so daß wir eine S-Struktur ohne Objekt-NP wie in (31a) erhalten. Alternativ wäre denkbar, daß diese Objektposition – wenngleich nunmehr leer – weiterhin vorhanden ist wie in (31b):

(31a)
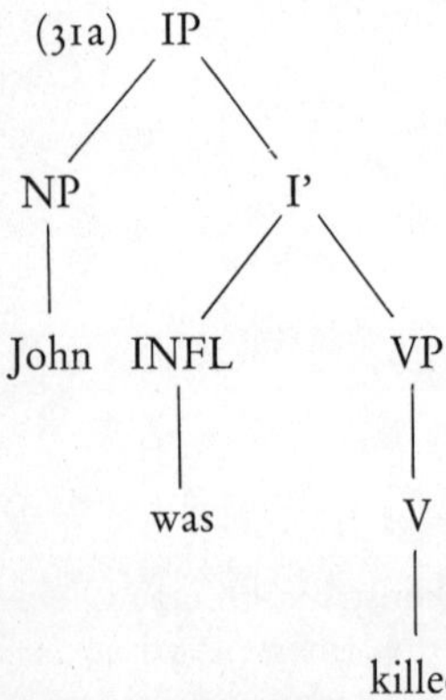


(31b)
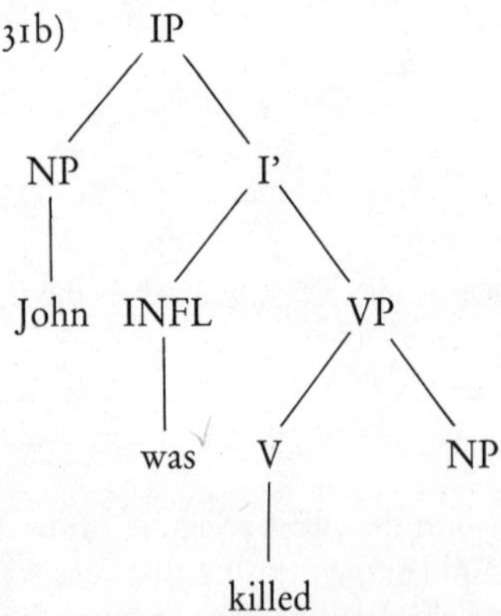


Auf der Grundlage der bislang betrachteten Strukturen läßt sich nur schwer zwischen (31a) und (31b) entscheiden. Wir werden jedoch im folgenden eine Fülle von Daten kennenlernen, die darauf hindeuten, daß bei der NP-Bewegung die ursprüngliche Objektposition nicht fortfällt, sondern wie in (31b) erhalten bleibt. Wir wollen daher zunächst stipulativ festlegen, daß eine bewegte NP in ihrer ursprünglichen Position eine *Spur* (engl. *trace*) zurückläßt, mit der sie koindiziert wird, um die enge strukturelle Beziehung zwischen diesen beiden Positionen auszudrücken. Dementsprechend erhalten wir nach Anwendung der NP-Bewegung auf die D-Struktur (30a) eine S-Struktur wie in (30b):

(30b) $[_{IP}\ [_{NP}\ \text{John}_i]\ \text{was}\ [_{VP}\ \text{killed}\ [_{NP}\ t_i]]]$ S-Struktur

Die Tatsache, daß im englischen Passivsatz eine lexikalische NP – wie etwa *John* in (30) – obligatorisch von der D-strukturellen Objektposition in die S-strukturelle Subjektposition bewegt werden muß, um den Kasusfilter nicht zu verletzen, andererseits jedoch die ursprüngliche Objektposition als leere Kategorie *t* bestehen bleibt, macht deutlich, daß der Kasusfilter (cf. Kap. 2.2) nur für *lexikalische* NPs gilt, nicht jedoch für leere Kategorien, insbesondere nicht für Spuren von NP-Bewegung, da sonst sämtliche Passivsätze ungrammatisch sein müßten.

Da nun im Englischen die Objekt-NP im Passivsatz obligatorisch in die Subjektposition bewegt werden muß, scheint die NP-Bewegung nichts anderes zu sein als das, was traditionell als Passivregel bezeichnet wird. Mit anderen Worten, man mag vermuten, daß wir für die Passivkonstruktion eine Regel *NP-Bewegung* benötigen, die besagt, daß im Englischen die Objekt-NP zum Subjekt werden muß bzw. in anderen Sprachen werden kann. Die Annahme einer solchen Passivregel finden wir nun in der Tat in zahlreichen traditionellen Grammatiktheorien. Es läßt sich jedoch sehr leicht zeigen, daß die NP-Bewegung ein weitaus generellerer Prozeß ist und daß eine spezielle Passivregel einerseits überflüssig und andererseits in der oben skizzierten Formulierung viel zu restriktiv ist.

Zunächst beobachten wir, daß der *Landeplatz* (engl. *landing site*) der NP-Bewegung stets eine Subjektposition ist, i.e. es kann nur in eine Subjekt- und niemals in eine Objektposition hineinbewegt werden. Dieses Faktum muß jedoch nicht als spezifische Eigenschaft der NP-Bewegung formuliert werden, sondern folgt aus der Theta-Theorie. Eine NP kann offenkundig nur in eine Position bewegt werden, die leer ist, d.h. der selbst keine θ-Rolle zugewiesen wird, da die NP sonst unter Verletzung des Theta-Kriterium zwei θ-Rollen erhalten würde. In Kap. 2.3 hatten wir bereits gesehen, daß Objektpositionen immer eine θ-Rolle erhalten, während allein die Subjektposition bei bestimmten Verben thematisch unmarkiert ist. Wie die Generalisierung in (4) zeigt, ist nun offensichtlich auch die Passivkonstruktion eine Struktur, in der die Subjektposition keine θ-Rolle erhält, und nur deshalb ist es überhaupt möglich, NP-Bewegung im Passivsatz anzuwenden. Die Tatsache, daß ein passivisches Verb dem Subjekt keine θ-Rolle zuweist, zeigt sich auch in Sätzen wie (32) mit expletivem *it*, das nur in thematisch unmarkierten Positionen auftreten kann (cf. Kap. 2.3):

(32) it was expected that John would win the race

Wir sehen also, daß die Theta-Theorie regelt, unter welchen Bedingungen NP-Bewegung erfolgen *kann* und welche Positionen als Landeplatz der NP überhaupt zugelassen sind. Es ist daher überflüssig, diese Fakten in einer NP-Bewegungsregel bzw. einer Passivregel eigens zu spezifizieren.

Darüber hinaus ist es keineswegs immer eine Objekt-NP, die in Passivkonstruktionen bewegt wird bzw. werden muß. Bei passivischen ECM-Verben wie *expect* mit Satzkomplement muß – wiederum aus kasustheoretischen Gründen – die Subjekt-NP des eingebetteten Satzes in die Subjektposition des Matrixsatzes bewegt werden:

(33a) [$_{NP}$ e] was expected [$_{IP}$ John to win the race] D-Struktur

(33b) John$_i$ was expected [$_{IP}$ t$_i$ to win the race] S-Struktur

In (33a) erhält das Subjekt des eingebetteten Satzes, nämlich *John*, keinen Kasus. Das Matrixverb *expect* absorbiert bei passivischer Morphologie den Kasus, den es normalerweise zuweist, und das eingebettete INFL weist keinen Kasus zu, da es infinit ist. Aus diesem Grunde muß *John* in eine Position bewegt werden, in der diese NP Kasus erhalten kann. Hierfür kommt nur die Subjektposition des Matrixsatzes in Frage, die den Nominativ vom finiten INFL erhält. Diese Kasuseigenschaften erklären also, warum NP-Bewegung bei einem infiniten, nicht jedoch bei einem finiten Satzkomplement notwendig ist:

(34a) *it was expected John to win the race
(34b) it was expected that John wins the race

Wir sehen also, daß die NP-Bewegung nicht auf Objekte beschränkt ist, sondern ebenso für Subjekte gilt, sofern sie in einer nicht-kasusmarkierten Position auftreten.

Entscheidend ist weiterhin, daß NP-Bewegung keineswegs ein passivspezifischer Prozeß ist, vielmehr finden wir das gleiche Phänomen bei bestimmten aktivischen Verben, und zwar den sog. *raising*-Verben wie etwa *seem* oder *happen* in (35) und (36):

(35a) e seems [John to win the race] D-Struktur
(35b) John$_i$ seems [t$_i$ to win the race] S-Struktur

(36a) e happened [John to fall in love with Mary] D-Struktur
(36b) John$_i$ happened [t$_i$ to fall in love with Mary] S-Struktur

Daß in (35b) und (36b) in der Tat NP-Bewegung stattgefunden hat, ergibt sich wiederum aus der Theta-Theorie. Die NP *John* ist in diesen Sätzen offenkundig das thematische Subjekt von *to win the race* bzw. *to fall in love with Mary*, d.h. die NP erhält die θ-Rolle vom Verb des eingebetteten Satzes. Das Theta-Kriterium erfordert nun, daß die Landeposition der Bewegung, also die Subjektposition des Matrixsatzes thematisch unmarkiert ist. Mit anderen Worten, NP-Bewegung kann nur stattfinden, wenn *seem* bzw. *happen* ihrem Subjekt keine θ-Rolle zuweisen. Daß dies in der Tat der Fall ist, zeigt sich daran, daß in dieser Position auch ein expletives *it* auftreten kann wie in (37):

(37a) it seems that John will win the race
(37b) it happened that John fell in love with Mary

Da in (35b) und (36b) der eingebettete Satz infinit ist, erhält das Subjekt von INFL keinen Kasus, so daß NP-Bewegung zur Vermeidung einer Kasusfilterverletzung notwendig wird. Natürlich ist zu fragen, ob die Subjektposition des eingebetteten Satzes nicht – in Analogie zu ECM-Konstruktionen – Kasus von *seem* bzw. *happen* erhalten kann. Es scheint jedoch, daß *raising*-Verben grundsätzlich nicht die Fähigkeit besitzen, Kasus zuzuweisen. So gestatten diese Verben auch keine NP-Komplemente, wie (38) zeigt:

(38a) *it seems John's victory
(38b) *it happened John's victory

Wir sehen also, daß die NP-Bewegung keineswegs eine konstruktionsspezifische Regel – also etwa eine Passivregel – ist, sondern vielmehr ein sehr allgemeiner grammatischer Prozeß, der durch das Zusammenspiel von Kasustheorie und Theta-Kriterium ausgelöst wird. NP-Bewegung wird einerseits durch den Kasusfilter erzwungen, wenn eine NP in nicht-kasusmarkierter Position generiert wird, und andererseits durch das Theta-Kriterium ermöglicht, weil bestimmte Positionen nicht θ-markiert sind und somit als leere Kategorie Landeplatz für die Bewegung sein können. Aus diesem Grunde ist es offenbar überflüssig, die spezifischen Bedingungen der Anwendung von NP-Bewegung bei der präzisen Formulierung dieses Prozesses selbst zu spezifizieren. Vielmehr genügt offenbar eine allgemeine Regel der Form *bewege NP* (engl. *move NP*), die – vereinfacht ausgedrückt – zu interpretieren ist als: *bewege irgendeine NP in irgendeine Position*. Wann diese Regel angewandt werden darf bzw. muß und von welcher Position in welche andere Position bewegt werden kann, folgt aus von dieser Regel unabhängigen Modulen der Grammatik, speziell aus der Kasustheorie und dem Theta-Kriterium.

Ist diese Sichtweise korrekt, so ergeben sich daraus eine Reihe wichtiger empirischer Konsequenzen. Wenn NP-Bewegung ein allgemeiner, d.h. nicht konstruktionsspezifischer Prozeß ist, so sollte unter bestimmten Kasusbedingungen auch mehrfache NP-Bewegung innerhalb eines Satzes möglich sein. Wie (39) zeigt, ist dies in der Tat der Fall:

(39a) $[_{IP}$ e seems $[_{IP}$ e to have been fired John$]]$ D-Struktur

(39b) $[_{IP}$ John seems $[_{IP}$ $t'_i$ to have been fired $t_i]]$ S-Struktur

Da die NP *John* in (39a) in ihrer D-strukturellen Position keinen Kasus erhält, muß sie in die Subjektposition des eingebetteten Satzes bewegt werden. Doch auch hier erhält sie keinen Kasus, da weder das infinite INFL noch das Matrixverb *seem* Kasuszuweiser sind. Dementsprechend wird die NP nunmehr in die Subjektposition des Matrixsatzes bewegt, wo sie Kasus vom finiten INFL erhält, so daß wir die S-Struktur (39b) erhalten.

Die Annahme, daß es sich bei der NP-Bewegung um einen sehr allgemeinen Prozeß handelt, läßt darüber hinaus erwarten, daß dieser Prozeß nicht nur auf Subjekte und Objekte einer IP beschränkt ist, sondern grundsätzlich auch NP-Konstituenten innerhalb von PPs und NPs betreffen kann. Wie die Beispiele in (40) und (41) illustrieren, bestätigt sich diese Erwartung für Bewegungen aus PPs:

(40a) e has been slept in this bed D-Struktur
(40b) this $bed_i$ has been slept in $t_i$ S-Struktur

(41a) e has been spoken to John D-Struktur
(41b) $John_i$ has been spoken to $t_i$ S-Struktur

Demgegenüber ist die Bewegung aus einer NP heraus nicht möglich:

(42a) e was not invited $[_{NP}[_{NP}$ Bill's$]$ mother$]$ D-Struktur

(42b) *$Bill_i$ was not invited $[_{NP}[_{NP}$ $t_i]$ mother$]$ S-Struktur

(43a) e was not invited $[_{NP}$ the mother of $[_{NP}$ Bill$]]$ D-Struktur

(43b) *$Bill_i$ was not invited $[_{NP}$ the mother of $[_{NP}$ $t_i]]$ S-Struktur

Die Unmöglichkeit, aus NPs heraus zu bewegen – oder wie man technisch auch sagt, zu *extrahieren* (engl. *extract*) – muß nun jedoch keineswegs als besondere Eigenschaft der NP-Bewegung stipuliert werden, sondern folgt wiederum aus dem Kasusfilter. Da die zurückgelassene

NP lexikalisches Material enthält – nämlich *mother* bzw. *mother of* – muß ihr Kasus zugewiesen werden. Dies ist jedoch wegen der passivischen Morphologie von *invited* nicht möglich, so daß die Sätze wiederum den Kasusfilter verletzen.

Eine in diesem Sinne völlig unrestringierte Regel *bewege NP* führt jedoch – selbst unter Berücksichtigung der Kasustheorie und des Theta-Kriteriums – zu Schwierigkeiten bei Strukturen wie in (44)–(46):

(44a) e was expected John to love Mary
(44b) *Mary$_i$ was expected John to love t$_i$

(45a) e was preferred for Mary to love John
(45b) *John$_i$ was preferred for Mary to love t$_i$

(46a) e was expected that John loves Mary
(46b) *John$_i$ was expected that t$_i$ loves Mary

(46c) *Mary$_i$ was expected that John loves t$_i$

Die Daten in (44) und (45) zeigen zunächst, daß Objekte – im Gegensatz zu Subjekten – nicht aus infiniten Sätzen extrahiert werden können. (44b) legt nun die Vermutung nahe, daß auch hier der Kasusfilter als Erklärung heranzuziehen ist, da das Subjekt des eingebetteten Satzes, i.e. *John*, keinen Kasus erhält. Doch zeigt (45b), daß das Verbot der Objektextraktion unabhängig von der Kasusmarkierung des Subjekts ist. In (45b) erhält *Mary* Kasus vom Complementizer *for* und genügt somit dem Kasusfilter; dennoch ist der Satz ungrammatisch. Offenbar ist die Extraktion des Objekts aus Sätzen generell nicht zulässig, und dies scheint sowohl für infinite als auch für finite Sätze zu gelten, wie (46c) zeigt. Bei finiten Sätzen führt darüber hinaus auch die Extraktion aus der Subjektposition zur Ungrammatikalität, wie (46b) demonstriert. Wir sehen also, daß insgesamt drei Positionen die Extraktion einer NP nicht zulassen, ohne daß Kasusfilter oder Theta-Kriterium hier eine Erklärung liefern.

Nun stellt sich offenkundig die Frage, ob neben Kasustheorie und Theta-Kriterium nicht auch die Bindungstheorie für die durch NP-Bewegung derivierten S-Strukturen einschlägig ist. In Kap. 2.4 hatten wir lexikalische NPs in Anaphern, Pronomina und R-Ausdrücke eingeteilt und deren Verteilung durch die Prinzipien A, B und C der Bindungstheorie erklärt. Man mag daher fragen, ob auch leere Kategorien, und hier insbesondere NP-Spuren, diesen Prinzipien unterliegen. Es zeigt sich nun, daß NP-Spuren die gleiche Verteilung aufweisen wie lexikalische Anaphern:

(47a) John hurt himself
(47b) John was hurt t

(48a) John expected [himself to fall in love with Mary]
(48b) John was expected [t to fall in love with Mary]

(49a) *John expected [Mary to fall in love with himself]
(49b) *John was expected [Mary to fall in love with t]

(50a) *John expected [that himself will fall in love with Mary]
(50b) *John was expected [that t will fall in love with Mary]

(51a) *John expected [that Mary will fall in love with himself]
(51b) *John was expected [that Mary will fall in love with t]

Diese Beispiele zeigen recht eindeutig, daß NP-Spuren in den gleichen strukturellen Umgebungen auftreten können, in denen auch Reflexivpronomina zugelassen sind, bzw. daß sie in den Positionen ausgeschlossen sind, in denen auch lexikalische Anaphern zu ungrammatischen Sätzen führen. NP-Spuren verhalten sich daher wie Anaphern, so daß wir offenbar zwei Typen von Anaphern unterscheiden können, für die gleichermaßen Prinzip A der Bindungstheorie gilt: lexikalische Anaphern wie Reflexiv- und Reziprokpronomina sowie leere Anaphern, d.h. NP-Spuren.

Entscheidend für die Zulässigkeit der NP-Bewegung ist somit die strukturelle Konfiguration zwischen Ausgangs- und Endposition der bewegten NP, wobei hier Prinzip A der Bindungstheorie zu erfüllen ist. Es liegt nun auf der Hand, daß sich die hier auftretende Gesetzmäßigkeit, insbesondere der anaphorische Status der NP-Spuren, überhaupt nur dann erfassen läßt, wenn die Ausgangsposition der NP-Bewegung auf der S-Struktur erhalten bleibt. Wir sehen also hier eine empirische Rechtfertigung für unsere Entscheidung, (31b) und nicht etwa (31a) als S-strukturelle Repräsentation zu wählen.

Unsere Grammatiktheorie enthält bislang zwei Strukturebenen, nämlich D-Struktur und S-Struktur, sowie drei Teiltheorien – Kasustheorie, Theta-Theorie und Bindungstheorie – deren Prinzipien strukturelle Repräsentationen auf ihre Wohlgeformtheit hin überprüfen. Es drängt sich nun offensichtlich die Frage auf, ob diese Überprüfungen jeweils auf der D-Struktur, der S-Struktur oder auf beiden Strukturebenen stattfinden.

Bezüglich der Kasustheorie ist nun unmittelbar klar, daß der Kasusfilter nur auf der S-Struktur, nicht jedoch auf der D-Struktur angewandt werden darf, oder wie man technisch sagt: nur auf der S-Struktur *appliziert*. Da die NP-Bewegung etwa im Englischen nur dazu dient, eine lexikalische NP aus einer nicht-kasusmarkierten D-Struktur-Position in eine kasusmarkierte S-Struktur-Position zu bewegen, kann der Kasusfilter offensichtlich nur auf der S-Struktur applizieren. Wäre er auch auf der D-Struktur gültig, so müßten alle Passiv- und *raising*-Konstruktionen ungrammatisch sein, da die fragliche lexikalische NP auf der D-Struktur stets kasusunmarkiert ist.

Weitaus schwieriger ist nun die Frage zu beantworten, auf welchen Strukturebenen die Bindungstheorie appliziert. Zunächst ist klar, daß die Bindungstheorie zumindest auf der S-Struktur anzuwenden ist, da NP-Spuren, d.h. leere Anaphern, erst auf dieser Strukturebene vorhanden sind und somit auch erst hier Prinzip A überprüft werden kann. Wenngleich natürlich auch lexikalische Anaphern auf der S-Struktur bindungstheoretisch wohlgeformt sein müssen, so scheint doch auf den ersten Blick nichts dagegen zu sprechen, Prinzip A gleichfalls auf der D-Struktur zu applizieren, da in den bislang betrachteten Fällen wie etwa (45a)–(50a) D-Struktur und S-Struktur identisch sind. Wie jedoch (52) zeigt, ist die Bindungstheorie allein auf der S-Struktur, nicht jedoch auf der D-Struktur gültig:

(52a) e seems to each other$_i$ [$_{IP}$ they$_i$ to be intelligent]

(52b) they$_i$ seem to each other$_i$ [t$_i$ to be intelligent]

Wäre die Bindungstheorie auf der D-Struktur zu applizieren, so würde (52a) Prinzip A verletzen, da die Anapher *each other* nicht durch ein c-kommandierendes Antezedens gebunden ist. Die durch Prinzip A geforderte Bindung erfolgt erst auf der S-Struktur (52b), nachdem *they* in die Subjektposition des Matrixsatzes bewegt worden ist. Die Grammatikalität von (52) zeigt also, daß die Bedingungen der Bindungstheorie ausschließlich auf der S-Struktur zu erfüllen sind.

Abschließend stellt sich die Frage, auf welchen Strukturebenen die Theta-Theorie anzuwenden ist. Nun hatten wir bereits mehrfach darauf hingewiesen, daß die grundsätzliche Option, durch das X-bar Schema eine leere NP zu generieren, durch die Theta-Theorie eingeschränkt ist; d.h. auf der D-Struktur dürfen leere NPs nur in solchen Positionen erscheinen, denen keine θ-Rolle zugewiesen wird. Dies bedeutet jedoch, daß das Theta-Kriterium bereits auf der D-Struktur gültig ist.

Somit bleibt zu fragen, ob das Theta-Kriteriums darüber hinaus auch auf der S-Struktur gilt. Wenn nun die Regel *bewege NP* grundsätzlich frei appliziert, so sollte prinzipiell jede lexikalische NP in jede beliebige leere Position bewegt werden können. Betrachten wir nun zunächst die D-Struktur (53a):

(53a) e was given a book to John

Die NP *a book* kann nun über *bewege NP* in die leere Subjektposition bewegt werden, wie (53b) zeigt:

(53b) a $book_i$ was given $t_i$ to John

Durch die NP-Bewegung entsteht nun eine neue leere Kategorie, und zwar in der Ausgangsposition der Bewegung. Zunächst hindert uns nun nichts daran, die Regel *bewege NP* erneut anzuwenden und etwa in (53b) die NP *John* in diese neu entstandene leere Position zu bewegen. Doch dies führt offenkundig zu einer ungrammatischen Struktur, wie (53c) zeigt:

(53c) *a book was given $John_i$ to $t_i$

Offenkundig verletzt (53c) weder die Bindungs- noch die Kasustheorie, da *John* einerseits die koindizierte Spur korrekt bindet und andererseits vor der Bewegung von der Präposition *to* seinen Kasus erhalten könnte. Dennoch läßt sich ein solcher Satz ausschließen, wenn wir fordern, daß das Theta-Kriterium auch auf der S-Struktur anzuwenden ist. Die Ungrammatikalität von (53c) resultiert offenbar daraus, daß hier – in einem intuitiven Sinne – die thematische Struktur von *give* zerstört ist, d.h. *John* wird in (53c) von einer θ-markierten Position in eine andere θ-markierte Position bewegt, während die Bewegung in (53b) von einer θ-markierten in eine nicht-θ-markierte Position erfolgt. Somit erhält *John* in (53c) zwei θ-Rollen – die des direkten und die des indirekten Objekts – und genau diese doppelte θ-Rollen-Zuweisung wird durch das Theta-Kriterium ausgeschlossen.

Während also Kasus- und Bindungstheorie jeweils nur auf der S-Struktur applizieren, ist das Theta-Kriterium sowohl auf der D- als auch auf der S-Struktur gültig. Dieser Sonderstatus der Theta-Theorie ist im *Projektionsprinzip* (engl. *projection principle*) kodifiziert:

(54) Projektionsprinzip:

Die thematischen Selektionseigenschaften eines Elements bleiben auf allen syntaktischen Strukturebenen erhalten.

Wenn nun das Theta-Kriterium nach dem Projektionsprinzip nicht nur auf der D-Struktur, sondern auch auf der S-Struktur gültig ist, so stellt sich die Frage, woher die NP *a book* in (53b) ihre θ-Rolle erhält, da diese NP ja in einer nicht-θ-markierten Position erscheint. Nun liegt sicher die Vermutung nahe, daß *a book* seine θ-Rolle von der koindizierten Spur erhält, die sich ja in einer θ-markierten Position befindet. Diese Vermutung findet u.a. dadurch seine Rechtfertigung, daß auch lexikalische Anaphern vielfach über die Fähigkeit verfügen, ihre θ-Rolle an das Antezedens quasi »weiterzugeben«:

(55a) Hans liest dieses Buch bestimmt nicht
(55b) dieses $\text{Buch}_i$ liest $\text{sich}_i$ ausgesprochen angenehm

In (55b) ist das Subjekt *dieses Buch* zweifellos nicht Agens von *lesen* – etwa im Gegensatz zu *Hans* in (55a) – sondern trägt sicherlich die θ-Rolle, die *lesen* seinem Objekt zuweist. Doch diese θ-Rolle kann *dieses Buch* offenbar nur über die lexikalische Anapher *sich* erhalten, die in der hier relevanten θ-markierten Position erscheint. Die Anapher *sich* gibt somit die θ-Rolle an das Antezedens weiter.

Sowohl lexikalische als auch leere Anaphern bilden daher mit ihrem Antezedens eine besonders enge Verbindung, die für die Zuweisung der θ-Rolle von zentraler Bedeutung ist. Aus diesem Grunde wollen wir eine NP und die mit ihr koindizierten leeren Kategorien als *A-Kette* (engl. *A-chain*) bezeichnen und wie in (56) definieren:

(56) A-Kette:

Die NPs $\alpha_1, \ldots \alpha_n$ bilden eine A-Kette C gdw.
a) $\alpha_i$ $\alpha_{i+1}$ bindet,
b) $\alpha_i$ eine anaphorische Spur ist, für $i > 1$,
c) C maximal ist.

Klausel (a) impliziert, daß NP-Bewegung stets nur »nach oben in den Strukturbaum« erfolgen kann. Klausel (b) legt fest, daß die Spuren in einer A-Kette stets anaphorische Spuren sein müssen. Demzufolge muß es offensichtlich auch nicht-anaphorische Spuren geben, die wir in Kap. 3.2 kennenlernen werden. Bei mehrfacher NP-Bewegung – wie etwa in (39b) – muß jede Spur Prinzip A der Bindungstheorie erfüllen, d.h. – salopp gesagt – eine Kette darf im bindungstheoretischen Sinne nicht unterbrochen werden. Klausel (c) besagt wiederum, daß bei der Kettenbildung *sämtliche* α zu berücksichtigen sind, die (a) und (b) erfüllen, d.h. es gibt keine Bildung von Teilketten.

Der Begriff der A-Kette gestattet es nun, das an (56b) exemplifizierte Phänomen, daß nämlich Anaphern ihre θ-Rolle an ihr Antezedens quasi »weiterreichen«, zu systematisieren, indem die Zuweisung von θ-Rollen auf A-Ketten bezogen wird. Eine Kette C erhält demnach eine θ-Rolle, wenn C diejenige Position enthält, die von einem Prädikat θ-markiert wird. Als Sonderfall läßt sich dabei eine A-Kette ansehen, die nur aus einem einzigen Element besteht, wie etwa *John* in *John ran away.* Wenn nun θ-Rollen in diesem Sinne grundsätzlich A-Ketten zugewiesen werden, läßt sich das Theta-Kriterium wie in (57) definieren:

(57) Theta-Kriterium:

a) für jede Position P, die θ-markiert wird, muß es eine A-Kette C, $C = <a_1 \dots a_n>$, geben, so daß $P = a_i$ für $1 \leq i \leq n$ und genau *ein* $a_j$ in C ein A-Ausdruck ist;
b) für jeden A-Ausdruck γ muß es genau eine A-Kette C, $C = <a_1 \dots a_n>$, geben, so daß $\gamma = a_j$ und genau *ein* $a_i$ in C eine θ-Rolle erhält, für $1 \leq i, j \leq n$.

Die Definition (57) unterscheidet sich von der in Kap. 2.3 aufgeführten Fassung des Theta-Kriteriums allein dadurch, daß θ-Rollen nicht mehr in eine eins-zu-eins-Beziehung zu A-Ausdrücken, sondern zu A-Ketten gesetzt werden. Klausel (a) besagt dementsprechend, daß jeder θ-Rolle eine A-Kette zugeordnet werden muß. Im einfachsten Fall besteht diese A-Kette nur aus einem einzelnen lexikalischen A-Ausdruck. Im Falle der NP-Bewegung hingegen besteht die A-Kette aus einem A-Ausdruck und einer Folge von anaphorischen Spuren. Entscheidend ist hierbei, daß die θ-Rolle nur *einem* Element in dieser Kette zugewiesen werden darf. Aus dieser Neuformulierung des Theta-Kriteriums ergibt sich eine wichtige Konsequenz. Leere Anaphern dürfen offensichtlich keine A-Ausdrücke sein, da sonst die gleiche θ-Rolle mehreren A-Ausdrücken zugewiesen würde, so daß etwa alle Passivstrukturen als ungrammatisch markiert würden. Klausel (b) legt fest, daß jeder A-Kette genau *eine* θ-Rolle zugewiesen werden muß. Das bedeutet, daß nur *ein* Element einer A-Kette in einer θ-markierten Position auftreten darf, alle andere Elemente müssen in nicht-θ-markierten Positionen erscheinen.

Aus dem Zusammenspiel von Theta-Kriterium und Bindungstheorie ergibt sich nun weiterhin, daß stets das letzte Element innerhalb der A-Kette die θ-Rolle erhalten muß. Aus der Bindungstheorie folgt, daß NP-Bewegung immer nur »von unten nach oben« erfolgen kann, da sonst eine Spur nicht c-kommandiert und somit nicht gebunden würde. Da nach dem Projektionsprinzip das Theta-Kriterium auch auf der D-Struktur gilt, muß hier in jeder θ-markierten Position ein A-Ausdruck erscheinen, so daß nur diese Position Ausgangsort für die Bewegung sein kann.

Bei der Unterscheidung zwischen Aktiv- und Passivkonstruktion hatten wir gesehen, daß die verschiedenen Kasuseigenschaften an eine bestimmte Morphologie gebunden sind, d.h. ein passivisches Verb verliert qua Kasusabsorption die Eigenschaft, seinem Objekt strukturellen Kasus zuzuweisen. Somit stellt sich die Frage, ob die fehlende Kasuszuweisungseigenschaft bei einem Verb stets mit dessen passivischer Morphologie zusammenfällt, oder ob es auch aktivische Verben gibt, die ihrem Objekt keinen (strukturellen) Kasus zuweisen können, so daß eine entsprechende NP in die S-strukturelle Subjektposition bewegt werden muß.

Wir wollen dieser Frage zunächst an einigen italienischen Daten nachgehen. Im Italienischen gilt, daß transitive Verben das Perfekt stets mit dem Hilfsverb *avere* (*haben*) bilden. Erscheint jedoch eine lexikalische Anapher wie etwa *si* (*sich*) innerhalb der VP, so tritt im Perfekt das Hilfsverb *essere* (*sein*) auf:

(58a) Gianni ha lavato la sua macchina<br>
Hans hat gewaschen sein Auto

(58b) Gianni si è lavato<br>
Hans sich ist gewaschen<br>
»Hans hat sich gewaschen«

(58c) *Gianni si ha lavato

Da nun auch im Passiv das Perfekt mit *essere* und nicht *avere* gebildet wird, scheint nicht nur eine lexikalische, sondern ebenso eine leere Anapher, i.e. eine NP-Spur, die Wahl von *essere* zu bedingen:

(59a) la macchina$_i$ è stata lavata $t_i$<br>
das Auto ist gewesen gewaschen<br>
»das Auto wurde gewaschen«

(59b) *la macchina ha stato lavato $t_i$<br>
das Auto hat gewesen gewaschen

Nun ist in diesem Zusammenhang zu beachten, daß *essere* nicht nur im Passiv und bei Reflexivkonstruktionen als Hilfsverb gefordert ist, sondern daß bestimmte intransitive Verben ebenfalls ihr Perfekt ausschließlich mit *essere* bilden:

(60a) Gianni è/*ha venuto
Hans ist/*hat gekommen

(60b) Gianni è/*ha arrivato
Hans ist/*hat angekommen

(60c) Gianni *è/ha dormito
Hans *ist/hat geschlafen

(60d) Gianni *è/ha telefonato
Hans *ist/hat telefoniert

Wenn nun die Wahl von *essere* stets durch die Präsenz einer Anapher ausgelöst wird, so müßte auch bei diesen Verben eine D-Struktur mit leerer Subjektposition und lexikalischer Objekt-NP angesetzt werden, die über NP-Bewegung auf der S-Struktur als Subjekt erscheint:

(61a) $[_{NP}$ e$]$ essere venuto Gianni D-Struktur

(61b) Gianni$_i$ è venuto t$_i$ S-Struktur

Ist diese Analyse zutreffend, so sollte das S-strukturelle Subjekt in (60a–b) und (61b) – ähnlich wie in den Passivkonstruktionen – Objekteigenschaften aufweisen, die eben darauf hindeuten, daß die fragliche NP auf der D-Struktur in Objektposition generiert wird. Nun hatten wir bereits im Zusammenhang mit den Beispielen (19)-(22) gesehen, daß die *ne*-Klitisierung ein geeignetes Mittel zu sein scheint, um die D-strukturelle Position einer NP zu diagnostizieren; d.h. *ne*-Klitisierung ist nur bei solchen NPs möglich, die in D-struktureller Objektposition auftreten. Wenn nun auch für Verben, die ihr Perfekt mit *essere* bilden, gilt, daß ein D-strukturelles Objekt über NP-Bewegung zum S-strukturellen Subjekt wird, so sollten genau diese Verben *ne*-Klitisierung zulassen. Wie die Beispiele in (62) zeigen, ist dies in der Tat der Fall.

(62a) molti ne sono venuti
(62b) molti ne sono arrivati
(62c) *molti ne hanno dormito
(62d) *molti ne hanno telefonato

Derartige Verben, die sich quasi wie passivische Formen verhalten, werden als *ergative* Verben bezeichnet. Ergative Verben selegieren eine Objekt-NP, weisen jedoch der Subjektposition keine θ-Rolle zu. Da sie dem Objekt allerdings keinen Kasus zuweisen, muß die entsprechende NP über NP-Bewegung in die leere Subjektposition bewegt werden.

Auch im Deutschen zeichnen sich ergative Verben u.a. dadurch aus, daß sie ihr Perfekt in der Regel mit *sein* und nicht mit *haben* bilden. Darüber hinaus gibt es gerade im Deutschen eine Vielzahl von Konstruktionen, die die Objekteigenschaften ergativer Subjekte besonders deutlich machen. Im Zusammenhang mit den Beispielen (16)-(18) hatten wir bereits gesehen, daß nur D-strukturelle Objekte die Trennung eines PP-Komplementes vom nominalen Kopf gestatten. Dieses gilt nun auch für ergative Verben, wie (63) zeigt:

(63) von Boris Becker ist ein Foto bei uns angekommen

Transitive Verben können als Partizip Perfekt attributiv verwendet werden, wobei der nominale Kopf der Konstruktion stets als Objekt und nicht als Subjekt des Verbs zu interpretieren ist:

(64a) die eingeladenen Gäste
(64b) die zurückgewiesenen Antragsteller

Da intransitive – im Gegensatz zu transitiven – Verben kein direktes Objekt selegieren, sind sie in den entsprechenden Attributivkonstruktionen auch nicht zugelassen:

(65a) *die geschlafenen Kinder
(65b) *die geredeten Professoren

Ergative Verben hingegen verhalten sich hier wie transitive Verben, d.h. sie selegieren auf der D-Struktur offensichtlich ein Objekt und können daher auch als Attribut innerhalb einer NP auftreten:

(66a) die gestiegenen Preise
(66b) die gefallenen Soldaten
(66c) die abhanden gekommenen Bücher

Obwohl also ergative Verben S-strukturell allein ein lexikalisches Subjekt aufweisen, verhält sich dieses Subjekt – ähnlich der Passivkonstruktion – syntaktisch wie ein Objekt. Diese Gesetzmäßigkeit läßt sich wiederum dadurch erfassen, daß die fragliche NP auf der D-Struktur als Objekt generiert und über NP-Bewegung in die Subjektposition bewegt wird.

Wir sehen also, daß die NP-Bewegung ein sehr allgemeiner grammatischer Prozeß ist, der in einer Vielzahl von sehr unterschiedlichen Konstruktionen auftritt und dessen Anwendung durch das Zusammenspiel verschiedener Teiltheorien bzw. Module der Grammatik geregelt wird.

## Literaturhinweise

In früheren Versionen der generativen Grammatik ging man – wie auch in der traditionellen Grammatik – von einzelnen konstruktionsspezifischen Regeln aus, z.B. einer Passivregel oder einer *raising-to-subject*-Regel. Einzelheiten dieser Sichtweise finden sich unter einer allgemeinen Perspektive in Chomsky (1965) und speziell für das Deutsche in Huber & Kummer (1974). Es zeigte sich jedoch recht bald, daß sich derartige konstruktionsspezifische Regeln nicht hinreichend adäquat formulieren lassen und daß bei diesem Ansatz insbesondere offenkundige Regularitäten nicht erfaßt werden können. In Chomsky (1973) wurde zum ersten Mal versucht, alle einschlägigen Bewegungsprozesse auf eine einheitliche Regel *move NP* zu reduzieren, wobei dann in Fiengo (1974) der Begriff der Spur eingeführt wurde. Hierbei erkannte insbesondere Freidin (1978) das Zusammenspiel von NP-Bewegung und Theta-Theorie. Chomsky (1980b) gelang es dann, den Zusammenhang zwischen NP-Bewegung und Bindungstheorie zu verdeutlichen.
Passivstrukturen ohne NP-Bewegungen wurden von Borer (1984) für das Hebräische, Burzio (1981, 1986) für das Italienische und Pesetsky (1982a) für das Russische untersucht. Eine allgemeine Theorie des Passivs findet sich in Jaeggli (1986). Das deutsche Passiv wird ausführlich in Thiersch (1978), Haider (1987) und Fanselow (1987a) dargestellt. Deutsche *raising*-Strukturen werden vor allem in Olsen (1981) behandelt.
Zur Ergativität cf. insbesondere Perlmutter (1978), Burzio (1981, 1986), Keyser & Roeper (1984) und Grewendorf (1987).

## Aufgaben

1. Erklären Sie die folgende Datenverteilung, in der *Caesar* stets mit der θ-Rolle »Agens« zu interpretieren ist:
   a) Caesar's destruction of the city
   b) the city's destruction
   c) the destruction of the city by Caesar
   d) *Caesar's destruction

2. Analysieren Sie die folgenden Satzpaare unter dem Aspekt, welcher Zusammenhang zwischen INFL und Kasusabsorption zu bestehen scheint:
   a) die Studenten haben die Aufsätze bis morgen zu lesen
   b) die Aufsätze sind bis morgen zu lesen
   c) er schenkte uns ein Buch
   d) wir bekamen ein Buch geschenkt

3. Erklären Sie die unterschiedliche Passivierbarkeit von Verben in den folgenden Beispielen:
   a) es wurde bis spät in die Nacht getanzt
   b) in unserer Abteilung wird viel zu viel telefoniert
   c) *es wurde von Peter wieder einmal zu spät angekommen
   d) *wegen fehlender Zäune wird oft in den Teich gefallen

4. Erklären Sie über den Begriff der A-Kette die Ungrammatikalität der folgenden Strukturen. Warum sind die entsprechenden englischen Konstruktionen (cf. Beispielsatz (52b)) grammatisch?
   a) *Giovanni$_i$ si$_i$ sembra [t$_i$ amare Maria]
   b) *Hans$_i$ scheint sich$_i$ Maria zu lieben

5. Die folgenden Daten zeigen das Zusammenspiel von Passiv und Infinitivstrukturen. Was folgt aus dieser Datenverteilung über die Struktur von Infinitivsätzen?
   a) wir bitten ihn Maria einzuladen
   b) er wird gebeten Maria einzuladen
   c) wir versprechen ihm eingeladen zu werden
   d) *er wird versprochen einzuladen
   e) es wird versprochen ihn einzuladen
   f) *er wird versprochen eingeladen zu werden

## 3.2 *wh*-Bewegung

Im vorangegangenen Kapitel haben wir gesehen, daß NP-Konstituenten unter bestimmten Bedingungen in Positionen erscheinen können, in denen sie aufgrund der thematischen Eigenschaften des jeweiligen Verbs nicht basisgeneriert sein können. So tritt etwa eine NP, die von einem transitiven Verb als Objekt s-selegiert und somit θ-markiert wird, in der Passivkonstruktion als Subjekt auf, da die NP nur in dieser Position Kasus erhalten kann. Um diese Gesetzmäßigkeiten zu erfassen, hatten wir zwei Strukturebenen – D-Struktur und S-Struktur – eingeführt, die über die Regel *bewege NP* zueinander in Beziehung gesetzt werden.

Nun scheinen jedoch die unter dem Begriff der NP-Bewegung zusammengefaßten Strukturphänomene nicht die einzigen zu sein, bei denen Konstituenten in einer Position erscheinen, in der sie nicht durch das X-bar Schema basisgeneriert sein können. In vielen Sprachen treten Fragewörter bzw. Interrogativphrasen unabhängig von ihrer grammatischen Funktion stets in einer Satzanfangsposition auf:

(1a) ich weiß nicht, welchem Kerl Maria ihr Auto geliehen hat
(1b) *ich weiß nicht, Maria ihr Auto welchem Kerl geliehen hat

(2a) I wonder who Bill wants his son to marry
(2b) *I wonder Bill wants his son to marry who

(3a) je me demande pour qui tu as voté
(3b) *je me demande tu as voté pour qui

Wenngleich die Interrogativphrasen *welchem Kerl*, *who* und *pour qui* in diesen Beispielen zweifellos thematische Komplemente der jeweiligen Verben sind, so erscheinen sie dennoch nicht in der durch das X-bar Schema festgelegten Komplementposition, sondern treten einheitlich am Anfang des eingebetteten Fragesatzes auf. Es liegt somit nahe, auch hier – in Analogie zur NP-Bewegung – einen grammatischen Prozeß anzusetzen, durch den eine Interrogativphrase von ihrer basisgenerierten X-bar-Position an den Satzanfang bewegt wird. Dementsprechend erhalten wir wiederum eine D-strukturelle und eine S-strukturelle Repräsentation wie in (4):

| | | |
|---|---|---|
| (4a) | I wonder Mary loves who | D-Struktur |
| (4b) | I wonder $who_i$ Mary loves $t_i$ | S-Struktur |

Der hier relevante grammatische Prozeß wird – in Anlehnung an das englische Frageformativ – allgemein als *wh-Bewegung* (engl. *wh-movement*) bezeichnet und der durch ein Fragewort markierte Interrogationsausdruck wird *wh*-Phrase genannt. Der Prozeß der *wh*-Bewegung ist nun keineswegs auf die Bildung von Fragesätzen beschränkt, sondern tritt ebenfalls in Relativkonstruktionen auf. Wie die Beispiele in (5) zeigen, erscheint ein Relativpronomen stets am Anfang des eingebetteten Satzes:

(5a) the boys $who_i$ Mary invited $t_i$ to the party

(5b) die Freunde mit $denen_i$ Maria $t_i$ ausgegangen ist

(5c) les livres $que_i$ j'ai lus $t_i$ hier

Die strukturellen Repräsentationen in (5) deuten bereits darauf hin, daß wir – ähnlich wie bei der NP-Bewegung – auch bei der *wh*-Bewegung davon ausgehen, daß die bewegte Phrase in ihrer ursprünglichen, i.e. D-strukturellen Position eine koindizierte Spur *t* hinterläßt. Die Notwendigkeit einer solchen Spur ergibt sich aus dem Projektionsprinzip (cf. Kap. 3.1), nach dem die thematische Struktur eines Verbs auf allen Strukturebenen erhalten sein muß.

Wenn nun *wh*-Phrasen auf der S-Struktur stets am Satzanfang erscheinen, so stellt sich zunächst die Frage, welcher Art diese Position im Sinne des X-bar Schemas ist. In Kap. 1.2 haben wir bereits gezeigt, daß in der prä-IP-Position eine syntaktische Kategorie COMP anzusetzen ist, unter der Satzkonjunktionen (engl. *complementizer*) wie etwa *that*, *because*, etc. auftreten. Wir hatten diese Kategorie COMP über eine spezielle Phrasenstrukturregel generiert, die wir hier als (6) wiederholen:

(6) S' → COMP IP

Es liegt nun nahe, diese COMP-Position als Landeplatz für die *wh*-Bewegung anzusehen, so daß wir für einen Satz wie (4b) folgende (vereinfachte) Struktur erhalten:

(7) I wonder $[_{S'}$ $[_{COMP}$ who$_i$] $[_{IP}$ Mary $[_{VP}$ loves t$_i$]]]

In der Tat war (6) bzw. (7) in der generativen Forschung lange Zeit die Standardanalyse für *wh*-Bewegung. Die Vorstellung, daß COMP einerseits die Position von Satzkonjunktionen und andererseits der Landeplatz für *wh*-Bewegung ist, wurde durch die Beobachtung gestützt, daß sich in vielen Sprachen Satzkonjunktionen und *wh*-Phrasen komplementär verteilen, d.h. niemals gleichzeitig auftreten können:

(8a) John didn't know that Bill wants to sell his car
(8b) John didn't know what Bill wants to sell
(8c) *John didn't know what that Bill wants to sell

(9a) je me demande pourquoi Jean s'en est allé
(9b) *je me demande pourquoi que Jean s'en est allé

(10a) die Arbeit die Fritz gestern beendet hat
(10b) *die Arbeit die daß Fritz gestern beendet hat

Wenn nach (6) vor der IP in der Tat nur eine einzige phrasenstrukturelle Position, i.e. COMP vorhanden ist, so folgt daraus automatisch, daß entweder eine Konjunktion oder eine *wh*-Phrase, nicht jedoch beide gleichzeitig an dieser Stelle auftreten können.

Zahlreiche Untersuchungen der vergangenen Jahren deuten jedoch darauf hin, daß diese Analyse von S' nicht korrekt sein kann. Zunächst gibt es eine Reihe von Sprachen, wie etwa das Polnische oder verschiedene süddeutsche Dialekte, in denen durchaus *wh*-Phrasen und Konjunktionen gleichzeitig in prä-IP Position auftreten können. Gleiches gilt darüber hinaus auch etwa für das Mittelenglische (cf. Jespersen 1926:198).

Polnisch:

(11) Maria my'sli zé co Janek kupił
Maria denkt daß was Hans kauft
»was glaubt Maria, kauft Hans«

Bairisch:

(12a) ich weiß nicht wen daß der Karl eingeladen hat
(12b) das ist der Mann den wo wir eingeladen haben

Mittelenglisch:

(13) yet wol we us avyse *whom that* we wol that shal
noch wollen wir uns beraten wen daß wir wollen daß soll
ben our justise
sein unser Richter
»wir wollen uns noch beraten, wen wir als unseren Richter wollen«

Aufgrund dieser Daten ist anzunehmen, daß die Ungrammatikalitäten in (8c), (9b) und (10b) eine spezifische Besonderheit der jeweiligen Sprache sind und nicht etwa eine universalgrammatische Restriktion widerspiegeln. So wird etwa für das Englische üblicherweise als sprachspezifischer Mechanismus der sog. *doubly-filled-COMP-filter* (*DFCF*) angesetzt, der das gleichzeitige Auftreten von Satzkonjunktion und *wh*-Phrase ausschließt:

(14) Doubly-filled-COMP-Filter (DFCF):

$^*[_{S'} \dots [_{S'}\ \alpha\ \beta\ [_{IP} \dots]]]$,
falls $\alpha$ und $\beta$ phonetisch nicht leer sind.

Der DFCF impliziert, daß im Englischen bei einer strukturellen Konfiguration wie in (14) $\alpha$ oder $\beta$ oder beide getilgt werden müssen. Dieser Tilgungsmechanismus wird auch als *freie Tilgung in COMP* (engl. *free deletion in COMP*) bezeichnet. In der Tat finden wir etwa im Relativsatz alle drei Möglichkeiten realisiert:

(15a) the book which we read
(15b) the book that we read
(15c) the book we read
(15d) *the book which that we read

Weitere Evidenz für Annahme, daß – unter universalgrammatischer Perspektive – mehr als eine COMP-Position unter S' vorhanden sein muß, findet sich in Sprachen wie etwa dem westafrikanischen Vata (Elfenbeinküste), wo Konjunktionen am Satzende, *wh*-Phrasen jedoch am Satzanfang erscheinen (cf. Koopman 1984):

(16) [aló-nI yúe]$_i$ ń lā [t$_i$ là kā] mlI ló
wessen Kinder du PERF. rufen KONJ gehst FRAGE
»wessen Kinder bist du rufen gegangen«

Da COMP offensichtlich entweder nur vor oder hinter IP, aber nicht gleichzeitig an beiden Position stehen kann, zeigen Daten wie (16) besonders deutlich, daß zumindest zwei COMP-Knoten vorhanden sein müssen, von denen etwa im Vata der eine in prä-IP- und der andere in post-IP-Position auftritt.

Abgesehen von den empirischen Problemen scheint eine S'-Analyse im Sinne von (6) auch aus rein konzeptuellen Überlegungen heraus äußerst merkwürdig zu sein. Nach einer solchen Analyse wäre S' nämlich die einzige phrasale Kategorie, deren interne Struktur sich nicht aus dem X-bar Schema ableiten ließe, sondern vielmehr über eine eigenständige Phrasenstrukturregel zu spezifizieren wäre. Wenn jedoch S' aus den oben genannten empirischen Gründen ohnehin zwei Typen von COMP-Knoten enthalten muß, und zwar einen für die Konjunktion und einen weiteren als Landeplatz von *wh*-Phrasen, so bietet sich hier eine offenkundige Möglichkeit an, auch die interne Struktur von S' in das X-bar Schema zu integrieren. Da Satzkonjunktionen stets einzelne lexikalische Elemente, jedoch niemals maximale Projektionen sind, liegt es nahe, die entsprechende Position – die wir weiterhin als COMP bezeichnen wollen – als den Kopf von S' anzusehen. Dementsprechend bildet dieses COMP zusammen mit IP die erste Projektionsebene, die üblicherweise COMP' oder einfacher C' (*C-quer*; engl. *C-bar*) genannt wird. Im Gegensatz zu Konjunktionen sind jedoch *wh*-Phrasen maximale Projektionen (NPs oder PPs), so daß deren Landeposition alle Eigenschaften erfüllen muß, die die Specifier-Position einer Phrase charakterisieren. Somit liegt es wiederum nahe, den *wh*-Landeplatz als den Specifier von S' anzusetzen, den wir als SpecComp bezeichnen wollen. Unter dieser Analyse ist S' also nichts anderes als die maximale Projektion von COMP, deren interne Struktur sich nunmehr vollständig aus dem X-bar Schema ableiten läßt. Zur Vereinheitlichung der Terminologie wollen wir nunmehr den Ausdruck *S'* durch *CP* (= *COMP-Phrase*) bzw. C" ersetzen und erhalten somit für die maximale Projektion von COMP eine Struktur wie in (17):

(17)
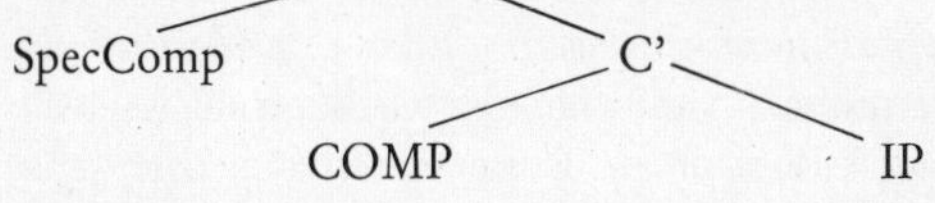

Unter einer derartigen CP-Analyse ergibt sich für einen Satz wie in (7) folgende (vereinfachte) Repräsentation, wobei die COMP-Position aufgrund des Filters in (14) leer ist:

(18) I wonder [$_{CP}$ [$_{Spec}$ who$_i$] [$_{C'}$ COMP [$_{IP}$ Mary loves t$_i$]]]

Wir erkennen bereits hier einen zentralen Unterschied zwischen *wh*-Bewegung und NP-Bewegung. Während nämlich bewegte *wh*-Phrasen stets in der Specifier-Position von CP erscheinen, führt NP-Bewegung ausschließlich in die Specifier-Position von IP oder NP. Dieser Unterschied hat nun eine Reihe von wichtigen Konsequenzen, die wir im folgenden erläutern wollen.

Zunächst läßt sich zeigen, daß SpecComp unter bindungstheoretischer Perspektive einen völlig anderen Status zu haben scheint als die Specifier-Positionen von IP und NP. Wie die folgenden Beispiele demonstrieren, sind Elemente in SpecComp für Prinzip A der Bindungstheorie quasi unsichtbar:

(19a) *I wonder [$_{CP}$ who$_i$ [$_{IP}$ each other's$_i$ girlfriends will invite t$_i$]]

(19b) *Sue$_i$ wonders [$_{CP}$ which books of herself$_i$ [$_{IP}$ Tom likes t]]

Obwohl die Anaphern *each other* und *herself* in (19) jeweils innerhalb des minimalen CFC von *who* bzw. *Sue* korrekt gebunden zu sein scheinen, sind die entsprechenden Sätze ungrammatisch. Das Beispiel (19a) illustriert, daß ein Element in SpecComp offenbar nicht als Binder einer Anapher fungieren kann, während (19b) zeigt, daß – umgekehrt – eine Anapher in SpecComp auch dann nicht als gebunden gilt, wenn sie von einer koindizierten Phrase c-kommandiert wird. Mit anderen Worten, Elemente in SpecComp scheinen aus der Sicht von Prinzip A der Bindungstheorie weder als Anapher noch als Antezedens einer Anapher überhaupt zu existieren.

Eine Besonderheit von SpecComp liegt nun darin, daß diese Position niemals θ-markiert ist. Da Verben ihre θ-Rollen stets nur der Subjekt- bzw. der Objektposition zuweisen (können), erhält SpecComp grundsätzlich keine θ-Rolle. Wir wollen Positionen, die θ-markiert werden (können), als A-Positionen bezeichnen und sie von Ā-Positionen (*A-quer-Positionen*; engl. *A-bar positions*) unterscheiden, die niemals θ-markiert sind. Dementsprechend sind Subjekt und Objekt A-Positionen, während SpecComp eine Ā-Position ist.

Aus dieser Unterscheidung folgt, daß sich die Prinzipien der Bindungstheorie offenbar stets und ausschließlich auf A-Positionen beziehen, während Ā-Positionen für die Bindungstheorie quasi unsichtbar sind. Mit anderen Worten, die in den Prinzipien A, B und C spezifizierten Bedingungen sind durch Elemente in A-Positionen zu erfüllen. Üblicherweise spricht man daher auch von A-Bindung. Somit erklärt sich etwa die Ungrammatikalität von (19a) aus der Tatsache, daß die Anapher *each other* zwar gebunden, aber eben nicht A-gebunden ist, da sich *who* in der Ā-Position SpecComp befindet.

Wenn nun SpecComp qua Ā-Position für die Bindungstheorie quasi unsichtbar ist, so folgt daraus, daß Prinzip A nur für die NP-Bewegung, nicht jedoch für *wh*-Bewegung einschlägig ist. In Kap. 3.1 hatten wir bereits gesehen, daß Prinzip A die NP-Bewegung dahingehend eingeschränkt, daß NP-Spuren in ihrem minimalen CFC gebunden sein müssen und sich folglich wie Anaphern verhalten. Diese Einschränkung führt u.a. dazu, daß NP-Bewegung aus der Objektposition eingebetteter Sätze heraus generell unzulässig ist, während Subjektextraktionen nur aus infiniten Sätzen gestattet sind. Wenn nun zutrifft, daß Prinzip A für *wh*-Bewegung nicht gilt, so folgt daraus, daß *wh*-Spuren keine Anaphern sein können, da ihr Antezedens, i.e. die *wh*-Phrase in einer Ā-Position erscheint. Aus diesem Grunde sollte die *wh*-Bewegung in diesem Bereich auch nicht den gleichen Beschränkungen unterliegen wie die NP-Bewegung, d.h. auch Objekte sowie Subjekte finiter Sätze sollten sich *wh*-extrahieren lassen. Wie die Sätze in (20) zeigen, ist dies in der Tat der Fall:

(20a) what$_i$ do you believe [that Mary bought t$_i$]

(20b) who$_i$ do you believe [t$_i$ loves Mary]

Wenn nun *wh*-Spuren – im Gegensatz zu NP-Spuren – keine Anaphern sind, so stellt sich die Frage, ob sie sich bindungstheoretisch möglicherweise wie Pronomina oder wie R-Ausdrücke verhalten. Das für die Beantwortung dieser Frage einschlägige Datum ist der sog. *cross-over*-Effekt, den ein Satz wie (21) illustriert:

(21) *who$_i$ do you believe that he$_i$ said that Mary would kiss t$_i$

(21) ist insofern ungrammatisch, als durch die Koindizierung eine Lesart festgelegt wird, in der *who* und *he* koreferent sind, i.e. sich auf die gleiche Person beziehen. Eine solche Lesart von (21) ist jedoch nicht möglich. Rein deskriptiv läßt sich beobachten, daß eine *wh*-Phrase offenbar nicht über einen koreferenten Ausdruck – wie hier *he* – hinweg bewegt werden darf; aus dieser Beobachtung stammt der Terminus *cross-over*. Unter bindungstheoretischer Perspektive hingegen zeigt sich, daß die *wh*-Spur in (21) von einem Ausdruck in einer A-Position,

nämlich *he*, c-kommandiert und somit A-gebunden ist. Da nun die alternative, d.h. nicht-koreferente Lesart von (21) grammatisch ist, können wir schließen, daß *wh*-Spuren offenbar A-frei sein müssen. Darüber hinaus zeigt sich, daß der A-Binder *he* in (21) außerhalb des minimalen CFC steht, so daß *wh*-Spuren nicht nur innerhalb ihres CFC, sondern in allen Umgebungen A-frei sein müssen. Damit verhalten sie sich jedoch unter bindungstheoretischer Perspektive wie R-Ausdrücke, für die Bindungsprinzip C gilt. Wir wollen nunmehr solche Spuren, die sich wie R-Ausdrücke verhalten, als *Variablen* und ihr Antezedens in SpecComp als *Operator* bezeichnen. Demnach hinterläßt NP-Bewegung Anaphern, *wh*-Bewegung hingegen Variablen.

Wenn nun Variablen stets A-frei sein müssen, so ergibt sich ein Problem bei Relativsätzen. Offensichtlich muß ein Relativpronomen mit der NP, auf die es sich bezieht, koindiziert sein, da beide z.B. die gleiche Genusmarkierung haben müssen, wie (22) zeigt:

(22a) die $\text{Frau}_i$ $\text{die}_i$ ich $t_i$ gesehen habe

(22b) *die $\text{Frau}_i$ $\text{den}_i$ ich $t_i$ gesehen habe

Allgemein hat ein Relativsatz also eine Struktur wie in (23):

(23) $[_{NP} [_{NP}\alpha]_i [_{CP} \text{Rel.Pron.}_i [_{IP} \ldots t_i \ldots]]]$

Wenn nun die Variable *t* in (23) durch die NP $\alpha$ A-gebunden und daher unter Verletzung von Prinzip C nicht A-frei ist, so sollten Relativkonstruktionen grundsätzlich ungrammatisch sein. Nun unterscheidet sich (23) von Fällen wie etwa (21) dadurch, daß die koreferente NP in einer A-Position auftritt, die sich außerhalb der Domäne befindet, die durch die Variable und ihren Operator definiert wird. Wir müssen demnach Prinzip C der Bindungstheorie durch die Klausel (24) ersetzen:

(24) Ein R-Ausdruck muß (innerhalb der Domäne seines Operators) A-frei sein.

Aus der Tatsache, daß NP-Bewegung, nicht jedoch *wh*-Bewegung Prinzip A der Bindungstheorie unterliegt, ergibt sich ein weiterer gravierender Unterschied zwischen diesen beiden grammatischen Prozessen. Da eine NP-Spur innerhalb des kleinsten CFC gebunden sein muß, bestimmt dieser CFC die maximale Domäne, innerhalb derer das Antezedens der Spur auftreten *muß*. Mit anderen Worten, die Anwendung der NP-Bewegung ist auf einen bestimmten lokalen Bereich, nämlich den minimalen CFC, beschränkt; technisch: NP-Bewegung ist ein *lokaler* Prozeß. Demgegenüber unterliegt die *wh*-Bewegung keinerlei derartigen lokalen Beschränkungen; d.h. das Antezedens einer *wh*-Spur muß in einer SpecComp-Position erscheinen, doch dieses SpecComp kann – wie etwa (25) zeigt – von der *wh*-Spur, mit der es koindiziert ist, im Prinzip beliebig weit entfernt sein. *Wh*-Bewegung ist demnach – im Gegensatz zur NP-Bewegung ein *ungebundener* (engl. *unbounded*) Prozeß:

(25) who$_i$ did John say that Bill believes that Tom fears ... that Mary loves t$_i$

Die Ungebundenheit der *wh*-Bewegung erweist sich nun als ein geeignetes diagnostisches Mittel, um auch solche grammatischen Prozesse, die oberflächlich nichts mit Frage- oder Relativsatzbildung zu tun haben, als Fälle von *wh*-Bewegung zu identifizieren. Hierzu gehört u.a. auch die sog. *Topikalisierung*, d.h. jener grammatische Prozeß, bei dem eine Konstituente zwecks emphatischer Hervorhebung in die SpecComp-Position des Matrixsatzes bewegt wird. Auch bei der Topikalisierung wird eine Phrase aus einer A-Position in eine Ā-Position bewegt, wobei die topikalisierte Konstituente prinzipiell beliebig weit von ihrer Ursprungsposition entfernt sein kann, wie (26b) demonstriert:

(26a) [such a car]$_i$, John will never buy t$_i$

(26b) [such a car]$_i$, Tom said that Bill believes ... that John will never buy t$_i$

Am Beispiel der Topikalisierung läßt sich nun besonders deutlich illustrieren, daß *wh*-Bewegung nicht nur auf NPs beschränkt ist, sondern grundsätzlich alle phrasalen Kategorietypen involvieren kann:

(27a) for Mary I believe that John bought this book (=PP)
(27b) proud of his son I know that John will always be (=AP)
(27c) write a good paper, he certainly will (=VP)
(27d) that Bill was fired, I'm sure that John already knows (=CP)

Wenn nun prinzipiell jede maximale Projektion *wh*-bewegt werden kann, so können wir offenkundig wiederum eine ganz allgemeine Regel *bewege wh* ansetzen.

Ein weiterer Unterschied zwischen NP-Bewegung und *wh*-Bewegung betrifft die Kasuseigenschaften ihrer Spuren. In Kap. 3.1 hatten wir bereits gesehen, daß NP-Bewegung dadurch ausgelöst wird, daß eine lexikalische NP in ihrer basisgenerierten, d.h. D-strukturellen

Position von ihrem unmittelbaren Regens (etwa dem Verb oder dem infiniten INFL) keinen Kasus zugewiesen bekommt. Speziell im Englischen erfolgt NP-Bewegung stets aus einer kasuslosen Position heraus. Demgegenüber ist *wh*-Bewegung grundsätzlich nur aus kasusmarkierten Positionen heraus möglich, wie die Daten in (28) zeigen:

(28a) what$_i$ does it seem [that John will buy t$_i$]

(28a) *who$_i$ did it seem [t$_i$ to win the race]

(28c) *what$_i$ was it expected t$_i$

*Wh*-Spuren sind also – im Gegensatz zu NP-Spuren – stets kasusmarkiert, und es scheint, daß sie diesen Kasus an die *wh*-Phrase in SpecComp weiterreichen oder – wie man technisch sagt – *vererben*. Die deutschen Beispiele in (29) illustrieren besonders deutlich, daß die bewegte *wh*-Phrase genau den Kasus trägt, den etwa das Verb der Objektposition zuweist.

(29a) ich weiß nicht, [welchen Sieges]$_i$ sie t$_i$ gedacht haben

(29b) ich weiß nicht, [welchem Mann]$_i$ Fritz t$_i$ geholfen hat

(29c) ich weiß nicht, [welchen Mann]$_i$ der Chef t$_i$ befördert hat

Da Kasus stets nur unter Rektion zugewiesen werden kann, die SpecComp-Position jedoch nicht vom Verb des eingebetteten Satzes regiert wird, können die unterschiedlichen Kasusmarkierungen der *wh*-Phrasen in (29) nur über Vererbung von der jeweiligen *wh*-Spur stammen.

Fassen wir unsere bisherigen Beobachtungen zusammen, so ergibt sich, daß NP-Bewegung und *wh*-Bewegung sich vor allem durch vier Eigenschaften unterscheiden, die in der folgenden Tabelle nochmals schematisch dargestellt sind:

| | | bewege NP | bewege *wh* |
|---|---|---|---|
| 1 | Landeplatz | Spec-IP/NP | SpecComp |
| 2 | Spuren | Anapher | Variable |
| 3 | Lokalität | lokal | ungebunden |
| 4 | Kasus der Spur | unmarkiert | markiert |

Es stellt sich nun offensichtlich die Frage, ob die in der Tabelle aufgeführten Eigenschaften der beiden Bewegungsprozesse unabhängig voneinander sind oder aufeinander bezogen werden können. Zunächst läßt sich zeigen, daß die Kasuseigenschaften der Spuren aus den unterschiedlichen Landeplätzen (Eigenschaft 1) der beiden Prozesse in Verbindung mit dem Kasusfilter folgen. Da die SpecComp-Position nicht vom Verb der jeweiligen CP regiert wird und somit von ihm auch keinen Kasus zugewiesen bekommen kann, würde eine lexikalische Phrase in SpecComp am Kasusfilter scheitern, wenn die *wh*-Spur nicht kasusmarkiert wäre und diesen Kasus an SpecComp vererben könnte. Darüber hinaus wird etwa im Englischen NP-Bewegung gerade dadurch ausgelöst, daß die entsprechende D-strukturelle Position eben nicht kasusmarkiert ist.

Die Lokalitätsunterschiede zwischen NP-Bewegung und *wh*-Bewegung (Eigenschaft 3) ergeben sich wiederum aus dem unterschiedlichen Status von NP- und *wh*-Spuren (Eigenschaft 2) in Verbindung mit der Bindungstheorie. Da NP-Spuren als Anaphern dem Prinzip A unterliegen und dieses eine minimale Bindungsdomäne, nämlich den kleinsten CFC definiert, folgt daraus, daß NP-Bewegung niemals einen größeren Bereich als diesen kleinsten CFC umfassen kann. Demgegenüber sind Variablen A-frei, so daß die Entfernung zwischen Operator und Variable keinerlei bindungstheoretischen Beschränkungen unterworfen ist.

Somit scheinen allein noch die Eigenschaften 1 und 2 als eigenständige Merkmale übrigzubleiben. Jedoch zeigt sich bei genauer Betrachtung, daß sich auch diese Eigenschaften aufeinander beziehen lassen. Bewegung in eine A-Position kann offensichtlich nur eine Anapher, nicht jedoch eine Variable zurücklassen, da diese nämlich Prinzip C verletzen würde; d.h. die Variable wäre dann A-gebunden. Umgekehrt kann Bewegung in eine Ā-Position nur eine Variable, aber keine Anapher zurücklassen, denn eine Anapher würde Prinzip A verletzen. Wenn sich also Spuren stets entweder wie Anaphern oder wie R-Ausdrücke verhalten, so folgt Eigenschaft 2 aus dem jeweiligen Landeplatz der Bewegung (Eigenschaft 1) in Verbindung mit der Bindungstheorie.

Somit scheint allein der Landeplatz eine spezifische Eigenschaft des jeweiligen Bewegungsprozesses zu sein. Nun bedeutet jedoch Bewegung nach SpecComp bzw. Spec-IP/NP nichts anderes als Bewegung in eine Ā- bzw. A-Position. Mit anderen Worten, von den beiden einzigen Möglichkeiten (A-Position vs. Ā-Position) realisiert die NP-Bewegung die eine und *wh*-Bewegung die andere. Aus diesem Grunde können wir die beiden Regeln *bewege NP* und *bewege wh* zu einer einzigen zusammenfassen, die üblicherweise wie in (30) formuliert wird, wobei α für eine beliebige Kategorie steht:

(30) bewege α (engl. *move* α)

(30) besagt also: *bewege irgendeine Kategorie in irgendeine Position.* Wird eine Ā-Position angesteuert, handelt es sich um einen Fall von *wh*-Bewegung, andernfalls um NP-Bewegung. In beiden Fällen folgen die damit einhergehenden Eigenschaften aus unabhängig motivierten Teiltheorien der Grammatik, insbesondere aus der Bindungstheorie, dem Kasusfilter und der Theta-Theorie.

Anhand von Beispielen wie (26) und (27) hatten wir bereits gesehen, daß die Topikalisierung offenbar ein Spezialfall der *wh*-Bewegung ist, bei der eine Phrase in die Specifier-Position von CP (= SpecComp) bewegt wird. Dieser Prozeß der Topikalisierung hat nun eine besondere Bedeutung für die Analyse des deutschen Hauptsatzes. Schon in Kap. 1.2 hatten wir darauf hingewiesen, daß im Deutschen unterschiedliche phrasale Kategorien gleichermaßen am Satzanfang auftreten können, wobei auf sie stets eine finite Verbform folgt:

(31a) ein neues Kleid hat Hans seiner Freundin in Paris gekauft
(31b) in Paris hat Hans seiner Freundin ein neues Kleid gekauft
(31c) seiner Freundin hat Hans ein neues Kleid in Paris gekauft

Da die satzinitialen Phrasen in (31) in der gleichen Position stehen, in der auch Fragewörter bzw. *wh*-Phrasen erscheinen, ist zu vermuten, daß diese Position SpecComp ist, d.h. daß die jeweiligen Phrasen über *bewege* α aus ihrer ursprünglichen basisgenerierten Position in die Specifier-Position von CP bewegt worden sind. Ist diese Vermutung korrekt, so wäre zu erwarten, daß diese Bewegung ungebunden ist, da sie ja in eine Ā-Position führt. Wie die Sätze in (32) zeigen, ist dies in der Tat der Fall:

(32a) in Passau glaube ich nicht, daß man so etwas finden kann
(32b) einen riesigen Blitz sahen wir in das Haus einschlagen
(32c) ein solches Kleid glaube ich, würde Maria niemals tragen

Darüber hinaus beobachten wir bei diesem Topikalisierungsprozeß die für die Bewegung in eine Ā-Position typischen *cross-over*-Effekte:

(33) *Hans$_i$ sah er$_i$ [t$_i$ ein bildhübsches Mädchen küssen]

Somit stellt sich die Frage, welche Position für die finite Verbform *hat* anzusetzen ist. Für die Beantwortung dieser Frage scheinen zwei Beobachtungen von Bedeutungen zu sein. Zunächst kann die finite Verbform jeweils nur allein hinter der Phrase in SpecComp auftreten, d.h. besteht ein verbaler Komplex aus mehreren Formen, so erscheint stets nur die finite Form unter SpecComp, während alle übrigen verbalen Elemente am Satzende auftreten müssen:

(34a) auf den Tisch wird Hans die Karte gelegt haben
(34b) *auf den Tisch wird haben Hans die Karte gelegt
(34c) *auf den Tisch wird haben gelegt Hans die Karte

Da nun in (34a) die finite Verbform *wird* zwischen SpecComp und dem Subjekt *Hans* steht, liegt zunächst die Vermutung nahe, daß es sich bei dieser Position um C° (= COMP) handelt. Dies bedeutet, daß die finite Verbform im deutschen Hauptsatz von ihrer Ursprungsposition nach C° bewegt wird. Für diese Analyse spricht weiterhin die Beobachtung, daß eine solche Bewegung in denjenigen Fällen nicht möglich ist, in denen C° bereits durch ein anderes Element besetzt ist: Wie der Kontrast in (35) zeigt, muß die finite Verbform in den Nebensätzen, die durch eine Konjunktion wie *daß* eingeleitet werden, am Satzende erscheinen:

(35a) ich weiß, daß Hans die Karte auf den Tisch gelegt hat
(35b) *ich weiß, daß die Karte hat Hans auf den Tisch gelegt
(35c) ich weiß, die Karte hat Hans auf den Tisch gelegt

Der deutsche Hauptsatz scheint demnach durch eine Struktur charakterisiert zu sein, in der eine beliebige Phrase in der SpecComp-Position erscheint, auf die die finite Verbform in C° folgt. Da diese Verbform in der zweiten Strukturposition des Satzes auftritt, spricht man hier auch vom *Verb-zweit* oder *V2* (engl. *verb-second*) Phänomen und bezeichnet Sprachen, in denen diese Strukturen regelmäßig auftreten, als *Verb-zweit-Sprachen* (*V2*-Sprachen). Neben dem Deutschen und dem Holländischen etwa gehören vor allem skandinavische Sprachen zu dieser Gruppe; aber auch im Englischen finden wir V2-Phänomene etwa bei der Fragebildung oder nach bestimmten Satzadverbien:

(36a) what will John buy
(36b) rarely did he refuse promising offers

Die bisherigen Überlegungen deuten darauf hin, daß der Verbalkomplex im Deutschen in satzfinaler Position basisgeneriert wird, wobei im Hauptsatz die finite Verbform nach C° und eine beliebige maximale Projektion nach SpecComp bewegt wird. Aufgrund dieser basisgenerierten Verbendstellung rechnet man üblicherweise das Deutsche zur Gruppe der sog. Objekt-Verb (OV)-Sprachen im Gegensatz zu den

VO-Sprachen, zu denen etwa das Englische oder die romanischen Sprachen gehören.

Wenn nun im deutschen Hauptsatz grundsätzlich jede beliebige phrasale Kategorie in SpecComp erscheinen kann, so sollte dies natürlich auch für die Subjekt-NP gelten. Dementsprechend erhalten wir für »einfache« Hauptsätze Strukturen wie in (37):

(37a) $[_{CP}$ Hans$_i$ hat$_j$ $[_{IP}$ $t_i$ ein Buch gekauft $t_j$ ]]

(37b) $[_{CP}$ Hans$_i$ kauft$_j$ $[_{IP}$ $t_i$ ein Buch $t_j$ ]]

Intuitiv scheint eine solche Analyse auf den ersten Blick wenig plausibel zu sein, zumal wir für einen Satz wie *Hans singt* eine Struktur wie (38) annehmen müßten, in der sämtliche lexikalischen Elemente unter CP stehen, während IP nur leere Kategorien enthält:

(38) $[_{CP}$ $[_{Spec}$ Hans$_i$] $[_{C'}$ $[_{C^\circ}$ singt$_j$] $[_{IP}$ $t_i$ $t_j$ ]]]

In der deutschen Syntaxforschung hat es nicht an Versuchen gefehlt, für einfache Subjekt-Verb-(Objekt)-Sätze alternative, d.h. intuitiv plausiblere Strukturen anzusetzen. Dennoch gibt es eine Fülle von Evidenz dafür (cf. Thiersch 1978), daß in Hauptsätzen mit satzinitialem Subjekt dieses Subjekt in der Tat in SpecComp und nicht in der Specifier-Position von IP steht. So weist etwa Huang (1984) darauf hin, daß im umgangssprachlichen Deutsch bestimmte Elemente in SpecComp fakultativ ausgelassen werden können, während dies für Elemente unter IP nicht zulässig ist:

(39a) das hab' ich doch gesagt
(39b) hab' ich doch gesagt
(39c) *das hab' doch gesagt

Wenn nun zutrifft, daß in Hauptsätzen satzinitiale Subjekte in SpecComp stehen, so sollten sie ebenfalls fakultativ getilgt werden können. Wie die Kontraste in (40) zeigen, ist dies in der Tat der Fall:

(40a) ich hab' das schon erledigt
(40b) hab' das schon erledigt
(40c) *ich hab' schon erledigt

Wir sehen also, daß sich satzinitiale Subjekte in diesem Bereich genauso wie alle anderen phrasalen Kategorien in SpecComp verhalten.

Wenn nun in Sprachen wie dem Deutschen verbale Elemente nach C° bewegt werden, so bedeutet dies, daß *bewege* $\alpha$ offensichtlich nicht nur maximale Projektionen, sondern auch Köpfe einer Phrase erfassen kann. Hierbei zeigt sich jedoch, daß Ursprungs- und Landeposition eines Elementes stets vom gleichen Projektionstyp (im Sinne des X-bar Schemas) sein müssen, d.h. X°-Elemente können nur in eine Kopfposition und maximale Projektionen nur in eine Specifier-Position bewegt werden. Diese Gesetzmäßigkeit wurde im Kern bereits von Emonds (1976) erkannt und als *Strukturerhaltungsprinzip* (engl. *structure-preserving-principle*) formuliert.

Es gibt allerdings einen Typ von Bewegungsprozeß, bei dem weder SpecComp noch C°, sondern vielmehr eine Position am Satzende als Landeplatz angesteuert wird. Dieser Prozeß läßt sich besonders deutlich am Beispiel des Relativsatzes illustrieren:

(41a) Fritz wird wohl nie mir [das Buch, das ich seit langem haben möchte] schenken können

(41b) [das Buch, das ich seit langem haben möchte]$_i$, wird Fritz wohl nie mir $t_i$ schenken können

(41c) Fritz wird wohl nie mir [das Buch $t_i$] schenken können, [das ich seit langem haben möchte]$_i$

Zunächst zeigt (41b), daß *das Buch* und sein Relativsatz offensichtlich eine Konstituente bilden, da beide gemeinsam nach SpecComp bewegt werden können. In (41c) ist nun *ein* Bestandteil dieser Konstituente, nämlich der Relativsatz, an das Satzende bewegt worden. Ein solcher Prozeß, der maximale Projektionen in eine satzfinale Position bewegt, wird üblicherweise als *Extraposition* bezeichnet.

Nun stellt sich natürlich die Frage, zu welcher maximalen Projektion die durch die Extraposition angesteuerte satzfinale Landeposition gehört. Man mag vermuten, daß es sich bei dieser Position um einen Bestandteil der VP handeln könnte. Ist diese Vermutung richtig, so würde der extraponierte Relativsatz zusammen mit den übrigen Elementen der VP *eine* Konstituente bilden, die – etwa bei einer Bewegung nach SpecComp – stets nur geschlossen bewegt werden dürfte. Wäre die Position des extraponierten Relativsatzes hingegen nicht Bestandteil der VP, so dürfte eine Bewegung der VP nach SpecComp niemals den Relativsatz miteinbeziehen, sondern müßte ihn unverändert am Satzende zurücklassen. Wie der Kontrast in (42) zeigt, ist offenbar die erste Alternative korrekt, d.h. der extraponierte Relativsatz ist in der Tat Bestandteil der VP, da eine Bewegung der VP nach SpecComp den Relativsatz mit einschließen *muß*:

(42a) mir das Buch schenken können, das ich seit langem haben möchte, wird Fritz wohl nie

(42b) *mir das Buch schenken können wird Fritz wohl nie, das ich seit langem haben möchte

Weitere Evidenz für die These, daß der extraponierte Relativsatz in Strukturen wie (41c) Bestandteil der VP ist, ergibt sich aus dem in (43) dargestellten Kontrast:

(43a) welche Bücher, die Hans$_i$ schon gelesen hat, will er$_i$ verkaufen

(43b) *welche Bücher will er$_i$ verkaufen, die Hans$_i$ schon gelesen hat

In (43a) steht das nominale Objekt von *verkaufen*, i.e. *welche Bücher*, zusammen mit seinem Relativsatz in SpecComp. Da zwischen den koindizierten Ausdrücken *er* und *Hans* keine C-Kommando-Beziehung besteht, sind beide Elemente – in Übereinstimmung mit Prinzip B und C der Bindungstheorie – A-frei, so daß eine koreferente Lesart zulässig ist. In einer Struktur wie (43b) hingegen, in der der Relativsatz an das Satzende extraponiert ist, können *er* und *Hans* nicht als koreferent interpretiert werden. Wenn wir nun annehmen, daß der extraponierte Relativsatz in der Tat Bestandteil der VP ist, so wird der R-Ausdruck *Hans* von *er* c-kommandiert und somit A-gebunden. Da jedoch nach Prinzip C der Bindungstheorie R-Ausdrücke stets A-frei sein müssen, ergibt sich die Ungrammatikalität von (43b) aus einer Verletzung der Bindungstheorie.

Wenn nun extraponierte Relativsätze einerseits Bestandteil der VP, andererseits jedoch offensichtlich kein Komplement des Verbs sind, so müssen wir aufgrund des X-bar Schemas (cf. Kap. 2.1) annehmen, daß sie auf der S-Struktur in einer an die VP adjungierten Position erscheinen, so daß wir eine Struktur wie in (44) erhalten. Bewegung in eine adjungierte Position wollen wir als *Adjunktion* bezeichnen.

(44)

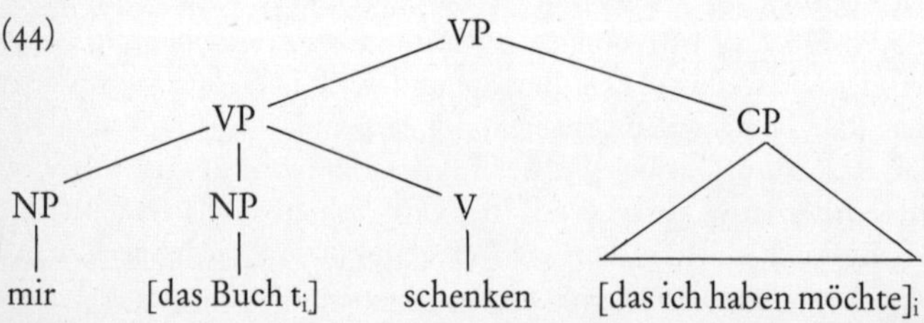

Nun zeigt sich jedoch, daß extraponierte Relativsätze keineswegs grundsätzlich an VP adjungieren; vielmehr scheint VP-Adjunktion nur für solche Relativsätze zu gelten, die aus einer Objekt-NP extrahiert werden. Aus Subjekt-NPs extraponierte Relativsätze adjungieren an IP, wie die folgenden Beispiele zeigen:

(45a) Hubert werden die Argumente nicht überzeugen, die wir hier vorbringen

(45b) *Hubert überzeugen, die wir hier vorbringen, werden die Argumente nicht

(45c) Hubert überzeugen werden die Argumente nicht, die wir hier vorbringen

(45a) zeigt einen extraponierten Relativsatz, der sich offenkundig auf das Subjekt von *überzeugen*, i.e. *die Argumente*, bezieht. Wird nun die VP *Hubert überzeugen* einschließlich dieses extraponierten Relativsatzes nach SpecComp bewegt, so ergibt sich eine ungrammatische Struktur wie in (45b). Dieses Faktum deutet bereits darauf hin, daß der Relativsatz offenbar nicht zur VP gehört. In der Tat ergibt sich wiederum ein grammatischer Satz, wenn die VP *Hubert überzeugen* ohne den Relativsatz nach SpecComp bewegt wird, wie (45c) zeigt. Da der Relativsatz in (45a) also nicht Bestandteil der VP ist, liegt es nahe, daß hier eine Adjunktion an die nächsthöhere maximale Projektion, d.h. an IP, stattgefunden hat.

Wir sehen also, daß die Regel *bewege* α Konstituenten nicht nur in Specifier- und Kopfpositionen, sondern auch in Adjunktpositionen bewegen kann. Somit scheidet offenbar allein die Komplementposition als möglicher Landeplatz für Bewegung aus. Diese Einschränkung ergibt sich jedoch aus dem Theta-Kriterium in Verbindung mit dem Projektionsprinzip (cf. Kap. 3.1), da durch Bewegung in eine Komplementposition hinein die thematischen Selektionseigenschaften eines Verbs nicht erhalten blieben. Andererseits haben wir bereits gesehen, daß der Ausgangspunkt einer Bewegung eine Kopf-, Specifier- als auch Komplementposition sein kann. In Kap. 5 werden wir zeigen, daß es darüber hinaus auch Bewegungen aus der Adjunktposition heraus gibt. Der Anwendungsbereich von *bewege* α wird also allein durch unabhängige Module der Grammatik eingeschränkt, so daß es offensichtlich unnötig ist, ihn in der Regel selbst zu spezifizieren.

## Literaturhinweise

Die grundlegenden Gesetzmäßigkeiten der *wh*-Bewegung sind vor allem in Chomsky (1973, 1977b) dargestellt. Verschiedene Argumente zur Bestimmung der Landeposition von *wh*-Phrasen finden sich in Bresnan (1972) und Chomsky (1986a:72–76,153ff;1986b:31ff.). Der Variablencharakter von *wh*-Spuren ist ausführlich in Freidin & Lasnik (1981) und Chomsky (1981:101ff.) gezeigt worden. Zur Wortstellung des Deutschen cf. insbesondere Bartsch et al. (1977), Thiersch (1978) und Haider (1987). Vergleichbare Stellungsgesetzmäßigkeiten in anderen Sprachen werden u.a. in Koopman (1984) und Haider & Prinzhorn (1986) ausführlich diskutiert. Zum Phänomen der Extraposition cf. Guéron (1981), Baltin (1982) und Koster (1978). Die Bedeutung von Adjunktion und Kopf-zu-Kopf-Bewegung wird vor allem in Chomsky (1986b:81–83, 68ff.) diskutiert.

## 3.3 Subjazenz

Wir sind bislang davon ausgegangen, daß *wh*-Bewegung ein ungebundener, d.h. lokal nicht beschränkter Prozeß ist, bei dem eine beliebige maximale Projektion in die Specifier-Position von CP bewegt wird. Bereits Ross (1967b) zeigte jedoch, daß bei bestimmten strukturellen Konfigurationen *wh*-Bewegung grundsätzlich zu ungrammatischen Sätzen führt, obwohl keines der bislang dargestellten Prinzipien verletzt wird. Bei diesen Strukturen handelt es sich insbesondere um Koordinationen (1), in NPs eingebettete Sätze (2), Relativsätze (3) sowie eingebettete Fragesätze (4):

(1a) *what did John buy a red bicycle and t
(1b) *a big car, John bought a red bicycle and t

(2a) *who do you believe the report that John met t
(2b) *Bill, I believe the report that John met t

(3a) *who do you know a plan which pleased t
(3b) *this guy, I know a plan which pleases t

(4a) *what do you wonder who bought t
(4b) *such a car, I wonder who will never buy t

Die Beispiele zeigen, daß aus den genannten Strukturen heraus offenbar nicht *wh*-extrahiert werden darf. Ross (1967b) faßte seine Beobachtungen in drei Beschränkungen zusammen, auf die sich die generative Literatur vielfach auch heute noch unter der Bezeichnung *Ross' constraints* bezieht.

(5a) Die Koordinationsbeschränkung (engl. *coordinated-structure-constraint*):
keine Phrase darf aus einer Koordination extrahiert werden.

(5b) Die komplexe-NP-Beschränkung (engl. *complex-NP-constraint*):
keine Phrase darf aus einer Struktur [NP...[CP...]] extrahiert werden.

(5c) Die *wh*-Insel-Beschränkung (engl. *wh-island-constraint*):
keine Phrase darf aus einem durch ein *wh*-Wort eingeleiteten Satz extrahiert werden.

Chomsky (1973) konnte nun zeigen, daß die in diesen drei Beschränkungen spezifizierten strukturellen Konfigurationen bestimmte gemeinsame Eigenschaften aufweisen, so daß sich die beobachteten Ungrammatikalitäten auf ein einziges Prinzip reduzieren lassen. Um Chomskys Gedankengang nachvollziehen zu können, betrachten wir zunächst die den Sätzen (1a)–(4a) zugrundeliegenden Strukturen:

(1a') $[_{CP}$ what $[_{IP}$ ... $[_{NP}$ $[_{NP}$ ...] and $[_{NP}$ t]]]]

(2a') $[_{CP}$ who $[_{IP}$ ... $[_{NP}$ ... $[_{CP}$ ... that $[_{IP}$ ... t]]]]]

(3a') $[_{CP}$ who $[_{IP}$ ... $[_{NP}$ ... $[_{CP}$ ... which $[_{IP}$ ... t]]]]]

(4a') $[_{CP}$ what $[_{IP}$ ... $[_{CP}$ who ... $[_{IP}$ ... t]]]]

Betrachten wir zunächst die *wh*-Extraktion aus der Koordinationsstruktur (1a'). Hier muß die *wh*-Phrase auf ihrem Weg in die Spec-Comp-Position offensichtlich die zwei phrasalen Knoten NP und IP überqueren. Wird hingegen wie in (1a") die gesamte Objekt-NP erfragt, so muß die entsprechende *wh*-Phrase von diesen beiden Kategorien nur den IP-Knoten überqueren:

(1a") $[_{CP}$ what$_i$ did $[_{IP}$ John buy $[_{NP}$ t$_i$]]]
Antwort: $[_{NP}$ $[_{NP}$ a red bicycle] and $[_{NP}$ a big car]]

Der Kontrast zwischen (1a') und (1a") zeigt also, daß eine *wh*-Phrase offensichtlich zwar eine einzige IP, jedoch nicht einen IP-Knoten *und* einen NP-Knoten überqueren darf.

In ähnlicher Weise kontrastiert die ungrammatische Struktur (2a) mit dem wohlgeformten Satz (2a"):

(2a") $[_{CP}$ who$_i$ do $[_{IP}$ you believe $[_{CP}$ that $[_{IP}$ John met t$_i$]]]]

Der entscheidende Unterschied zwischen (2a) und (2a") scheint nun darin zu liegen, daß die *wh*-Phrasen in (2a) neben den beiden IP-Knoten eine weitere NP überqueren müssen, und dies führt offenbar zur Ungrammatikalität des entsprechenden Satzes. Gleiches scheint auch für die Extraktion aus Relativsätzen in (3a') zu gelten. Auch hier ist stets neben der IP bzw. den IPs ein NP-Knoten zu überqueren.

In (4a') hingegen überquert die *wh*-Phrase auf ihrem Weg zum Matrix-SpecComp zwar keine NP, jedoch zwei IP-Knoten, und auch dieses scheint – wie die Ungrammatikalität des Satzes zeigt – unzulässig zu sein.

Diese Beobachtungen deuten darauf hin, daß die Anzahl der IP- und NP-Knoten, die eine *wh*-Phrase überqueren darf, eingeschränkt sein muß. Aufgrund dieser Beobachtungen formulierte Chomsky (1973) das sog. *Subjazenzprinzip* (engl. *subjacency*):

(6) Subjazenz:

In einer Konfiguration ...X..[$_{\alpha}$ ... [$_{\beta}$ ...Y...]] darf kein Bewegungsprozeß die Positionen X und Y involvieren, wenn $\alpha, \beta \in \{IP, NP\}$.

Die für Subjazenz relevanten phrasalen Knoten – also IP und NP – bezeichnen wir als *Grenzknoten* (engl. *bounding nodes*). Subjazenz besagt demnach, daß ein Bewegungsprozeß niemals mehr als einen Grenzknoten überschreiten darf.

Dem aufmerksamen Leser wird nicht entgangen sein, daß aus dem Subjazenzprinzip nicht nur die Ungrammatikalität von Sätzen wie (1)–(4) folgt, sondern daß darüber hinaus fälschlicherweise auch *wh*-Extraktionen aus eingebetteten *that*-Sätzen wie etwa in (2a") ausgeschlossen werden, da auch hier zwei IP-Knoten zwischen Antezedens und Spur liegen. Mit anderen Worten, das Subjazenzprinzip scheint mit der Tatsache in Konflikt zu stehen, daß *wh*-Bewegung ein ungebundener Prozeß ist, d.h. daß Operator und Variable prinzipiell beliebig weit voneinander entfernt sein können.

Um nun die generelle Ungebundenheit der *wh*-Bewegung mit dem Subjazenzprinzip in Einklang zu bringen, nahm Chomsky (1973) an, daß es sich bei der *wh*-Bewegung um einen *zyklischen* Prozeß handelt, d.h. die *wh*-Phrase wird nicht etwa quasi »in einem Rutsch« in die SpecComp-Position des Matrixsatzes bewegt, sondern sie steuert zunächst die unmittelbar dominierende SpecComp-Position an, wandert von dort in das nächsthöhere SpecComp, usw., bis sie schließlich im

Specifier der Matrix-CP landet. Dabei hinterläßt sie bei jeder Zwischenlandung eine Spur. Für einen Satz wie (2a") erhalten wir somit die Struktur (7):

(7) $[_{CP}$ who$_i$ do $[_{IP}$ you believe $[_{CP}$ t'$_i$ that $[_{IP}$ John met t$_i$]]]]

Aufgrund des zyklischen Charakters der *wh*-Bewegung wird bei jedem Zyklus nur ein einziger IP-Knoten überquert und somit das Subjazenzprinzip nicht verletzt, so daß Strukturen wie (2a") korrekt als grammatisch erfaßt werden. Auch in (2a') und (3a') wandert die *wh*-Phrase zunächst zyklisch in die SpecComp-Position des eingebetteten Satzes; jedoch muß sie von dort zwei Grenzknoten, nämlich NP und IP überschreiten, um in die Specifier-Position der Matrix-CP zu gelangen, und verletzt damit Subjazenz. In (4a') wiederum ist eine Zwischenlandung in SpecComp des eingebetteten Satzes nicht möglich, da diese Position bereits von einer *wh*-Phrase besetzt ist. Demzufolge muß die Objekt-*wh*-Phrase direkt die SpecComp-Position des Matrixsatzes ansteuern und überquert dabei unter Verletzung von Subjazenz zwei IP-Knoten.

Dieser zyklische Verlauf der *wh*-Bewegung wird in traditioneller Terminologie auch *COMP-zu-COMP-Bewegung* (engl. *COMP-to-COMP-movement*) genannt. Auf den ersten Blick mag die Annahme einer solchen zyklischen Bewegung eher als ein Trick erscheinen, mit dem man das Subjazenzprinzip zu retten versucht. Es gibt jedoch zahlreiche Phänomene, die den zyklischen Charakter der *wh*-Bewegung quasi sichtbar machen.

So beobachtete Kayne (1980) etwa im Französischen, daß Verben wie *croire* – im Gegensatz zum englischen *believe* – keine ECM-Konstruktionen zulassen:

(8a) I believe this boy to be intelligent
(8b) *je crois ce garçon être intelligent

Offensichtlich sind englische Verben wie *believe* imstande, der Subjektposition von IP Kasus zuzuweisen, während dies für die entsprechenden französischen Verben nicht gilt. Da nun jedoch Kasuszuweisung stets unter Rektion erfolgt, ein Element jedoch immer nur die Specifier-Position der nächsttieferen maximalen Projektion regieren kann (cf. Kap. 2.4), müssen wir annehmen, daß in Sätzen wie (8a) der CP-Knoten entweder unsichtbar oder getilgt worden ist. Daher spricht man traditionell bei den ECM-Verben von *S'-deletion* (S' = CP). Dementsprechend muß in (8a) offenbar eine IP eingebettet sein, deren

Specifier-Position (= Subjekt) von *believe* kasusmarkiert werden kann. Die Ungrammatikalität von (8b) deutet darauf hin, daß im Französischen die CP nicht getilgt werden kann, so daß der Satz am Kasusfilter scheitert, da *ce garçon* keinen Kasus erhält. Wir erhalten demnach für die Sätze in (8) die Strukturen in (9):

(9a) [$_{IP}$ I believe [$_{IP}$ this boy to be intelligent]]

(9b) *[$_{IP}$ je crois [$_{CP}$ [$_{IP}$ ce garçon être intelligent]]]

Entscheidend ist nun jedoch, daß eine ECM-Konstruktion wie (8b) grammatisch wird, wenn wir die Subjekt-NP des eingebetteten Satzes über *wh*-Bewegung in die SpecComp-Position des Matrixsatzes bewegen:

(10a) quel garçon crois-tu être intelligent

Der Kontrast zwischen (8b) und (10) folgt nun unmittelbar aus der Annahme, daß *wh*-Bewegung zyklisch ist, wie die (10a) zugrundeliegende Struktur (10b) zeigt:

(10b) [$_{CP}$ quel garçon [$_{IP}$ crois-tu [$_{CP}$ t'$_i$ [$_{IP}$ t$_i$ être int.]]]]

Das Verb *croire* kann zwar nicht die Subjekt-Spur in IP, wohl aber die Zwischenspur in CP regieren und ihr somit auch Kasus zuweisen, der dann an die *wh*-Phrase im Matrix-SpecComp vererbt wird. Dieser Mechanismus setzt jedoch voraus, daß *wh*-Bewegung in der Tat zyklisch verläuft.

Weitere Evidenz für die Zyklizität der *wh*-Bewegung ergibt sich aus bestimmten Regularitäten in deutschen konjunktionslosen Nebensätzen. Hier finden wir – ähnlich wie in Hauptsätzen – V2-Stellung, so daß in (11) *Maria* in SpecComp und *kann* in C° stehen (cf. Kap. 3.2):

(11) ich meine [$_{CP}$ Maria$_i$ kann$_j$ [$_{IP}$ t$_i$ den Job erledigen t$_j$ ]]

Nun läßt sich das Objekt des eingebetteten Satzes *den Job* über *bewege α* in die SpecComp-Position des Matrixsatzes bewegen. In diesem Fall jedoch darf *Maria* nicht mehr vor, sondern nur nach dem Hilfsverb *kann* erscheinen:

(12a) den Job$_i$ meine ich [$_{CP}$ t'$_i$ kann [$_{IP}$ Maria t$_i$ erledigen]]

(12b) *den Job$_i$ meine ich [$_{CP}$ Maria$_j$ kann [$_{IP}$ t$_j$ t$_i$ erledigen]]

Die Struktur dieser beiden Sätze zeigt bereits, inwiefern der Kontrast zwischen (12a) und (12b) mit der Zyklizität von *wh*-Bewegung zusammenhängt. Im Sinne der zyklischen Bewegung steuert das Objekt *den*

*Job* in (12a) zunächst die SpecComp-Position des eingebetteten Satzes an und hinterläßt dort die Zwischenspur *t'*. In (12b) hingegen ist eine solche zyklische Bewegung nicht möglich, da die SpecComp-Position des eingebetteten Satzes bereits durch *Maria* besetzt ist. Folglich muß die Objekt-NP in (12b) direkt in das Matrix-SpecComp bewegt werden, wobei unter Verletzung von Subjazenz zwei IP-Knoten gleichzeitig überquert werden.

Bislang haben wir lediglich Topikalisierung, Frage- und Relativsatzbildung als unterschiedliche Manifestationen von *wh*-Bewegung kennengelernt. Das Subjazenzprinzip liefert uns nun ein geeignetes diagnostisches Mittel, um zu zeigen, daß *wh*-Bewegung ein weitaus allgemeinerer Prozeß ist, der sich – über die bislang besprochenen Konstruktionen hinaus – in einer Vielzahl weiterer grammatischer Phänomene manifestiert. So ist etwa auch die sog. *though*-Bewegung, durch die komplexe APs in die Satzanfangsposition bewegt werden, ein ungebundener Prozeß, der der Subjazenz unterliegt und sich somit als ein Sonderfall von *wh*-Bewegung identifizieren läßt:

(13a) though John believes that she is very pretty, he would never want to marry her
(13b) [very pretty]$_i$ though John believes that she is t$_i$, ...
(14a) though John knows a girl who is very pretty, ...
(14b) *[very pretty]$_i$ though John knows a girl who is t$_i$, ...
(15a) though John wonders why she is so reticent, ...
(15b) *[so reticent]$_i$ though John wonders why she is t$_i$, ...

Auch Komparativkonstruktionen wie in (16) erweisen sich aufgrund der hier auftretenden Subjazenzeffekte als ein Fall von *wh*-Bewegung, obwohl in diesen Konstruktionen kein bewegtes Element »sichtbar« ist (cf. Kap. 4.3):

(16a) John is smarter than Fred is
(16b) John is smarter than I believe that Fred is
(16c) *John is smarter than I believe the claim that Fred is
(16d) *John is smarter than Fred is hard-working and
(16e) *John is smarter than I ever met a person who is

Die Formulierung des Subjazenzprinzips in (6) enthält zwei unterschiedliche und voneinander unabhängige Aussagen: einerseits legt sie fest, daß bei einem Bewegungsprozeß nicht mehr als *ein* Grenzknoten überquert werden darf, und andererseits bestimmt sie, welche phrasalen Kategorien als Grenzknoten gelten. Es liegt nun einige Evidenz dafür vor, daß sich Einzelsprachen u.a. darin unterscheiden können, welchen Kategorien der Status eines Grenzknotens zukommt. Rizzi (1978) wies als erster darauf hin, daß im Italienischen bestimmte Extraktionen völlig grammatisch sind, obwohl bei ihnen offenbar das Subjazenzprinzip verletzt wird:

(17) tuo fratello [$_{CP}$ [a cui]$_i$ [$_{IP}$ mi-domando [$_{CP}$ [che storie]$_j$
dein Bruder dem ich-mich-frage welche Geschichten
[$_{IP}$ abbiano raccontato $t_j$ $t_i$]]]] era molto preoccupato
sie-haben erzählt war sehr besorgt
»dein Bruder, bei dem ich mich frage, welche Geschichten sie ihm erzählt haben, war sehr besorgt«

Da in (17) die SpecComp-Position des am tiefsten eingebetteten Satzes bereits durch *che storie* besetzt ist, muß die *wh*-Phrase *a cui* von ihrer Ursprungsposition direkt in den Specifier der nächsthöheren CP bewegt werden. Hierbei werden gleichzeitig zwei IP-Knoten überquert, so daß das Subjazenzprinzip verletzt zu sein scheint. In der Tat ist der analoge englische Satz (18) ungrammatisch, während (17) völlig wohlgeformt ist:

(18) *your brother to whom I wonder which stories they told was very concerned

Während (17) darauf hinzudeuten scheint, daß Subjazenz im Italienischen nicht gültig ist und daher auch nicht als UG-Prinzip angesehen werden kann, finden wir andererseits auch im Italienischen typische Subjazenzeffekte. So dürfen etwa *wh*-Phrasen – genau wie im Englischen – nicht aus Koordinationen extrahiert werden:

(19) *chi$_i$ hai visto Gianni e $t_i$
wen hast-du gesehen Gianni und

Rizzi zog aus diesen Beobachtungen die Schlußfolgerung, daß das Subjazenzprinzip bezüglich der Frage, welche Kategorien Grenzknoten sind, offenbar parametrisiert ist. Im Englischen ist – neben NP – IP ein Grenzknoten, während im Italienischen CP – nicht jedoch IP – Grenzknotenstatus hat. Da *a cui* in (17) nur *einen* CP-Knoten überquert, verletzt der Satz Subjazenz nicht und ist folglich grammatisch.

Ist diese Überlegung korrekt, so sollten Strukturen, in denen eine *wh*-Phrase neben einer einzelnen CP einen weiteren Grenzknoten überquert, wiederum ungrammatisch sein. In der Tat ist dies der Fall. Wie (20) zeigt, sind Extraktionen aus komplexen NPs auch im Italienischen nicht möglich:

(20b) *tuo fratello [$_{CP}$ a cui$_i$ [$_{IP}$ temo [$_{NP}$ la possibilità
dein Bruder dem ich-fürchte die Möglichkeit
[$_{CP}$ t'$_i$ che [$_{IP}$ abbiano raccontato tutto t$_i$]]]]] era ...
daß sie-haben erzählt alles war ...

Die *wh*-Phrase *a cui* steuert zunächst den tiefsten SpecComp an und hinterläßt dort die Zwischenspur *t'*. Jedoch müssen von dort bis zum nächsthöheren SpecComp ein CP- und ein NP-Knoten überquert werden. Unter der Annahme, daß im Italienischen NP und CP Grenzknoten sind, folgt die Ungrammatikalität von (20b) wiederum aus der Subjazenz.

Unter Einschluß der entsprechenden sprachspezifischen Parametrisierungen scheint also auch Subjazenz universal gültig und somit Bestandteil der UG zu sein. Darauf deutet auch der Umstand hin, daß wir immer wieder auf Subjazenzphänomene stoßen, sobald in einer Sprache irgendwie geartete Bewegungsprozesse auftreten. So muß etwa im Französischen ein pronominales Objekt stets in präverbale Stellung bewegt werden:

(21a) j'ai rencontré Jean
(21b) je l'ai rencontré
(21c) *j'ai rencontré le

Neben Pronomina für direkte und indirekte Objekte kennt das Französische nun auch das sog. Partitivpronomen *en*, das eine mit *de* eingeleitete Präpositionalphrase aufgreift und ebenfalls stets in präverbaler Position erscheint:

(22a) j'ai lu [$_{NP}$ la préface [$_{PP}$ du livre]]

(22b) j'en$_i$ ai lu [$_{NP}$ la préface [$_{PP}$ t$_i$]]

Es zeigt sich nun wiederum, daß dieser als *Klitisierung* bezeichnete Bewegungsprozeß durch das Subjazenzprinzip eingeschränkt ist, wie die folgenden Daten zeigen:

(23a) j'ai lu [$_{NP}$ le texte de [$_{NP}$ la préface [$_{PP}$ du livre]]]

(23b) *j'en$_i$ ai lu [$_{NP}$ le texte de [$_{NP}$ la préface [$_{PP}$ t$_i$]]]

In (22b) muß *en* auf dem Wege zur präverbalen Position lediglich einen, in (23b) hingegen zwei NP-Knoten überqueren. Die Ungrammatikalität von (23b) läßt sich also wiederum durch Subjazenz erklären.

Wenn wir bei den unterschiedlichsten Bewegungsprozessen immer wieder Subjazenzeffekte beobachten, so stellt sich natürlich die Frage, ob auch NP-Bewegung der Subjazenz unterliegt. Nun ist NP-Bewegung durch Bindungsprinzip A in der Regel ohnehin Lokalitätsbeschränkungen unterworfen, die weitaus strikterer Natur sind als Subjazenz. Jedoch deutet der Kontrast in (24) darauf hin, daß Subjazenz grundsätzlich auch für NP-Bewegung gilt:

(24a) $John_i$ believes that a picture of $himself_i$ is on sale

(24b) *$John_i$ seems that a picture of $t_i$ is on sale

Unter bindungstheoretischer Perspektive zeigen die beiden Sätze die gleiche Struktur, d.h. es liegt jeweils gleichermaßen ein Fall von anaphorischer Bindung vor, wobei *John* in (24a) eine lexikalische, in (24b) hingegen eine leere Anapher bindet. Da nun (24a) wohlgeformt ist, kann die Ungrammatikalität von (24b) offensichtlich nicht aus einer Verletzung von Prinzip A resultieren; vielmehr muß sie etwas damit zu tun haben, daß in (24b) – im Gegensatz zu (24a) – eine Bewegung stattgefunden hat. Da nun die NP *John* auf dem Weg von ihrer D-strukturellen Ausgangsposition zur S-strukturellen Subjektposition des Matrixsatzes einen NP- und einen IP-Knoten überqueren muß, ist offenkundig wiederum Subjazenz das hier einschlägige Prinzip. Wir können also schließen, daß Subjazenz generell für alle Bewegungsprozesse – einschließlich NP-Bewegung – gültig ist.

Wir sehen also, daß Bewegungsprozesse vor allem durch zwei Prinzipien eingeschränkt werden. Bindungsprinzip A gilt für NP-Bewegungen, während Subjazenz generell alle Bewegungen einschränkt. Zwischen diesen beiden Prinzipien besteht jedoch ein gravierender Unterschied: Bindungsprinzip A ist ein *repräsentationelles*, Subjazenz hingegen ein *derivationelles* Prinzip; d.h. Bindungsprinzip A überprüft die durch NP-Bewegung entstandene strukturelle Repräsentation auf Wohlgeformtheit, während Subjazenz die Anwendung von Bewegungsregeln selbst einschränkt. Nun sind jedoch nicht nur die Bindungsprinzipien, sondern auch alle anderen Prinzipien der Grammatiktheorie, wie etwa Kasusfilter oder Theta-Kriterium, repräsentationell, so daß Subjazenz das einzige Prinzip zu sein scheint, daß sich nicht auf Repräsentationen, sondern auf Regeln bzw. Regelanwendungen bezieht. Dieser Sonderstatus der Subjazenz hat dazu geführt, daß in der generativen Literatur seit langem die Frage diskutiert wird, ob sich nicht auch Subjazenz als repräsentationelles Prinzip formulieren läßt.

Nun ist zunächst recht offenkundig, daß eine repräsentationelle Formulierung von Subjazenz keinerlei prinzipielle Schwierigkeiten mit sich bringt. Unter einer solchen Perspektive müßte Subjazenz den *Output* von Bewegungen auf Wohlgeformtheit überprüfen, d.h. die Verteilung von Spuren und ihren Antezedenten. Mit anderen Worten, zwischen Spur und Antezedens darf nicht mehr als ein Grenzknoten liegen. Nun ist die Frage, ob Subjazenz ein repräsentationelles oder derivationelles Prinzip ist, nicht allein eine Frage der Formulierung, sondern sie hat auch einen wichtigen empirischen Aspekt. Handelt es sich bei Subjazenz um ein repräsentationelles Prinzip, so müßte dieses Prinzip gegenüber der Entstehung, i.e. der Derivation, einer gegebenen S-Struktur blind sein; d.h. Subjazenz würde blind *alle* S-strukturellen Repräsentationen überprüfen, in denen ein Ausdruck mit einer ihn c-kommandierenden Phrase koindiziert ist. Ist Subjazenz hingegen ein derivationelles Prinzip, so würden nur solche Strukturen überprüft, die in der Tat durch Bewegung entstanden sind.

Es gibt nun eine als *left dislocation* bezeichnete Konstruktion, deren S-strukturelle Repräsentation große Ähnlichkeit mit durch *wh*-Bewegung entstandenen S-Strukturen hat. (25a) zeigt einen Fall von *wh*-Bewegung, (25b) einen analogen Fall von *left dislocation*:

(25a) [this girl]$_i$, I'm sure that John will never marry $t_i$

(25b) [this girl]$_i$, I'm sure that John will never marry her$_i$

In (25b) ist – ebenso wie in (25a) – das Objekt von *marry* mit einer Phrase in Ā-Position koindiziert. Demgegenüber kann (25b) offensichtlich nicht durch Bewegung entstanden sein, da die potentielle Ausgangsposition bereits durch ein Pronomen besetzt ist. Nun zeigen jedoch die Beispiele in (26), daß *left dislocation* offenbar nicht der Subjazenzbeschränkung unterliegt.

(26a) this girl, I know a guy who might marry her
(26b) this girl, I heard a report that John will marry her
(26c) this girl, I wonder whether John will really marry her

Die Tatsache, daß Konstruktionen wie *left dislocation* offenbar nicht der Subjazenz unterliegen, scheint darauf hinzudeuten, daß es sich in der Tat um ein Prinzip handelt, das nur für Strukturen gilt, die aus Bewegung entstanden sind. Daher sollte Subjazenz als ein derivationelles Prinzip angesehen werden, das sich auf die Anwendung von Regeln und nicht etwa auf Repräsentationen bezieht. Die Logik dieser Argumentation beruht jedoch auf der impliziten Annahme, daß der entscheidende Unterschied zwischen *wh*-Bewegung und *left dislocation* darin liegt, daß bei *wh*-Bewegung eben etwas bewegt wird, bei *left dislocation* jedoch nicht. Nun besteht jedoch auch ein rein repräsentationeller Unterschied zwischen diesen beiden Konstruktionen. Aus *wh*-Bewegung entstandene S-Strukturen enthalten koindizierte Elemente in SpecComp – nämlich die Zwischenspuren – während die S-Strukturen von *left dislocation* derartige Elemente eben nicht aufweisen. Unter dieser Perspektive liegt es nun nahe, – in Analogie zur Bildung von A-Ketten bei der NP-Bewegung (cf. Kap. 3.1) – auch die durch *wh*-Bewegung koindizierten Elemente zu einer Kette zusammenzufassen, die wir als *Ā-Kette* bezeichnen wollen, da Antezedens und Zwischenspuren stets in Ā-Positionen auftreten:

(27) Ā-Kette:

Die XPs $\alpha_1, \ldots \alpha_n$ bilden eine Ā-Kette C gdw.
a) $\alpha_i$ $\alpha_{i+1}$ Ā-bindet,
b) $\alpha_i$ eine Variable ist, für $i > 1$,
c) $\alpha_1$ ein Operator ist.

Ein Vergleich von (27) mit der Definition der A-Kette aus Kap. 3.1, die wir hier als (28) wiederholen, zeigt, daß beide Definitionen im wesentlichen den gleichen formalen Aufbau haben:

(28) A-Kette:

Die NPs $\alpha_1 \ldots \alpha_n$ bilden eine A-Kette C gdw.
a) $\alpha_i$ $\alpha_{i+1}$ A-bindet,
b) $\alpha_i$ eine anaphorische Spur ist, für $i > 1$,
c) C maximal ist.

Es liegt somit nahe, die Option *A* vs. *Ā* unter der Variable X zusammenzufassen und somit einen einheitlichen Kettenbegriff wie in (29) festzusetzen.

(29) Kette:

Die maximalen Projektionen $\alpha_1 \ldots \alpha_n$ bilden eine X-Kette C gdw.
a) $\alpha_i$ $\alpha_{i+1}$ X-bindet,
b) $\alpha_i$ eine nicht-pronominale leere Kategorie ist, für $i > 1$,
c) C maximal ist.

Klausel (a) spezifiziert den Unterschied zwischen A-Bindung und Ā-Bindung. Klausel (b) ergibt sich aus der Tatsache, daß unter bindungstheoretischer Perspektive die Gemeinsamkeit von Anaphern und Variablen darin besteht, daß sie keine Pronomina sind. Klausel (c) legt wiederum fest, daß die Kette den größtmöglichen Bereich umfassen muß, der daher im Falle der Ā-Bindung den Operator mit einschließt. Entscheidend ist weiterhin, daß X nur entweder den Wert A oder Ā annehmen kann, d.h. es können keine gemischten Ketten auftreten. Der Wert von X ergibt sich hierbei jeweils aus der Position von $\alpha_1$.

Betrachten wir nun unter der Perspektive der Kettenbildung die Beziehung zwischen *wh*-Bewegung und *left dislocation*. Der entscheidende Unterschied liegt offensichtlich darin, daß bei *wh*-Bewegung Ā-Ketten entstehen, bei *left dislocation* hingegen nicht – ebenso wie NP-Bewegung A-Ketten erzeugt, die jedoch nicht bei der Bindung lexikalischer Anaphern entstehen. Repräsentationell können wir nun Subjazenz so formulieren, daß dieses Prinzip – bildlich gesprochen – den Abstand zwischen den Gliedern einer Kette betrachtet und festlegt, daß zwischen diesen nicht mehr als ein Grenzknoten auftreten darf. (30) gibt die repräsentationelle Formulierung von Subjazenz wieder:

(30) Subjazenz:
In einer Kette $\alpha_1 \ldots \alpha_n$ muß $\alpha_{i+1}$ zu $\alpha_i$ subjazent sein.
$\alpha$ ist subjazent zu $\beta$, gdw. es höchstens einen Grenzknoten $\gamma$ gibt, der $\alpha$, aber nicht $\beta$ dominiert.

Sollte sich nun zeigen, daß Subjazenz in der Tat als repräsentationelles Prinzip konzipiert werden kann bzw. muß, so hat dies erhebliche Konsequenzen für die Gesamtstruktur der Grammatik. Zunächst gäbe es nämlich kein einziges Prinzip mehr, das sich auf den Prozeß bezieht, der eine D-Struktur in eine S-Struktur überführt, d.h. auf die Bewegung von Konstituenten selbst. Darüber hinaus würde eine repräsentationelle Konzeption von Subjazenz bedeuten, daß kein einziges Prinzip D-Strukturen, aber nicht S-Strukturen betrachtet. Das Theta-Kriterium gilt – wie wir in Kap. 3.1 gezeigt haben – zwar für D-Strukturen, aber nach dem Projektionsprinzip eben auch für S-Strukturen. Weiterhin gestatten es die S-strukturellen Spuren, die thematischen Verhältnisse auf der D-Struktur vollständig auch auf der S-Struktur abzulesen. Diese Beobachtungen bedeuten jedoch nichts anderes, als daß die Annahme einer D-Struktur schlichtweg als überflüssig erscheint, so daß die S-strukturelle Repräsentation direkt durch das X-bar Schema generiert werden könnte. Unter einer solchen Konzeption wären Spuren dann nur noch in einem sehr metaphorischen Sinne als »durch Bewegung entstanden« anzusehen.

Vor allem Jan Koster hat in den vergangenen 10 Jahren in einer Vielzahl von Publikationen (z.B. Koster 1978, 1982/83, 1984a, 1987) die Auffassung vertreten, daß die D-Struktur als eigenständige Strukturebene überflüssig ist, da Bewegungsregeln im strengen Sinne gar nicht existieren. Koster weist darauf hin, daß Bewegungsregeln nur dann empirisch begründet sind, wenn es Prinzipien gibt, die sich eben auf diese Regeln beziehen. Eine repräsentationelle Konzeption von Subjazenz entzieht somit der Annahme von D-Struktur und Bewegungsregeln die empirische Grundlage.

Im Gegensatz zu Koster geht Chomsky jedoch auch noch in jüngeren Publikationen weiterhin von der Distinktion zwischen D-Struktur und S-Struktur sowie der Annahme von Bewegungsregeln aus, wenngleich auch er Subjazenz als eine Beschränkung über Repräsentationen im Sinne von (30) ansieht. Das Problem liegt vor allem darin, daß diese Frage nicht allein über Subjazenz entscheidbar ist. In Kap. 4 werden wir zwei Typen von leeren Kategorien kennenlernen, die grundlegend andere Eigenschaften als NP- und *wh*-Spuren aufweisen, und zwar offenbar deshalb, weil sie nicht über Bewegung entstanden sein können. Da beim gegenwärtigen Forschungsstand die Evidenz für oder gegen D-Struktur bzw. Bewegung nicht eindeutig ist, ist dieses Problem derzeit empirisch noch nicht entscheidbar und bildet daher eines der zentralen Themen in der jüngsten grammatiktheoretischen Forschung. Entscheidend ist jedoch, daß die Frage, ob es eine D-Struktur gibt, rein empirischer Natur ist und nicht etwa durch apriorische Festsetzungen entschieden werden kann.

## Literaturhinweise

Erste Ansätze für ein Konzept der Beschränkung über Bewegungsregeln wurden in Chomsky (1962) entwickelt und von Ross (1967b) systematisiert. Eine erste Formulierung des Subjazenzprinzips als Beschränkung über Regelanwendungen wurde in Chomsky (1973) vorgelegt und in Chomsky (1977b) und Chomsky & Lasnik (1977) präzisiert.

Die Frage der Parametrisierung von Grenzknoten in verschiedenen Sprachen ist vor allem von Rizzi (1978, 1982), v. Riemsdijk (1982) und Engdahl & Ejerhed (1982) diskutiert worden.

Es wurden mehrfach Versuche unternommen, das Subjazenzprinzip zu einer grundsätzlichen Bedingung für Bewegungen zu verallgemeinern; cf. hierzu insbesondere Baltin (1982). Chomsky (1986b) reduziert Subjazenz auf eine Beschränkung über Ketten.

Verschiedene Autoren haben sich darüber hinaus bemüht, Subjazenz aus anderen unabhängig motivierten Prinzipien abzuleiten. In einem alternativen theoretischen

Rahmen wurden derartige Versuche von Bresnan (1976) sowie Zaenen (1983) unternommen. Kayne (1981a) schlug eine Reduktion der Subjazenz auf das ECP (cf. Kap. 3.4), Aoun (1985) eine entsprechende Reduktion auf die Bindungstheorie vor. Koster (1978, 1982/3, 1984a, 1987) betrachtet Subjazenz als einen Sonderfall eines allgemeinen Lokalitätsprinzips, das sich weitgehend als ein Bindungsprinzip auffassen läßt. Darüber hinaus argumentiert Koster für eine einzige Strukturebene, i.e. die S-Struktur, auf der Spuren direkt durch das X-bar Schema generiert werden.

## Aufgaben

1. Erklären Sie die Ungrammatikalität des folgenden Satzes:
   *$Bill_i$ seems that $he_i$ likes $t_i$

2. Auf den ersten Blick scheinen die folgenden beiden Sätze die gleiche Struktur zu haben. Widerlegen Sie diese Vermutung:
   a) Chomsky schrieb ein Buch über Syntax
   b) Chomsky zerriß ein Buch über Syntax

3. Läßt sich die Ungrammatikalität der folgenden Sätze aus dem Subjazenzprinzip ableiten?
   a) *wessen halfst du Bruder
   b) *wen hat er an gedacht
   c) *wer wurde an gedacht

4. Argumentieren Sie anhand der folgenden Daten für die Zyklizität der *wh*-Bewegung, und erklären Sie, warum sich *quand* in (a) sowohl auf den Haupt- als auch Nebensatz beziehen kann, in (b) hingegen nur auf den Nebensatz.
   a) quand Marie a-t-elle déclaré que Paul était mort
   b) quand Marie a-t-elle déclaré qu'était mort Paul
   c) *Marie a déclaré qu'était mort Paul
   d) Marie a déclaré que Paul était mort
   e) un viaje a Barcelona dice Juan que quería la gente que hiciera Antonio este verano
   f) *dice Juan que quería la gente que hiciera Antonio un viaje a Barcelona este verano

5. Beurteilen Sie die Akzeptabilität der folgenden Sätze in Ihrem eigenen Dialekt und stellen Sie danach fest, welche Grenzknoten ihn charakterisieren:
   a) dieses Buch hat er zu lesen versprochen
   b) dieses Buch sagte er würde er lesen
   c) dieses Buch sagte er, daß er lesen würde
   d) dieses Buch weiß ich nicht, wie man beurteilen soll
   e) Maria ist eine Frau, die wer kennt glücklich ist

## 3.4 Das *Empty Category* Prinzip

Bei der Behandlung der NP-Bewegung in Kap. 3.1 hatten wir gesehen, daß eine deutliche Asymmetrie zwischen der Extrahierbarkeit von Subjekten und Objekten besteht. Da NP-Bewegung stets eine anaphorische Spur hinterläßt, erzwingt Prinzip A der Bindungstheorie, daß nur Subjekte, nicht jedoch Objekte über NP-Bewegung aus einem Satz extrahiert werden dürfen:

(1a) John$_i$ seems [t$_i$ to love Mary]

(1b) *Mary$_i$ seems [John to love t$_i$]

Nun gilt diese Subjekt-Objekt-Asymmetrie jedoch offenbar nur für infinite Sätze. In finiten Sätzen darf auch das Subjekt nicht über NP-Bewegung extrahiert werden, wie auch lexikalische Anaphern in dieser Position grundsätzlich nicht erscheinen dürfen:

(2a) *John$_i$ seems [that t$_i$ loves Mary]

(2b) *John$_i$ believes [that himself$_i$ loves Mary]

Da sich die Ungrammatikalität der Strukturen in (2) nicht aus der Bindungstheorie ableiten läßt, hatten wir in Kap. 2.4 ein weiteres Prinzip formuliert, das wir hier als (3) wiederholen:

(3) Nominative Island Condition (NIC):
*[$_{NP}$ $\alpha$], falls $\alpha$ eine Anapher im Nominativ ist.

NIC markiert Strukturen wie die in (2), in denen eine (lexikalische oder leere) Anapher von INFL den Nominativ zugewiesen bekommt, als ungrammatisch.

Nun zeigt sich jedoch, daß die Extraktion von Subjekten aus finiten Sätzen nicht nur bei NP-Bewegung, sondern auch bei *wh*-Bewegung zu ungrammatischen Resultaten führt, d.h. bei *wh*-Bewegung besteht eine Asymmetrie zwischen der Extrahierbarkeit von Objekten und der Nicht-Extrahierbarkeit von Subjekten:

(4a) *who do you believe [that t$_i$ met Mary]
(4b) who$_i$ do you believe [that John met t$_i$]

Diese Parallele zwischen NP- und *wh*-Bewegung legt es nun nahe, NIC dahingehend zu erweitern, daß nicht nur nominativische Anaphern, sondern nominativische Spuren generell – also auch *wh*-Spuren – als ungrammatisch markiert werden. In diese Richtung deutet auch die

Tatsache, daß in ECM-Konstruktionen, in denen der Subjektposition des eingebetteten Satzes – wie wir in Kap. 2.4 gezeigt haben – Akkusativ zugewiesen wird, *wh*-Extraktion des Subjektes wiederum zulässig ist. Ebenso können kasus*lose* eingebettete Subjekte über NP-Bewegung extrahiert werden:

(5a) who$_i$ do they expect [t$_i$ to win the race]

(5b) he$_i$ was expected [t$_i$ to win the race]

Die Vermutung, daß die Extrahierbarkeit von Subjekten allein über deren Kasusmarkierung – und somit über eine erweiterte Version von NIC – erklärt werden kann, erweist sich jedoch als unzutreffend, wenn wir die sog. *for-to*-Komplementsätze betrachten. In dieser Konstruktion bekommt die Subjektposition von der Satzkonjunktion *for* den Akkusativ zugewiesen (cf. Kap. 2.4) und kann daher – in Übereinstimmung mit NIC – auch eine lexikalische Anapher aufnehmen, wie die Sätze in (6) zeigen:

(6a) they would prefer very much [for him to win the race]
(6b) they$_i$ would prefer [for each other$_i$ to win the race]

Obwohl also das Subjekt in *for-to*-Komplementsätzen nicht den Nominativ, sondern den Akkusativ erhält, ist aus dieser Position weder NP- noch *wh*-Bewegung möglich:

(7a) *who$_i$ would they prefer very much [for t$_i$ to win the race]

(7b) *they$_i$ were preferred [for t$_i$ to win the race]

In diesen beiden Sätzen liegt weder eine Subjazenzverletzung vor, noch kann (7b) – aufgrund der Grammatikalität von (6b) – über Bindungsprinzip A erklärt werden. Aber auch NIC liefert hier keine Lösung, da die Spur von *they* in beiden Fällen nicht nominativisch, sondern akkusativisch markiert ist.

Betrachten wir nun zunächst die *wh*-Extraktionen, so scheint der offenbar entscheidende Unterschied zwischen (5a) und (7a) darin zu liegen, daß der Akkusativ in (5a) von einem Verb, in (7a) jedoch von der Satzkonjunktion *for* zugewiesen wird. Da Kasuszuweisung stets unter Rektion erfolgt, korreliert dieser Unterschied mit der Tatsache, daß das Regens der Subjektposition in (5a) ein Verb, in (7a) die Satzkonjunktion ist. Nun zeigt der analoge Kontrast zwischen (5b) und (7b), daß die Extrahierbarkeit offenbar von den Rektionsverhältnissen und nicht etwa von der Kasuszuweisung abhängt. In der ungrammatischen Struktur (7b) erhält das eingebettete Subjekt – also die Spur – zwar wiederum von *for* den Akkusativ, jedoch wird dem Subjekt in (5b) überhaupt kein Kasus zugewiesen – die Passivmorphologie von *expect* absorbiert den Kasus – wenngleich diese Position aber vom Matrixverb regiert wird. Es scheint also, daß diejenigen Sätze, in denen die Spur von einem Verb regiert wird, grammatisch sind, wie auch die Beispiele (1a) und (4a) bestätigen. Demgegenüber führen durch eine Satzkonjunktion regierte Spuren zur Ungrammatikalität des Satzes.

Betrachten wir nun unter dieser Perspektive die Subjektextraktion aus finiten Sätzen wie in (2a) und (4a), so wird die Spur hier jeweils von INFL regiert. INFL verhält sich hier also genau wie die Satzkonjunktion *for*, d.h. Rektion durch INFL oder Satzkonjunktion führt zur Ungrammatikalität.

Demgegenüber verhalten sich Nomina und Adjektive hier genau wie Verben; d.h. wird eine Spur von N oder A regiert, so ist der Satz ebenso wie bei Rektion durch V grammatisch. (8b) zeigt NP-Bewegung innerhalb einer NP, (9b) *wh*-Bewegung aus einer AP. In beiden Fällen wird die zurückgelassene Spur von N bzw. A regiert:

(8a) Caesar's destruction of the city
(8b) the city's$_i$ destruction t$_i$ by Caesar

(9a) Hans ist immer [seiner Frau treu] gewesen
(9b) wem$_i$ ist Hans immer [t$_i$ treu] gewesen

Wir können also schließen, daß Bewegungsprozesse offenbar nicht nur durch Subjazenz bzw. die Bindungstheorie eingeschränkt sind, sondern daß darüber hinaus die zurückgelassenen Spuren bestimmte Rektionsbedingungen erfüllen müssen, d.h. sie müssen von V, N oder A regiert sein, nicht aber von INFL oder einer Satzkonjunktion. Nun sind jedoch V, N und A lexikalische Kategorien (cf. Kap. 2.1), während INFL und Konjunktionen nicht-lexikalische Kategorien sind. Für die Zulässigkeit von Spuren scheint somit ein Sonderfall von Rektion bedeutsam zu sein, den wir *strenge Rektion* (engl. *proper government*) nennen wollen:

(10) Strenge Rektion:

$\alpha$ regiert $\beta$ streng gdw.
a) $\alpha$ $\beta$ regiert,
b) $\alpha$ lexikalisch ist.

Auf der Grundlage der strengen Rektion können wir nunmehr die Zulässigkeit von Spuren durch ein Prinzip regeln, das als *Empty Category Principle* (*ECP*) bezeichnet wird:

(11) *Empty Category* Prinzip:

Eine leere Kategorie muß streng regiert sein.

Zunächst zeigt sich, daß NIC offenbar einen Sonderfall des ECP darstellt; d.h. die Unzulässigkeit leerer Anaphern ergibt sich nicht primär aus deren nominativischer Kasusmarkierung, vielmehr sind leere Anaphern im Englischen stets dann nominativisch, wenn sie von INFL regiert werden. Da INFL aber kein strenges Regens ist, fällt die nominativische Markierung leerer Anaphern stets damit zusammen, daß die Anapher nicht streng regiert ist und somit das ECP verletzt. Allerdings gilt NIC nicht nur für leere, sondern auch für lexikalische Anaphern (z.B. *himself* oder *each other*), und hier scheint das ECP nicht einschlägig zu sein, da es sich ja nur auf leere Kategorien bezieht. In Kap. 3.5 werden wir jedoch sehen, daß auch lexikalische Anaphern einem Bewegungsprozeß unterliegen, der ECP-relevante leere Kategorien erzeugt, so daß wir dann NIC vollständig auf das ECP reduzieren können.

Wenn nun der Begriff der lexikalischen Kategorie für die strenge Rektion ausschlaggebend ist, so ist zu erwarten, daß neben V, N und A auch Präpositionen als strenges Regens fungieren können. Allerdings sind etwa im Deutschen, Französischen oder Spanischen Extraktionen aus Präpositionalphrasen im allgemeinen nicht zulässig, wie die Beispiele in (12) zeigen:

(12a) *$wem_i$ hast du mit $t_i$ gesprochen

(12b) *$qui_i$ as-tu parlé avec $t_i$

(12c) *$quien_i$ hablaste con $t_i$

Im Englischen hingegen ist es durchaus möglich, NPs aus PPs zu extrahieren und die Präposition in ihrer ursprünglichen Position zurückzulassen. Dieses Phänomen wird als *preposition stranding* bezeichnet:

(13a) $what_i$ did he talk about $t_i$

(13b) [such $pictures]_i$ will be frequently looked at $t_i$

Es scheint also, daß der Status von P einer sprachspezifischen Parametrisierung unterworfen ist: im Englischen ist P lexikalisch, im Deutschen, Französischen oder Spanischen hingegen nicht. Dementsprechend stellen die Sätze in (12), nicht jedoch die in (13) eine ECP-Verletzung dar.

Bereits zu Beginn der 70er Jahre war bekannt, daß zahlreiche syntaktische Prozesse nur auf Objekte, nicht jedoch auf Subjekte angewandt werden dürfen. Chomsky (1973) faßte die entsprechenden Beobachtungen in der sog. *Subject Condition* zusammen, die die Subjektposition für bestimmte grammatische Prozesse quasi »immunisiert«. Auch diese *Subject Condition* läßt sich – ebenso wie NIC – auf das ECP reduzieren, wie etwa die Subjekt-Objekt-Asymmetrie bei *wh*-Extraktionen aus Infinitivsätzen zeigt:

(14a) it bothered Bill [to have lost his key]
(14b) what$_i$ did it bother Bill [ t'$_i$ [to have lost t$_i$]]

(15a) [to have lost his key] bothered Bill
(15b) *what$_i$ did [t'$_i$ [to have lost t$_i$]] bother Bill

Sowohl in (14b) als auch in (15b) wird die Spur *t* in der Ausgangsposition von *what* von *lost* streng regiert und entspricht somit den Bedingungen des ECP. Unterschiede ergeben sich jedoch bei der jeweiligen Zwischenspur *t'* in SpecComp. In (14b) wird diese Spur vom Matrixprädikat *bother* lexikalisch und somit streng regiert. Demgegenüber wird die Zwischenspur in (15b) lediglich von INFL regiert, das kein lexikalisches Regens ist, so daß der Satz das ECP verletzt.

Ein weiterer Typus von Subjekt-Objekt-Asymmetrie ergibt sich bei finiten Sätzen, die durch die Konjunktion *that* eingeleitet sind. Bei bestimmten Verben wie etwa *believe* oder *expect* kann die Satzkonjunktion frei getilgt werden (cf. Kap. 3.3), so daß eine leere Kategorie in COMP° entsteht. Eine solche Tilgung ist jedoch unzulässig, wenn der eingebettete Satz in Subjektposition auftritt:

(16a) only John believes that Mary will win the contest
(16b) only John believes Mary will win the contest

(17a) that Mary will win the contest was believed only by John
(17b) *Mary will win the contest was believed only by John

Nach Stowell (1981) ist auch dieser Kontrast auf das ECP reduzierbar. In (16b) wird die durch Tilgung von *that* entstandene leere Kategorie von *believes* streng regiert. In (17b) hingegen wird diese Position von INFL regiert, so daß der Satz das ECP verletzt.

Das ECP erklärt nun nicht nur den Sonderstatus der Subjektposition bei bestimmten grammatischen Prozessen, sondern ist weitaus allgemeinerer Natur. So folgt etwa auch die Unzulässigkeit von Extraktionen aus Adjunktsätzen aus der Tatsache, daß dabei eine leere Kategorie entsteht, die nicht streng regiert wird:

(18a) I bought the car without knowing its mileage
(18b) *what did you buy the car [$_{CP}$ t' without [$_{IP}$ knowing t]]

(19a) I thought the plane had crashed after hearing that noise
(19b) *what did you think the plane had crashed [$_{CP}$ t' after [$_{IP}$ hearing $t_i$]]

Entscheidend ist hier, daß derartige Adverbialsätze mit *without* oder *after* an VP adjungiert werden und somit außerhalb des Rektionsbereiches des Matrixverbs liegen. Daher wird die Zwischenspur *t'* in (18b) und (19b) nicht streng regiert und verletzt damit das ECP.

Auch im Deutschen lassen sich vielfältige ECP-Effekte beobachten. Hierbei ist allerdings zunächst zu berücksichtigen, daß Extraktionen aus *daß*-Sätzen in den verschiedenen Varianten des Deutschen unterschiedlich beurteilt werden. In den meisten norddeutschen Dialekten sind Extraktionen aus konjunktionslosen Sätzen deutlich besser als aus *daß*-Sätzen. Bei *daß*-Sätzen wiederum ergibt sich eine klare Asymmetrie zwischen Subjekt- und Objektextraktionen:

(20a) $wer_i$ glaubst du [$_{CP}$ $t'_i$ hat [$_{IP}$ $t_i$ Maria entlassen]]

(20b) *$wer_i$ glaubst du [$_{CP}$ $t'_i$ daß [$_{IP}$ $t_i$ den Plan verboten hat]]

(20c) $was_i$ glaubst du [$_{CP}$ $t'_i$ daß [$_{IP}$ von ihm $t_i$ verboten wird]]

Auch die Kontraste in (20) folgen aus dem ECP. Die Grammatikalität von (20a) ergibt sich aus der Tatsache, daß in deutschen konjunktionslosen Nebensätzen die finite Verbform nach COMP° bewegt wird und somit die leere Subjektposition streng regieren kann. Demgegenüber bleibt die Verbform in *daß*-Sätzen wie (20b) in ihrer D-strukturellen Position, so daß die Subjektposition nicht streng regiert wird und daher das ECP verletzt. In (20c) ist zwar wiederum eine nominativische *wh*-Phrase extrahiert worden, jedoch handelt es sich hier um eine Passivkonstruktion, bei der jedoch im Deutschen – wie wir in Kap. 3.1 gezeigt haben – keine NP-Bewegung in die Subjektposition erfolgen muß, so daß die Ausgangsspur *t* innerhalb der VP stehen kann und somit vom Verb streng regiert wird.

Ein offensichtliches Problem für die Formulierung des ECP in (10) und (11) ergibt sich jedoch aus der Tatsache, daß Subjektextraktionen aus konjunktionslosen Nebensätzen nicht nur in deutschen Sätzen wie

(20a), sondern ebenso im Englischen möglich sind, obwohl hier in COMP° keine finite Verbform steht, die die Subjektspur streng regieren könnte. Gleichfalls tritt Subjektextraktion sowohl in Hauptsätzen wie auch in Relativsätzen auf:

(21a) $\text{who}_i$ do you believe $[_{\text{CP}}\ t'_i\ [_{\text{IP}}\ t_i$ has met Mary]]

(21b) $[_{\text{CP}}\ \text{who}_i\ [_{\text{IP}}\ t_i$ came]]

(21c) the man $[_{\text{CP}}\ \text{who}_i\ [_{\text{IP}}\ t_i$ came]]

In keinem dieser Sätze ist die Spur in Subjektposition lexikalisch regiert, so daß (21a-c) aufgrund von ECP-Verletzungen eigentlich alle ungrammatisch sein sollten.

Vergleichen wir nun (21a-c) mit den ungrammatischen Strukturen (4a) bzw. (2a), so besteht die hier entscheidende Gesetzmäßigkeit offenbar darin, daß Subjektextraktionen nur dann unzulässig sind, wenn der eingebettete Satz durch eine Konjunktion wie *that* eingeleitet wird; fehlt dieses *that*, so ist die Struktur grammatisch. Dieses Phänomen wird in der Literatur als *that-trace-effect* bezeichnet. Nun scheint jedoch der Kontrast zwischen Subjektextraktionen aus konjunktionslosen und konjunktionshaltigen Sätzen kein universales, sondern vielmehr ein sprachspezifisches Phänomen zu sein, das sich vor allem in vielen europäischen Sprachen beobachten läßt. Es gibt durchaus Sprachen, in denen zwar *wh*-Phrasen generell frei extrahierbar sind, Subjektpositionen jedoch grundsätzlich keine leeren Kategorien enthalten dürfen. Mit anderen Worten, unter UG-Gesichtspunkten ist nicht etwa die *wh*-Extraktion, sondern vielmehr das Auftreten einer leeren Kategorie der ausschlaggebende Faktor. Zur Illustration dieses Gedankens betrachten wir die folgenden Daten aus dem westafrikanischen Vata (cf. Koopman 1983):

(22a) yî kòfi lé là
was Kofi ißt FRAGE
»was ißt Kofi«

(22b) *yî kòfi lé mí là
was Kofi ißt es FRAGE
»was ißt Kofi«

(22c) sàká mâmá kò lé bó
Reis den Mann ißt RELATIV
»der Reis, den der Mann ißt«

(22d) *sàká mâmá kò lé bó má
Reis den Mann ißt REL es
»der Reis, den der Mann ißt«

(23a) *àló lê sáká lá
wer ißt Reis FRAGE
»wer ist (den) Reis«

(23b) àló ò lê sáká lá
wer er ißt Reis FRAGE
»wer ist (den) Reis«

(23c) *kó mômó lê bó sáká
Mann der ißt REL Reis
»der Mann, der (den) Reis ißt«

(23d) kó momó ò lê bó sáká
Mann der er ißt REL Reis
»der Mann, der (den) Reis ist«

Im Vata können in Frage- und Relativsätzen Objekte extrahiert werden, wobei in der D-strukturellen Position – ähnlich wie im Englischen oder Deutschen – eine Spur zurückbleibt, die vom Verb streng regiert wird. Demgegenüber ist zwar auch eine Extraktion aus der Subjektposition möglich, jedoch darf diese Position nicht leer bleiben, sondern muß durch ein sog. *resumptives* Pronomen gefüllt werden, wie der Kontrast zwischen (23a/c) und (23b/d) zeigt. Das obligatorische Auftreten eines solchen Pronomens ergibt sich nun offensichtlich aus dem ECP, da eine leere Kategorie in Subjektposition nicht streng regiert wäre.

Wenn nun Strukturen wie (21) im Englischen – wie auch in vielen anderen europäischen Sprachen – grammatisch sind, so muß dies damit zusammenhängen, daß hier offenbar eine besondere Form von strenger Rektion im Spiel ist. Mit anderen Worten, die entsprechenden europäischen Sprachen müssen sich vom Vata darin unterscheiden, daß leere Kategorien in Subjektposition unter bestimmten Bedingungen auch von einem nicht-lexikalischen Element streng regiert sein können.

Einen ersten Hinweis auf den hier relevanten Unterschied finden wir in Sprachen, die Subjektextraktionen auch aus *daß*-Sätzen erlauben, wie etwa das Norwegische (cf. Engdahl 1984) oder bestimmte süddeutschen Dialekte:

(24a) desse konstruksjonar$_i$ trur jeg at $t_i$ er meir
diese Konstruktionen denke ich daß sind mehr
naturlege uttrykksmåta
natürliche Ausdrücke
»diese Konstruktionen denke ich sind natürlichere Ausdrücke«

(24b) wer$_i$ denkst du daß $t_i$ die Wahlen gewinnen kann

Nun scheint die Zulässigkeit derartiger Subjektextraktionen aus *daß*-Sätzen mit der Tatsache zu korrelieren, daß in diesen Sprachen – etwa im Gegensatz zum Englischen – der *doubly-filled-COMP*-Filter (DFCF) (cf. Kap. 3.3) nicht gilt; d.h. sowohl im Norwegischen als auch in den süddeutschen Dialekten können SpecComp und COMP° gleichzeitig besetzt sein.

(25a) vi vet [$_{CP}$ hvem$_i$ som [$_{IP}$ $t_i$ snakker med Maria]]
wir wissen wer daß spricht mit Maria

(25b) ich weiß [$_{CP}$ mit wem$_i$ daß [$_{IP}$ Maria $t_i$ ausgegangen ist]]

(25c) *I know [$_{CP}$ who$_i$ that [$_{IP}$ Mary talked to $t_i$]]

Wenn nun im Englischen der DFCF gilt, so bedeutet dies, daß die Abfolge *t+that* nicht zulässig ist, d.h. entweder *that* oder die Spur muß getilgt werden. Wir erhalten somit nach der Anwendung des genannten Filters die folgenden beiden Konfigurationen:

(26a) [$_{CP}$ who$_i$ [$_{IP}$ ... [$_{CP}$ that [$_{IP}$ $t_i$ VP]]]]

(26b) [$_{CP}$ who$_i$ [$_{IP}$ ... [$_{CP}$ $t'_i$ [$_{IP}$ $t_i$ VP]]]]

In (26a) ist die Zwischenspur in SpecComp, in (26b) hingegen die Konjunktion *that* getilgt worden. Es zeigt sich jedoch, daß die Tilgung der Zwischenspur in (28a) zwar den DFCF erfüllt, jedoch gleichzeitig zur Ungrammatikalität des Satzes führt; d.h. (26b) ist die einzig mögliche Strukturoption für Subjektextraktionen. Mit anderen Wortern, die Zwischenspur in SpecComp scheint notwendig zu sein, um die Grammatikalität eines Satzes zu erhalten. In diese Richtung deuten auch die norwegischen und süddeutschen Daten. Da der DFCF in diesen Sprachen nicht anzuwenden ist, bleibt die Zwischenspur stets erhalten. Wie die Daten in (24) zeigen, ist unter diesen Bedingungen auch Subjektextraktion aus *daß*-Sätzen möglich.

Wenn nun die Grammatikalität von Subjektextraktionen entscheidend von der Präsenz der Zwischenspur in SpecComp abhängt, so liegt die Vermutung nahe, daß nicht nur eine lexikalische Kategorie, sondern – als sprachspezifische parametrische Option – auch eine koindizierte Spur in SpecComp als strenges Regens fungieren kann. Hierbei ist allerdings zu beachten, daß Spuren maximale Projektionen und keine X° sind, so daß wir den Rektionsbegriff offenkundig auf maximale Projektionen erweitern müssen. Somit ist die strenge Rektion nunmehr wie in (27) zu definieren:

(27) Strenge Rektion:

$\alpha$ regiert $\beta$ streng gdw.
a) $\alpha$ $\beta$ regiert,
b) $\alpha$ lexikalisch ist oder $\beta$ bindet.

Strenges Regens von $\alpha$ kann also entweder eine lexikalische Kategorie oder ein Antezedens von $\alpha$ sein. Daher spricht man hier auch von *lexikalischer Rektion* gegenüber *Antezedens-Rektion*.

Wie die Grammatikalität von (21b/c) zeigt, ist $\alpha$ in der Klausel (27b) nicht auf Spuren beschränkt, vielmehr kann jeder koindizierte Ausdruck – also auch eine *wh*-Phrase – eine leere Kategorie antezedens-regieren. Die Bedeutung der Antezedens-Rektion zeigt sich nun auch bei Kopf-zu-Kopf-Bewegungen (cf. Kap. 3.3). Wir erinnern uns daran, daß die Regel *bewege* $\alpha$ grundsätzlich jedes Element in jede Position bewegen kann. Aus der Perspektive dieser Regel ist es somit möglich, in Fragesätzen nicht nur die finite, sondern auch die infinite Verbform nach COMP° zu bewegen:

(28a) $[_{CP}$ who$_i$ $[_{C°}$ has$_j]$ $[_{IP}$ John $[_{INFL}$ t$_j]$ seen t$_i]]$

(28b) *$[_{CP}$ who$_i$ $[_{C°}$ seen$_j$ $[_{IP}$ John $[_{INFL}$ has$]$ t$_j$ t$_i]]]$

(28b) ist nun eine ECP-Verletzung, da INFL keine lexikalische Kategorie ist, so daß $t_j$ nicht streng regiert ist. Andererseits kann aber auch *seen* selbst seine Spur nicht antezedens-regieren, da zwischen diesen beiden Elementen zwei maximale Projektionen stehen, i.e. IP und VP. In (28a) hingegen kann *has* in COMP° seine Spur in INFL antezedens-regieren, da in diesem Fall die Spur im Kopf von IP steht, und Köpfe für Rektion stets transparent sind.

Dem aufmerksamen Leser wird nicht entgangen sein, daß eine Erklärung des *that-trace*-Effekts über den DFCF unvereinbar mit einer repräsentationellen Konzeption der Subjazenz ist (cf. Kap.3.3). Wenn eine Option, den DFCF zu erfüllen, darin besteht, die mit der Konjunktion *that* adjazente Zwischenspur zu tilgen, so steht diese Spur offenkundig nicht mehr für eine S-strukturelle Überprüfung der Subjazenzbedingung zur Verfügung. Dementsprechend müßte unter diesem Analyseansatz Subjazenz als ein rein derivationelles Prinzip konzipiert werden, das allein die Anwendung einer Regel, d.h. *bewege* α, einschränkt. Aus der DFCF-Analyse ergeben sich jedoch auch empirische Probleme. Wenn generell die Möglichkeit besteht, über den DFCF bzw. über *free deletion in COMP* (cf. Kap. 3.1) auf der S-Struktur Zwischenspuren zu tilgen, so müßte diese Möglichkeit natürlich auch für die Zwischenspur *t'* in (15b) gelten. In diesem Falle sollte (15b) jedoch grammatisch sein, da eine getilgte Zwischenspur trivialerweise nicht das ECP verletzen kann. Da die DFCF-Analyse fernerhin eine rein derivationelle Konzeption der Subjazenz erzwingt, läßt sich die Ungrammatikalität von (15b) auch nicht über eine Subjazenzverletzung erklären.

Diese Überlegungen deuten darauf hin, daß die DFCF-Analyse nicht korrekt sein kann. Nun scheint intuitiv klar zu sein, daß die Ungrammatikalität von Subjektextraktionen aus *that*-Sätzen daraus resultiert, daß die Präsenz der Satzkonjunktion aus irgendeinem Grunde das Rektionsverhältnis zwischen der SpecComp-Spur und der Subjektspur blockiert. Fehlt diese Konjunktion, so ist der Satz grammatisch. Wir wiederholen hier den relevanten Kontrast als (29):

(29a) *who do you believe [t' that [t loves Mary]]
(29b) who do you believe [t' [t loves Mary]]

Zunächst läßt sich beobachten, daß die Subjektspur in (29a) doppelt regiert ist, und zwar einerseits von *that* und andererseits von der Zwischenspur in SpecComp. Wenn nun die Satzkonjunktion das Rektionsverhältnis zwischen den Spuren blockiert, so bedeutet dies nichts anderes, als daß bei mehreren Regenten offenbar stets nur das hierarchisch nächste Regens im Sinne des ECP »zählt«. Mit anderen Worten, die Rektion der Subjektspur durch die Konjunktion *that* scheint sämtliche Rektionsbeziehungen mit weiter entfernteren Elementen aufzuheben. Diese Beobachtung wird in der *Minimalitätsbedingung* (*minimality condition*) festgehalten, die wie in (30) definiert ist:

(30) Minimalitätsbedingung:

in einer Konfiguration ...α... $[_\gamma$ ...δ... β...]
kann α β nicht regieren, wenn γ eine Projektion von δ ist, die α nicht dominiert und γ β unmittelbar dominiert.

Die Klausel, daß γ β unmittelbar dominieren muß, ist notwendig, um auszuschließen, daß die Rektion des Subjekts durch die Zwischenspur qua Minimalität von der Rektion durch INFL blockiert wird. Ohne diese Klausel wäre nämlich IP eine Kategorie, die das Subjekt und INFL enthält, die Zwischenspur jedoch nicht.

### Literaturhinweise

Die Analyse der durch das ECP erfaßten Daten hat sich stets als äußerst schwierig erwiesen. Aus diesem Grunde wurden im Laufe der Entwicklung der generativen Theorie eine Vielzahl von sehr unterschiedlichen Prinzipien vorgeschlagen, um diese Daten zu erfassen. Am Anfang der Entwicklung zum ECP stand die *Tensed-S-Condition* von Chomsky (1973), die dann teilweise in Chomsky & Lasnik (1977) durch den *that-trace*-Filter ersetzt wurde. Chomsky (1980b) formulierte dann die *Nominative Island Condition* (*NIC*) und Taraldsen (1978b), Kayne (1981b) und Pesetsky (1982b) zeigten unabhängig voneinander, daß NIC über den ursprünglichen Datenbereich hinaus zahlreiche weitere Phänomene erfassen kann. NIC wurde dann in Chomsky (1981) über den DFCF und Chomsky (1986b) über die Minimalitätsbedingung auf das ECP reduziert.
In der derzeitigen generativen Literatur ist das ECP eines der zentralen Prinzipien, auf das sich die Forschung konzentriert. Daher ist die Zahl der Arbeiten zu diesem Prinzip vielfach nur noch schwer zu überschauen. Zur Wirkung des ECP im Deutschen cf. vor allem Fanselow (1987) und Haider (1987).

### Aufgaben

1. Erklären Sie, warum bei dem folgenden Satz die *wh*-Phrase *what* ihre Ausgangsspur nicht antezedens-regieren kann:
   *what is [to play t] fun

2. Erklären Sie die folgenden Kontraste in norddeutschen Dialekten:
   a) *wer glaubt Fritz, daß sein Auto kaufen wird
   b) was glaubt Fritz, daß ihm als Geschenk gefallen würde
   c) was fürchtet Fritz, daß ihm gestohlen werden könnte

3. Überlegen Sie anhand der folgenden Daten, ob Nomina strenge Regenten sein müssen:
   a) Rome's$_i$ destruction $t_i$ by Nero
   b) *John's$_i$ appearance [$t_i$ to have left]
   c) *who did he hear the report [$_{CP}$ t' that [$_{IP}$ John fired t]]

## 3.5 LF-Bewegung

In den vorangegangenen Kapiteln hatten wir mehrfach gesehen, daß zahlreiche zentrale Konzepte der Grammatiktheorie – so etwa Rektion, Bindung oder Kasuszuweisung – auf dem Begriff des C-Kommandos aufbauen. Es scheint nun, daß die S-strukturellen C-Kommando-Verhältnisse in ähnlicher Weise auch den *Skopus* von *Quantoren* regeln. Betrachten wir zunächst die folgenden Beispiele:

(1a) John did not write many books
(1b) many books were not written by John

(2a) everyone in this class speaks two languages
(2b) two languages are spoken by everyone in this class

Der Unterschied zwischen den beiden Sätze in (1) liegt nicht nur in dem Kontrast Aktiv vs. Passiv, sondern auch in der Skopusbeziehung zwischen *not* und *many*. Diese unterschiedliche Beziehung läßt sich durch die Paraphrasierungen in (1a') und (1b') illustrieren:

(1a') it is not the case: John wrote many books
(1b') for many books it is the case: John didn't write them

Der Unterschied zwischen (1a') und (1b') wird deutlich, wenn man sich etwa vorstellt, daß Hans 100 Bücher geschrieben hat. In einem solchen Fall wäre die Aussage (1a') falsch (oder zumindest unplausibel), während (1b') durchaus zuträfe und auch dann noch richtig wäre, wenn Hans 1000 oder 10000 Bücher geschrieben hätte. Wir wollen nun sagen, daß in (1a') das Negationselement *not* Skopus über *many* hat, in (1b') umgekehrt *many* Skopus über *not* hat.

Die Sätze in (2) illustrieren im wesentlichen den gleichen Sachverhalt, der sich wiederum durch die Paraphrasen in (2a') und (2b') illustrieren läßt.

(2a') for every person *x*, *x* knows two languages
(2b') for two languages *y* and *z*, everyone knows *y* and *z*

Aussage (2a) bzw. (2a') läßt sich mit der Vorstellung vereinbaren, daß jede Person ein anderes Paar von Sprachen spricht; also die eine Deutsch und Englisch, die nächste Russisch und Japanisch, etc. Die Lesart (2b') hingegen impliziert stets, daß jeder genau die beiden gleichen Sprachen kennt. Somit hat in (2a) *everyone* Skopus über *two*, in (2b) jedoch hat *two* Skopus über *everyone*.

Nun spiegeln die unterschiedlichen Skopusbeziehungen in (1) und (2) exakt die jeweiligen C-Kommando-Verhältnisse wider. So c-kommandiert *not* in (1a) den Quantor *many*, während in (1b) *many books* das Negationselement c-kommandiert. In gleicher Weise c-kommandiert *everyone* in (2a) den Ausdruck *two languages*, in (2b) besteht hingegen die umgekehrte C-Kommando-Beziehung. Diese Korrelation können wir durch das folgende Prinzip ausdrücken:

(3) Skopus:

α hat Skopus über β gdw. α β c-kommandiert.

Skopusunterschiede finden wir nun typischerweise auch bei *wh*-Phrasen, wie die folgenden Beispiele illustrieren:

(4a) what did John forget that he should tell Mary t
(4b) John forgot what he should tell Mary t

Wiederum läßt sich der Unterschied zwischen diesen beiden Sätzen durch die Paraphrasierungen (4a') und (4b') verdeutlichen:

(4a') for which thing *x*, John forgot that he should tell Mary x
(4b') John forgot: for which thing *x*, he should tell Mary x

Entscheidend ist hier etwa, daß (4a) ein Fragesatz, (4b) hingegen ein Aussagesatz ist. So ließe sich etwa auf (4b) antworten: *no, John didn't forget*, während eine solche Antwort bei (4a) nicht möglich ist. In (4a) ist dem *Sprecher* unklar, was John Maria mitteilen soll, während dies in (4b) John selbst unklar ist.

In diesem Sinne können wir also sagen, daß das Fragewort *what* in (4a) *weiten Skopus*, i.e. Skopus über den gesamten Satz hat, während sich der Skopus von *what* in (4b) nur über den eingebetteten Satz erstreckt, d.h. das Fragewort hat hier *engen Skopus*. Wie in den vorangegangenen Fällen (1) und (2) ergibt sich auch hier der Skopus der *wh*-Phrasen aus deren S-struktureller Position: die *wh*-Phrase hat Skopus über diejenige Satzstruktur, die sie c-kommandiert.

Nun kann im Englischen eine *wh*-Phrase nur dann nach SpecComp bewegt werden, wenn diese Position unbesetzt ist. Steht in dem anzusteuernden SpecComp bereits eine andere *wh*-Phrase, so ist eine weitere *wh*-Bewegung in diese Position unzulässig. Daraus ergibt sich, daß bei Mehrfachfragen nur eine einzige *wh*-Phrase nach SpecComp bewegt werden darf, während alle anderen in ihrer D-strukturellen Position verbleiben müssen; technisch sagt man hier: die nicht-bewegten *wh*-Phrasen stehen *in situ*:

(5a) $why_i$ did John forget $t_i$ that he should tell Mary what

(5b) *$why_i$ $what_j$ did John forget $t_i$ that he should tell Mary $t_j$

(6a) John forgot why$_i$ he should tell Mary what $t_i$

(6b) *John forgot why$_i$ what$_j$ he should tell Mary $t_j$ $t_i$

Obwohl nun *what* in (5a) und (6a) gleichermaßen in seiner D-strukturellen Position, i.e. *in situ* steht, finden wir genau den gleichen Skopusunterschied wie in (4a) und (4b). Mit anderen Worten, in (5a) hat die *wh*-Phrase *what* – ebenso wie in (4a) – weiten Skopus, während sie in (6a) – analog zu (4b) – engen Skopus hat. (5a) und (6a) lassen sich somit wie in (5a') und (6a') paraphrasieren:

(5a') for which thing *x*, why did John forget that he should tell Mary *x*

(6a') John forgot: for which thing *x*, why he should tell Mary *x*

*In situ wh*-Phrasen verhalten sich also bezüglich ihrer Skopuseigenschaften genau wie *wh*-Phrasen, die über *bewege* α nach SpecComp bewegt worden sind.

In Kap. 3.4 hatten wir gesehen, daß *wh*-Phrasen nicht aus der Subjektposition von *that*-Sätzen extrahiert werden dürfen, da die zurückgelassene Spur nicht streng regiert wird und somit das ECP verletzt. Es zeigt sich nun jedoch, daß in einer solchen Subjektposition auch keine *in situ wh*-Phrasen zugelassen sind:

(7a) what did John forget that Mary should buy t
(7b) *who did John forget that t should buy the book

(8a) why did John forget that Mary should buy what
(8b) *why did John forget that who should buy the book

Auch hier wird deutlich, daß *in situ wh*-Phrasen offenbar den gleichen Restriktionen wie bewegte *wh*-Phrasen unterliegen, d.h. die Subjektposition läßt weder *wh*-Spuren noch *in situ*-Fragewörter zu. In diese Richtung deutet auch das als *superiority effect* bekannte Phänomen, daß in einfachen Mehrfachfragen zwar eine Objekt-, jedoch keine Subjekt-*wh*-Phrase *in situ* verbleiben darf:

(9a) [who [t saw what]]
(9b) *[what did [who see t]]

Die Parallele zwischen bewegten und *in situ wh*-Phrasen zeigt sich vor allem in Sprachen, in denen *wh*-Phrasen – im Gegensatz etwa zum Englischen oder Deutschen – grundsätzlich nicht nach SpecComp bewegt werden können, sondern immer *in situ* verbleiben. Zu diesen

Sprachen gehören etwa das Japanische oder das Chinesische, wie die Beispiele in (10) und (11) zeigen:

(10) taroo-wa dare-o aishiteru
Taroo(nom) wen(acc) liebt »wen liebt Taroo«

(11) ní xîhuan shémo
du magst was
»was magst du«

Zunächst haben auch im Japanischen und Chinesischen die Fragewörter *dare* bzw. *shémo* Skopus über den gesamten Satz, obwohl sie nicht nach SpecComp bewegt werden können und daher den Satz auch nicht c-kommandieren.

Aber auch Skopusunterschiede wie die in (4) finden etwa im Japanischen ihre exakte Entsprechung, obwohl keinerlei Unterschiede in der Position des Fragewortes zu erkennen sind:

(12a) John-wa Maria-ni nani-o tsutaeru yoo-ni wasureta
John(nom) Maria(dat) was(acc) mitteilen um-zu vergaß
»was vergaß John, Maria mitzuteilen«

(12b) John-wa Maria-ni nani-o tsutaeru-ka-to wasureta
John(nom) Maria(dat) was(acc) mitteilen-FRAGE vergaß
»John vergaß, was er Maria mitteilen wollte«

Nun zeigen die nicht-bewegten Fragewörter im Japanischen und Chinesischen auch in anderen Bereichen ein syntaktisches Verhalten, das eine auffällige Parallelität zu den bewegten *wh*-Phrasen des Englischen aufweist. Wir erinnern uns aus Kap. 3.4 daran, daß im Englischen *wh*-Phrasen nicht aus Subjektsätzen extrahiert werden dürfen, da die Zwischenspur in SpecComp nicht streng regiert ist, so daß das ECP verletzt wird. Nun dürfen auch im Chinesischen und Japanischen keine *wh*-Phrasen in Subjektsätzen auftreten, obwohl in diesen Sprachen keine Bewegung stattfindet und das ECP daher nicht anwendbar zu sein scheint (cf. Huang 1982a,b):

(13a) that John married Sue is really strange
(13b) *who is [t' that [John married t] really strange

(14a) [zhángsan tào-le lisi] zhēn kèxí
Zhangsan heiratete Lisi sehr schade
»daß Z. L. heiratete ist sehr schade«

(14b) *[zhángsan tào-le shéi] zhēn kèxí
Zhangsan heiratete wen sehr schade
»wen ist es schade, daß Z. heiratete«

(15a) [taroo-ga hanako-to kekkon-shita] no wa hen-na koto desu
Taro(nom) Hanako(dat) heiratete NOM seltsame Sache ist
»daß T. H. heiratete ist eine seltsame Sache«

(15b) *[taroo-ga dare-to kekkon-shita] no wa hen-na koto desu
Taro(nom) wen(dat) heiratete NOM seltsame Sache ist
»wen ist es eine seltsame Sache, daß T. heiratete«

Ein weitere Parallele zwischen bewegten und nicht-bewegten *wh*-Phrasen ergibt sich im Bereich des *cross-over*-Effekts, den wir ausführlich in Kap. 3.2 dargestellt haben. Wir erinnern uns daran, daß eine *wh*-Phrase nicht über ein koindiziertes Element in A-Position hinwegbewegt werden darf:

(16a) $who_i$ [$t_i$ said [that [$he_i$ met Mary]]]

(16b) *$who_i$ did [$he_i$ say [that [Mary met $t_i$]]]

Prinzip C der Bindungstheorie fordert, daß eine Variable innerhalb der Domäne ihres Operators A-frei sein muß (cf. Kap. 3.2). In (16b) wird die *wh*-Spur jedoch durch *he* A-gebunden, so daß der Satz Prinzip C verletzt und somit ungrammatisch ist.

Einen ähnlichen Kontrast finden wir nun auch in Sätzen wie (17):

(17a) $who_i$ did [they expect [ $t_i$ to meet $his_i$ friend]]

(17b) *$who_i$ did [they expect [ $his_i$ friend to meet $t_i$]]

Auch in (17b) ist *who* über einen koindizierten Ausdruck in A-Position – nämlich *his* – bewegt worden. Allerdings läßt sich die Ungrammatikalität von (17b) nicht aus Prinzip C ableiten, da *his* die *wh*-Spur nicht c-kommandiert und somit nicht bindet. In der Tat ist die Ungrammatikalität von (17b) auch weniger ausgeprägt als die von (16b), so daß man hier üblicherweise von *schwachem cross-over* (= 17b) im Gegensatz zu *starkem cross-over* (= 16b) spricht. Dieser Unterschied in der Grammatikalität legt die Vermutung nahe, daß hier auch unterschiedliche Prinzipien eine Rolle spielen.

Ein entscheidender Unterschied zwischen (17a) und (17b) liegt nun offenbar darin, daß das Pronomen *his* zwar in beiden Sätzen vom Operator *who* Ā-gebunden ist, daß jedoch in (17a) – im Gegensatz zu (17b) – zwischen *who* und *his* ein weiterer Binder liegt, i.e. die Spur *t*. Das Bindungsverhältnis zwischen Operator und Pronomen ist also in (17b) in einem intuitiven Sinne »direkter« als das in (17a). Diese Intuition läßt sich durch den Begriff der *lokalen Bindung* präzisieren:

(18) Lokale Bindung:

$\alpha$ bindet $\beta$ lokal, gdw.
a) $\alpha$ $\beta$ bindet,
b) es kein $\gamma$ gibt, das $\beta$, aber nicht $\alpha$ bindet, für $\gamma \neq \alpha$.

In diesem Sinne besteht in (17a) ein lokales Bindungsverhältnis zwischen dem Operator *who* und der Spur *t*, nicht jedoch zwischen *who* und *his*. In (17b) hingegen bindet der Operator zunächst das Pronomen *his* lokal, gleichzeitig jedoch auch die Spur *t*, da das Pronomen die Spur nicht c-kommandiert und somit nicht bindet. Dementsprechend erfüllt das Pronomen hier nicht die Kriterien von $\gamma$ in Klausel (b). Unter einer etwas anderen Perspektive können wir also feststellen, daß der Operator in (17a) nur ein Element, in (17b) hingegen zwei Elemente lokal bindet. Nun liegt die Vermutung nahe, daß diese »doppelte« Bindung für die Ungrammatikalität von (17b) verantwortlich ist. Wir können daher die folgende Generalisierung formulieren:

(19) Ein Operator darf nicht mehr als *ein* Element lokal binden.

Entscheidend ist nun, daß *cross-over*-Effekte wie in (17) auch bei *in situ wh*-Phrasen auftreten, bei denen keinerlei erkennbare Bewegung über irgendetwas stattgefunden hat:

(20a) $\text{who}_i$ [$t_i$ expected [$\text{who(m)}_j$ to meet $\text{his}_j$ friend]]

(20b) *$\text{who}_i$ [$t_i$ expected [$\text{his}_j$ friend to meet $\text{who(m)}_j$]]

Wie nicht anders zu erwarten, finden wir entsprechende *cross-over*-Effekte auch im Japanischen, obwohl auch auch hier *wh*-Phrasen in ihrer D-strukturellen Position verbleiben:

(21a) dare-wa$_i$ [yoko-ga jibun-o$_i$ ai-shiteru] to omou no
wer(nom) Yoko(nom) ihn(acc) liebt COMP glaubt FRAGE
»wer glaubt, daß Yoko ihn liebt«

(21b) *[yoko-ga jibun-o$_i$ ai-shiteru] no-ga dare-o$_i$ odorokashita
Yoko(nom) ihn liebt NOM wen(acc) überraschte
»wen überraschte, daß Yoko ihn liebt«

Zusammenfassend können wir also zunächst konstatieren, daß sich sowohl die generell nicht-bewegten Fragewörter des Japanischen und Chinesischen als auch die englischen *in situ wh*-Phrasen in zentralen syntaktischen Bereichen genauso verhalten wie bewegte *wh*-Phrasen, und zwar hinsichtlich der Skopusunterschiede, der *cross-over*-Effekte wie auch der Restriktionen, die die *Subject Condition* (cf. Kap. 3.4) betreffen. Der einzige Grund, aus dem wir nun die bei bewegten und nicht-bewegten *wh*-Phrasen gleichermaßen auftretenden Gesetzmäßigkeiten nicht einheitlich aus dem ECP und dem Prinzip (3) ableiten können, liegt in der banalen Tatsache, daß *in situ wh*-Phrasen – im Gegensatz zu bewegten *wh*-Phrasen – auf der S-Struktur eben nicht bewegt worden sind.

Nun benötigen wir jedoch in jedem Falle eine Repräsentationsebene, auf der die unterschiedlichen Skopuseigenschaften von *wh*-Phrasen abgelesen werden können, und zwar unabhängig davon, ob ihre S-strukturelle Position durch Bewegung entstanden ist oder nicht. Diese Repräsentationsebene kann offensichtlich nicht mit der S-Struktur identisch sein, da *wh*-Phrasen ja im Japanischen generell und im Englischen bei Mehrfachfragen *in situ* verbleiben, so daß aus dieser *in situ*-Position keinerlei Hinweis auf den jeweils vorliegenden Skopus abgeleitet werden kann. Wenn sich nun *in situ*-Phrasen – abgesehen von ihren unterschiedlichen Skopuseigenschaften – auch hinsichtlich der *cross-over*-Phänomene und Subjektrestriktionen syntaktisch genauso verhalten wie bewegte *wh*-Phrasen, so liegt die Vermutung nahe, daß diese *wh*-Phrasen zwar auf der S-Struktur *in situ* stehen, jedoch in einem anschließenden Bewegungsprozeß nach SpecComp bewegt werden, so daß auf der daraus entstehenden Repräsentationsebene der jeweilige Skopus abgelesen werden kann. Mit anderen Worten, ebenso wie die Regel *bewege* α eine *wh*-Phrase in einfachen englischen Fragesätzen von ihrer D-strukturellen A-Position in die S-strukturelle SpecComp-Position bewegt, werden die auf der S-Struktur *in situ* verbliebenen *wh*-Phrasen nunmehr durch erneute Anwendung von *bewege* α nach SpecComp bewegt. Durch diesen Bewegungsprozeß, der auf die S-Struktur angewandt wird, entsteht offensichtlich eine weitere Repräsentationsebene, die u.a. für die Skopuszuweisung ausschlaggebend ist und die üblicherweise mit dem – allerdings etwas irreführenden – Terminus *Logische Form (LF)* bezeichnet wird. Dementsprechend nennt man den Bewegungsprozeß, der LF erzeugt, zumeist *LF-Bewegung*.

Wenn nun LF im wesentlichen dadurch entsteht, daß *wh*-Phrasen über die Regel *bewege* α nach SpecComp bewegt werden, so scheinen LF-Repräsentationen *grosso modo* mit den Paraphrasierungen in (4a'), (4b'), (5a'), (5b') etc. identisch zu sein. Allerdings können auf LF – im Gegensatz zur S-Struktur – offensichtlich mehrere *wh*-Phrasen in SpecComp auftreten. Für die Sätze (5a) und (6a) etwa erhalten wir also folgende LF-Repräsentationen:

(22a) $[_{CP}$ which thing *x*, which reason *y*$[_{IP}$ John forgot for *y* $[_{CP}$ that $[_{IP}$ he should tell Mary *x*]]]]

(22b) $[_{IP}$ John forgot $[_{CP}$ which thing *x*, which reason *y* $[_{IP}$ he should tell Mary *x* for *y*]]]

Die spezifische Form der LF-Repräsentation ergibt sich – ebenso wie die der S-Struktur – aus den verschiedenen Modulen der Grammatik. Das Theta-Kriterium verlangt in Verbindung mit dem Projektionsprinzip (cf. Kap. 3.1), daß auch LF-Bewegung in der Ausgangsposition einer *wh*-Phrase eine leere Kategorie zurückläßt, die jedoch zumeist nicht mit dem Symbol *t(race)*, sondern mit den Buchstaben *x*, *y*, *z*, etc. bezeichnet wird. Darüber hinaus ergibt sich aus der Tatsache, daß *in situ wh*-Phrasen auf LF nach SpecComp – also in eine Ā-Position – bewegt werden, daß die leere Kategorie in der ursprünglichen A-Position eine Variable sein muß.

Wenn nun die Skopuszuweisung auf LF erfolgt, so muß Prinzip (3) eben für LF und nicht für die S-Struktur gelten; d.h. eine *wh*-Phrase hat Skopus über denjenigen Satz, den sie auf LF c-kommandiert. Somit ergeben sich die Skopusunterschiede zwischen (5a) und (6a) aus den entsprechenden LF-Repräsentationen in (22). Analoges gilt für den japanischen Kontrast in (12a) und (12b); auch hier c-kommandiert das Fragewort *nani* (*was*) auf LF unterschiedliche IPs. Die Annahme, daß Skopuszuweisung ausschließlich auf LF erfolgt, gilt natürlich auch für

»einfache« Fragesätze wie (4); hier sind S-Struktur und LF bezüglich der relevanten C-Kommando-Verhältnisse offensichtlich identisch.

Betrachten wir nunmehr Strukturen wie (8b), in denen eine *wh*-Phrase *in situ* die Subjektposition des eingebetteten Satzes besetzt. Für derartige Strukturen ergibt sich eine LF-Repräsentation wie in (23):

(23) *$[_{CP}$ which reason *y*, which person *x* $[_{IP}$ John forgot for *y* $[_{CP}$ that $[_{IP}$ *x* should buy the book]]]]

Wenn wir nun annehmen, daß das ECP auf LF-Repräsentationen und nicht auf S-Strukturen anzuwenden ist, so ergibt sich die Ungrammatikalität von (8b) bzw. (23) aus einer Verletzung des ECP, da die Variable *x* nicht streng regiert wird. Auch die Ungrammatikalität »einfacher« Subjektextraktionen wie in (7b) sind mit der Annahme vereinbar, daß das ECP nur auf LF appliziert, da bei diesen Sätzen S-Struktur und LF wiederum identisch sind. In gleicher Weise ergibt sich auch die Ungrammatikalität der japanischen und chinesischen Strukturen (14b) und (15b) aus der Annahme, daß das ECP für LF-Repräsentationen gilt. Da das Fragewort auf LF nach SpecComp bewegt wird, ist die hierbei entstehende Zwischenspur nicht streng regiert.

Die bislang betrachteten Daten legen es also nahe, neben D-Struktur und S-Struktur eine weitere Repräsentationsebene LF anzusetzen, auf der die Skopusverhältnisse von Operatoren wie etwa *wh*-Phrasen bestimmt werden und die dem ECP unterliegt. Somit läßt sich die Grundstruktur der Grammatik etwa wie in (24) darstellen:

(24)

D-Struktur

|
bewege α
↓

S-Struktur

|
bewege α
↓

Logische Form

Wir sehen also, daß die Regel *bewege* α sowohl auf die D-Struktur als auch auf die S-Struktur angewandt werden kann. Im allgemeinen stellt man terminologisch die *LF-Bewegung* (= S-Struktur → LF) der *syntaktischen Bewegung* oder der *Bewegung in der Syntax* (D-Struktur → S-Struktur) gegenüber. Diese Terminologie hat sich zwar eingebürgert, ist jedoch ausgesprochen irreführend, da sie die Vorstellung suggeriert, LF bzw. LF-Bewegung habe nichts mit Syntax zu tun. In der Tat ist jedoch auch LF eine syntaktische Repräsentationsebene, da die hier relevanten Prinzipien bzw. Regeln eben syntaktischer Natur sind.

Wenn nun der Skopus von *wh*-Phrasen sowohl im Englischen als auch im Japanischen – also unabhängig von der syntaktischen Bewegung – auf LF abgelesen wird, so bedeutet dies offenbar, daß *wh*-Phrasen in *allen* Sprachen auf LF nach SpecComp bewegt werden; d.h. LF-Bewegung ist ein universales Phänomen. Wir können diesen Sachverhalt durch folgendes Prinzip ausdrücken:

(25) Wohlgeformtheitsbedingung für LF:

Auf LF müssen *wh*-Phrasen in einer Ā-Position erscheinen und eine Variable binden.

Die Bedingungen (25) und (19) legen zusammen fest, daß auf LF jeder Operator genau eine Variable binden muß. Da umgekehrt Variablen durch *wh*-Bewegung entstehen und somit trivialerweise durch einen Operator gebunden werden, ergibt sich offenkundig eine eins-zu-eins-Beziehung zwischen Operatoren und Variablen auf LF. Diese Beziehung läßt sich durch das sog. *Bijektionsprinzip* in (26) ausdrücken:

(26) Bijektionsprinzip:

Auf LF muß eine eins-zu-eins-Beziehung zwischen Operatoren und Variablen bestehen.

Wenn nun nach (25) *wh*-Phrasen universal in allen Sprachen auf LF bewegt werden, so unterscheiden sich doch Sprachen offenbar darin, ob *wh*-Phrasen auch auf der S-Struktur bewegt werden. Mit anderen Worten, LF-Bewegung ist ein universales Phänomen, während S-strukturelle Bewegung ein sprachspezifischer Prozeß ist, der im Sinne der UG eine Parametrisierung darstellt. Im Rahmen eines solchen parametrisierten Systems exemplifizieren nun das Japanische und Chinesische eine extreme Option; d.h. in diesen Sprachen werden *wh*-Phrasen grundsätzlich nur auf LF, niemals jedoch auf der S-Struktur bewegt. Demgegenüber stellen das Englische und Deutsche in diesem System eher eine Mischform dar. Enthalten Sätze eine einzige *wh*-Phrase, so wird diese bereits auf der S-Struktur bewegt. Bei Mehrfachfragen hingegen werden alle nicht S-strukturell bewegten *wh*-Phrasen erst auf LF bewegt. Wenn nun S-strukturelle Bewegung in diesem System einen Parameter darstellt, so sollte man auch eine dem Japanischen und Chinesischen entgegengesetzte extreme Option erwarten; d.h. es sollte Sprachen geben, in denen grundsätzlich alle *wh*-Phrasen – also auch solche in Mehrfachfragen – bereits auf der S-Struktur bewegt werden können. In der Tat gilt dies etwa für das Polnische oder das Tschechische (cf. Toman 1981):

(27) kto komu się podoba
wer wem sich mag
»wer mag wen«

(28) kdy komu pomohl je nejasné
wann wem er-half ist unklar
»es ist unklar, wann er wem half«

Bislang haben wir uns primär mit den Gesetzmäßigkeiten von *wh*-Phrasen befaßt. Dabei zeigte sich, daß sich *wh*-Phrasen *in situ* bezüglich ihrer Skopuseigenschaften ähnlich wie syntaktisch bewegte *wh*-Phrasen verhalten. Um die entsprechenden Skopusunterschiede erfassen zu können, haben wir die zusätzliche Ebene der LF-Repräsentation angesetzt, die Prinzipien wie (25) und dem ECP unterliegt. Bereits Beispiele wie (1) und (2) zeigen jedoch, daß nicht nur *wh*-Phrasen Skopuseigenschaften haben, sondern auch quantifizierte NPs (z.B. *every*, *some*, *nobody*, etc.) können unterschiedlichen Skopus aufweisen. Betrachten wir hierzu einen Satz wie (29):

(29) every man loves some woman

Eine Struktur wie (29) ist im Englischen mehrdeutig. Nach *einer* möglichen Lesart von (29) gilt für jeden Mann, daß er irgendeine Frau liebt, wobei dies für jeden Mann eine andere sein kann. In dieser Lesart hat also *every* Skopus über *some*. Die alternative Skopusinterpretation von (29) besagt, daß es irgendeine Frau gibt, die jeder Mann liebt; d.h. jeder Mann liebt die gleiche Frau. In dieser Lesart hat *some* Skopus über *every*. Diese Skopusambiguität von (29) läßt sich – ähnlich wie bei den *wh*-Phrasen – durch unterschiedliche LF-Repräsentationen darstellen:

(30a) for every man $x$: there is some woman $y$ such that $x$ loves $y$

(30b) there is some woman $y$ such that for every man $x$, $x$ loves $y$

Es scheint also, daß auch quantifizierte NPs auf LF in eine prä-IP Position bewegt werden, die dann den jeweiligen Skopus des Quantors bestimmt. Traditionell wird dieser Typus von LF-Bewegung als *Quantorenhebung* (engl. *quantifier raising* (*QR*)) bezeichnet. Ist diese Schlußfolgerung richtig, so sollten sich auch bei quantifizierten NPs ECP-Effekte einstellen, d.h. LF-Bewegungen aus einer Subjektposition heraus sollten nur dann möglich sein, wenn die zurückgelassene leere Kategorie streng regiert ist. Die folgenden Beispiele zeigen, daß dies in der Tat der Fall ist. Wir betrachten zunächst den Satz (31):

(31) some teacher will expect every student to pass the examen

Satz (31) gestattet – ähnlich wie (29) – zwei verschiedene Interpretationen. In der einen Lesart gibt es mindestens einen Lehrer, nach dessen Auffassung jeder Student das Examen bestehen wird. Hier hat *some* Skopus über *every*, so daß wir eine LF-Repräsentation wie in (32a) erhalten. In der alternativen Lesart, in der *every* Skopus über *some* hat, gibt es für jeden Studenten irgendeinen Lehrer, der an dessen Examenserfolg glaubt; d.h. es können verschiedene Lehrer betroffen sein. Dementsprechend erhalten wir eine LF-Repräsentation wie in (32b):

(32a) there is some teacher *x*, such that *x* expects: for every student *y*, *y* to pass the examen

(32b) for every student *y*, there is some teacher *x*, such that *x* expects *y* to pass the examen

Kontrastieren wir nun Satz (31) mit der Struktur (33):

(33) some teacher expects that every student will pass the examen

Entscheidend ist, daß (33) – im Gegensatz zu (31) – nicht mehrdeutig ist. (33) gestattet nur die Lesart mit weitem Skopus von *some*, also die LF-Repräsentation (34a). Die alternative Lesart (34b) mit weitem Skopus von *every* ist für (33) nicht möglich:

(34a) there is some teacher *x*, such that *x* expects: for every student *y*, that *y* will pass the examen

(34b) *for every student *y*, there is some teacher *x*, such that *x* expects that *y* will pass the examen

Der Kontrast zwischen (32b) und (34b) ergibt sich wiederum aus der Annahme, daß das ECP auf LF-Repräsentationen anzuwenden ist. In (32b) wird die leere Kategorie *y* von dem Verb *expect* lexikalisch, i.e.

streng regiert. In (34b) hingegen wird *y* vom INFL des eingebetteten Satzes regiert, das jedoch kein strenges Regens ist. Die LF-Repräsentation (34b) verletzt somit das ECP.

Ähnlich wie bei den *wh*-Phrasen finden wir auch bei quantifizierten NPs schwache *cross-over*-Effekte. Dem Kontrast zwischen (17a) und (17b) entspricht also genau der gleiche Kontrast zwischen (35a) und (35b), obwohl hier keine S-strukturelle Bewegung stattgefunden hat:

(35a) they expect everyone$_i$ to love his$_i$ parents

(35b) *they expect his$_i$ parents to love everyone$_i$

Wenn quantifizierte NPs wie *everyone* auf LF in eine prä-IP-Position bewegt werden, so muß der Quantor in (35b) das koindizierte *his* überqueren, so daß die Ungrammatikalität von (17b) und (35b) auf die gleiche Beschränkung zurückgeführt werden kann.

Wir sehen also, daß nicht nur *wh*-Phrasen, sondern auch Quantoren der LF-Bewegung zu unterliegen scheinen. Nun erinnern wir uns daran, daß sich im Bereich der *wh*-Bewegung Sprachen darin unterscheiden können, ob *wh*-Phrasen auch auf der S-Struktur bewegt werden. So werden im Japanischen alle *wh*-Phrasen ausschließlich auf LF bewegt, während sie im Polnischen auch auf der S-Struktur bewegt werden können. Das Englische repräsentiert demnach insofern eine Mischform, als jeweils nur eine einzelne *wh*-Phrase auf der S-Struktur bewegt werden kann. Wenn nun LF-Bewegung grundsätzlich universal, S-Struktur-Bewegung jedoch im Sinne einer parametrisierten Option sprachspezifisch ist, so wäre zu erwarten, daß es auch im Bereich quantifizierter NPs Sprachen geben sollte, in denen diese NPs bereits auf der S-Struktur bewegt werden. In der Tat finden wir eine solche S-strukturelle Quantorenbewegung etwa im hawaiianischen Kreol, das von Bickerton (1981) beschrieben wurde. Dabei läßt sich hier wiederum eine ECP-bezogene Subjekt-Objekt-Asymmetrie beobachten:

(36a) eni kain lanwij ai no kaen spik gud
any kind language I no can speak good
»I can't speak any kind of language well«

(36b) sam gaiz samtaimz dei kam
some guys sometimes they come
»sometimes some guys come«

(36c) *sam gaiz samtaimz kam

Da das hawaiianische Kreol – ähnlich wie das Englische – eine D-strukturelle SVO-Stellung aufweist, muß in (36a) die quantifizierte Objekt-NP *eni kain lanwij* bereits auf der S-Struktur in eine prä-IP-Position bewegt worden sein, so daß in ihrer D-strukturellen Ausgangsposition eine Spur erscheint, die vom Verb *spik* streng regiert wird. In (36b) und (36c) ist dementsprechend jeweils eine Subjekt-NP bewegt worden. Es zeigt sich hier jedoch, daß in diesem Falle obligatorisch das resumptive Pronomen *dei* in der Subjektposition erscheinen muß, d.h. es darf hier keine leere Kategorie auftreten. Dieses Faktum folgt nun wiederum aus dem ECP, da eine Spur in Subjektposition »nur« von INFL, also nicht streng regiert würde.

Wir beobachten also, daß *wh*-Phrasen und Quantoren gleichermaßen auf LF bewegt werden, wobei die zurückgelassene Spur dem ECP unterliegt, d.h. sie muß streng regiert sein. Hieraus ergeben sich etwa die Kontraste zwischen (31) und (33), bei denen es sich jeweils um eine *Subjekt*extraktion handelt. Nun zeigt sich jedoch bei genauer Betrachtung, daß die Quantorenbewegung einer weitergehenden Beschränkung unterliegt, die jedoch nicht für *wh*-Phrasen gilt. Während Objekt-*wh*-Phrasen wie etwa in (5a) weiten Skopus haben können und dementsprechend – wie (22a) zeigt – auf LF in den Matrixsatz bewegt werden, dürfen quantifizierte Objekt-NPs stets nur engen Skopus haben, d.h. sie können niemals auf LF in die Matrix-CP bewegt werden. Dies gilt gleichermaßen für finite wie infinite Sätze:

(37a) some professor expects Bill to pass every exam
(37b) some professor expects that Bill will pass every exam

Die quantifizierte NP *every exam* in (37) kann stets nur Skopus über den eingebetteten Satz, nicht jedoch über *some professor* haben. Mit anderen Worten, (37a) gestattet nur die Lesart (38a), nicht jedoch die Lesart (38b). Analoges gilt für (37b):

(38a) there is some professor *x*, such that *x* expects for every exam *y*, Bill will pass *y*
(38b) *for every exam *y*, there is some professor *x*, such that *x* expects Bill to pass *y*

Nach der Lesart (38a) gibt es einen bestimmten Professor, der an Bills durchgehenden Examenserfolg glaubt. (38b) hingegen besagt, daß es für jedes Examen, das Bill zu bestehen hat, irgendeinen Professor gibt, der an Bills Erfolg glaubt, wobei dies bei jedem Examen jeweils ein anderer Professor sein kann. Eine solche Lesart ist für einen Satz wie (37) jedoch nicht möglich.

Auf LF können also Quantoren – im Gegensatz zu *wh*-Phrasen – nicht aus der Objektposition eines eingebetteten Sätzen in den Matrixsatz herausbewegt werden. Nun erinnern wir uns daran, daß die generelle Unzulässigkeit von Objektextraktionen bereits bei der NP-Bewegung (cf. Kap. 3.1) zu beobachten war. Wir wiederholen hier die einschlägigen Beispiele:

(39a) *Mary$_i$ seems John to love t$_i$

(39b) *Mary$_i$ seems that John loves t$_i$

Wir sehen also, daß sich Quantorenhebung auf LF genauso verhält wie die NP-Bewegung auf der S-Struktur. Dies bedeutet zunächst, daß Quantoren auf LF nicht eine Variable, sondern eine Anapher zurücklassen, deren Bindung Prinzip A der Bindungstheorie unterliegt. Daraus folgt, daß die LF-Bewegung von Quantoren aufgrund des anaphorischen Charakters der zurückgelassenen Spuren strengeren Lokalitätsbeschränkungen unterworfen ist als die LF-Bewegung von *wh*-Phrasen. Wenn nun Quantorenhebung Anaphern zurückläßt, so kann die Position, in die ein Quantor auf LF bewegt wird, nicht SpecComp sein, da von dieser Position aus stets nur Variablen gebunden werden (cf. Kap. 3.2). Hornstein (1984) und Aoun (1985) haben in diesem Zusammenhang dafür argumentiert, daß Quantoren auf LF an IP adjungiert werden und von dieser Adjunktionsposition aus ihre Anapher binden. Die Vorstellung einer solchen IP-Adjunktion hat nun erhebliche Konsequenzen für die Definition der A- bzw. Ā-Kette (cf. Kap. 3.1 und 3.2). Wir können an dieser Stelle auf die hier auftretenden Probleme nicht näher eingehen und verweisen den Leser daher auf die Literaturangaben am Ende des Kapitels.

Entscheidend ist vor allem, daß die S-strukturelle Distinktion zwischen *wh*- und NP-Bewegung auf LF eine exakte Entsprechung findet. Quantorenhebung verhält sich unter bindungstheoretischer Perspektive wie S-strukturelle NP-Bewegung, *wh*-Bewegung scheint auf LF und S-Struktur gleichermaßen ein ungebundener Prozeß zu sein.

LF-bezogene Gesetzmäßigkeiten beobachtet Kayne (1981b) auch im Bereich negierter NPs. So bestimmt im Französischen die Position der Partikel *ne* den Skopus von Negatoren wie *pas*, *personne*, *rien*, etc.:

(40a) je n'ai exigé qu'ils arrêtent personne
(40b) j'ai exigé qu'ils n'arrêtent personne

In (40a) hat *personne* Skopus über den gesamten Satz, so daß sich eine Interpretation ergibt wie *es gilt für niemanden, daß ich gefordert habe, daß sie ihn verhaften*. In (40b) hingegen ist der Skopus von *personne* allein auf den eingebetteten Satz beschränkt mit einer Lesart wie *ich habe gefordert, daß sie niemanden verhaften*. Dieser Skopusunterschied korreliert mit der Tatsache, daß *ne* in (40a) im Matrixsatz, in (40b) jedoch im eingebetteten Satz auftritt.

Es zeigt sich nun, daß weiter Skopus mit *ne* im Matrixsatz nur zulässig ist, wenn *personne* in Objektposition steht. Tritt *personne* als Subjekt eines eingebetteten Satz auf, so ist nur enger Skopus mit *ne* im eingebetteten Satz möglich:

(41a) *je n'ai exigé que personne soit arrêté
(41b) j'ai exigé que personne ne soit arrêté

Wenn nun Negatoren genau wie *wh*-Phrasen der LF-Bewegung unterliegen, so ist die von *personne* zurückgelassene Spur auch bei weitem Skopus in (40a) von *arrêté* streng regiert. In (41a) hingegen ist die Subjektspur bei weitem Skopus nur von INFL und daher nicht streng regiert. (41a) wird somit wiederum durch das ECP blockiert.

Im Englischen können NPs zum Zwecke der Kontrastierung mit Hilfe des sog. *focal stress* besonders hervorgehoben werden. Die Großschreibung in (42a) gibt die durch *focal stress* markierte NP an:

(42a) JOHN$_i$ loves his$_i$ mother (not Bill)

Nun finden wir auch bei diesen Konstruktionen schwache *cross-over*-Effekte, d.h. (42b) mit fokussiertem *JOHN* ist nicht möglich:

(42b) *his$_i$ mother loves JOHN$_i$ (not Bill)

Da schwacher *cross-over* – wie wir bereits gesehen haben – stets auf LF-Bewegung hindeutet, können wir annehmen, daß fokussierte Phrasen im Englischen auf LF in eine prä-IP-Position bewegt werden. Wenn nun Fokussierung universal ein LF-Prozeß ist, so wäre im Sinne der bereits bei den *wh*-Phrasen und Quantoren beobachteten Parametrisierung zu erwarten, daß es auch hier Sprachen geben sollte, in denen fokussierte Phrasen bereits auf der S-Struktur bewegt werden. Dies ist in der Tat etwa im Ungarischen der Fall (cf. Kiss 1981). Wird eine NP etwa in Verbindung mit *nicht* fokussiert, so *muß* sie in präverbaler Position auftreten:

(43a) szereti János Marit
liebt Hans Maria
»Hans liebt Maria«

(43b) nem Marit szereti János
nicht MARIA liebt Hans

(43c) *szereti János nem Marit

(43d) *János szereti nem Marit

Wir sehen also, daß *wh*-Phrasen, Quantoren und fokussierte Phrasen unterschiedliche Skopuseigenschaften aufweisen können und somit universal in allen Sprachen auf LF in eine prä-IP-Position bewegt werden. Demgegenüber unterscheiden sich Sprachen u.a. darin, ob die genannten Elemente bereits auf der S-Struktur bewegt werden, d.h. die S-strukturelle Bewegung dieser Elemente unterliegt der sprachspezifischen Parametrisierung. Die folgende Tabelle gibt Beispiele für verschiedene solcher Parametrisierungen:

| Bewegung: | *wh*-Phrase | Quantoren | Fokus-NPs |
|---|---|---|---|
| S-Struktur | Polnisch | Hawaii-Kreol | Ungarisch |
| nur LF | Japanisch | Englisch | Englisch |

Wir erinnern uns, daß wir in Kap. 3.4 die *Nominative Island Condition* (NIC) auf das ECP reduzieren konnten, da nominativisch markierte leere Anaphern – also NP-Spuren – stets in einer nicht streng regierten Position auftreten. Dementsprechend erklärt das ECP den Kontrast zwischen (44a) und (44b):

(44a) John seems [t to love Mary]
(44b) *John seems [that t loves Mary]

In (44a) wird die Subjekt-Spur von *seems* streng regiert, während diese Spur in (44b) wegen des intervenierenden CP-Knotens »nur« von INFL regiert wird. (44b) ist demnach eine ECP-Verletzung. Nun finden wir jedoch exakt den gleichen Kontrast auch bei lexikalischen Anaphern, wie (45) zeigt:

(45a) they expect each other to win the race
(45b) *they expect that each other will win the race

Trotz der identischen Datenverteilung in (44) und (45) scheint die Ungrammatikalität von (45b) nicht durch das ECP erklärbar zu sein, da in der eingebetteten Subjektposition eben keine leere Kategorie, sondern eine lexikalische Anapher erscheint. Dennoch sieht (45b) in einem intuitiven Sinne wie ein »typischer« ECP-Effekt aus; d.h. lexikalische Anaphern sind nicht in der Subjektposition finiter Sätze zugelassen, und dies ist eben genau die Position, die nicht streng regiert ist. Nun könnten wir einerseits fordern, daß das ECP nicht nur für leere Kategorien, sondern eben auch für lexikalische Anaphern gilt. Eine solche Lösung ist jedoch aus zwei Gründen unbefriedigend. Zunächst widerspricht sie dem »spirit« des ECP, das ja gerade ein Prinzip für leere Kategorien ist. Zum anderen ließe sich eine derartige Erweiterung des ECP nur durch ein einziges Datum – nämlich (45b) – rechtfertigen und erscheint daher als eine reine *ad hoc* Lösung. Alternativ könnten wir annehmen, daß lexikalische Anaphern – ebenso wie Fokus-NPs oder Quantoren – auf LF bewegt werden, so daß in ihrer ursprünglichen Position eine leere Kategorie erscheint, die nunmehr – völlig regulär – dem ECP unterliegt. Dieser Lösungsweg ist natürlich nur dann plausibel, wenn sich zeigen läßt, daß lexikalische Anaphern – über das Datum (45b) hinaus – noch weitere Eigenschaften mit den übrigen LF-bewegten Elementen gemeinsam haben. Nun hatten wir bereits gesehen (cf. obige Tabelle), daß jeder Typus von LF-Bewegung in bestimmten Sprachen auch als S-strukturelle Bewegung auftritt. Wenn also zutrifft, daß lexikalische Anaphern auf LF bewegt werden, so sollte es Sprachen geben, in denen diese Bewegung bereits auf der S-Struktur stattfindet. Dies scheint nun in der Tat etwa in den romanischen Sprachen der Fall zu sein, in denen lexikalische Anaphern – wie auch generell Pronomina – an das Verb klitisiert werden müssen (cf. auch Kap. 1.1):

(46a) Marie se regarde dans le miroir
(46b) Maria si guarda nello specchio
(46c) Maria se mira en el espejo

Zusammenfassend können wir also feststellen, daß sich bestimmte Ausdrücke wie etwa *wh*-Phrasen, Quantoren, Fokus-NPs, etc. bezüglich ihrer Skopuseigenschaften und Positionsbeschränkungen wie S-strukturell bewegte Phrasen verhalten. Diese Beobachtung führte zu der Annahme einer zusätzlichen Repräsentationsebene – der Logischen Form –, auf der diese Ausdrücke universal bewegt werden, so daß hier der jeweilige Skopus abgelesen werden kann. LF-Repräsentationen unterliegen dem ECP, das sämtliche Bewegungen als ungrammatisch markiert, die eine nicht streng regierte leere Kategorie zurücklassen.

Darüber hinaus haben wir beobachtet, daß derartige Bewegungen von *wh*-Phrasen, Quantoren, etc. in bestimmten Sprachen bereits auf der S-Struktur durchgeführt werden. Mit anderen Worten, die Bewegung von Operatoren ist auf LF universal, auf der S-Struktur sprachspezifisch parametrisiert.

Wenngleich LF als eigenständige Repräsentationsebene durch die dargestellten Daten und Gesetzmäßigkeiten eine plausible Rechtfertigung findet, so gibt es doch gerade in diesem Bereich eine Vielzahl von Fragen und Problemen, die beim derzeitigen Forschungsstand noch weitgehend ungeklärt sind. Hierzu gehört etwa die Frage, welche Prinzipien – neben dem ECP – für LF-Repräsentationen relevant sind und in welche Position(en) LF-Bewegungen führen bzw. führen können. Wenngleich verschiedene Autoren hierzu konkrete Vorschläge gemacht haben, so läßt sich doch feststellen, daß nur wenige Vorstellungen auf allgemeinen Konsens stoßen, so daß der gesamte LF-Bereich äußerst umstritten ist. Einige dieser Probleme werden wir erneut in Kap. 5 aufgreifen. Im Augenblick verweisen wir den Leser auf die in den Literaturhinweisen genannten Arbeiten.

## Literaturhinweise

In der frühen Konzeption der generativen Grammatik, dem sog. *Aspekte*-Modell (cf. Chomsky 1965:224, 1972) wurde vermutet, daß Skopusinterpretationen auf der S-Struktur abzulesen sind (cf. Band I, Kap. 2.1 und die dort angegebene Literatur).
Der Begriff der Logischen Form wurde von May (1977) eingeführt. Die theoretischen Implikationen einer eigenständigen LF-Repräsentation sind ausführlich in Chomsky (1981, 1986b) und vor allem in Hornstein (1984), Aoun (1985) und May (1985) dargestellt und erörtert. Zu sprachspezifischen Variationen im Bereich der LF-Bewegung cf. vor allem Huang (1982a-b).
Kayne (1983) entwickelte eine Version des ECP, die es erlaubt, ECP-Effekte für *in situ*-Phrasen auch ohne LF-Bewegung zu erfassen. Argumente gegen die Annahme einer LF-Ebene finden sich vor allem in Riemsdijk & Williams (1981), Williams (1986) sowie Koster (1987).
*Cross-over*-Phänomene sind in Postal (1971) und Chomsky (1976, 1982a) diskutiert. Zur Quantorenhebung cf. auch Reinhart (1976, 1983) und Higginbotham (1980). Zum Bijektionsprinzip cf. Koopman & Sportiche (1982).

## Aufgaben

1. Überlegen Sie, ob LF-Bewegung der Subjazenz unterliegt. Zu welchen empirischen und theoretischen Konsequenzen führt Ihre Antwort?

2. Diskutieren Sie anhand der folgenden Daten die Frage, ob die Bindungstheorie auf LF oder auf der S-Struktur appliziert:
   a) *he$_i$ bought every book that John$_i$ liked
   b) which picture that Mary$_i$ gave to John did she$_i$ hate

3. Beschreiben und erklären Sie die Skopusverhältnisse in den folgenden deutschen Daten:
   a) viele Männer kennen jedes Auto
   b) jedes Auto kennen viele Männer
   c) … weil jeder seine Eltern liebt
   d) … weil seine Eltern jeder liebt
   e) … weil jeden seine Eltern lieben
   f) … weil seine Eltern jeden lieben

4. Erklären Sie den folgenden Kontrast unter der Annahme, daß Expletiva auf LF »unsichtbar« sind.
   a) there seems to be a unicorn in the garden
   b) *there seems that is a unicorn in the garden

# Leere Kategorien

## 4.1 PRO und pro

In den vorangegangenen Kapiteln haben wir zwei Typen von leeren Kategorien kennengelernt, die jeweils durch Bewegung, d.h. durch Anwendung der Regel *bewege* α entstehen: NP-Spuren und *wh*-Spuren. Nun ist das Auftreten leerer Kategorien in natürlichen Sprachen an sich nichts Ungewöhnliches; leere Kategorien finden wir etwa besonders häufig in der Flexionsmorphologie, z.B. bei der englischen Pluralbildung. Nomina wie etwa *fish* oder *sheep* haben eine phonetisch identische Singular- und Pluralform (z.B. *this fish* vs. *these fish*). Diese lautliche Gleichheit deutet nun offenbar darauf hin, daß das Pluralmorphem bei diesen Nomina phonetisch nicht realisiert wird, d.h. leer ist. Derartige phonetisch leere Morpheme bezeichnet man traditionell als *Nullmorpheme*. Auch in der deutschen Verbalflexion lassen sich solche Nullmorpheme beobachten. Deutsche Verben werden u.a. nach der Person flektiert, wobei etwa im Präsens Singular die Morpheme *-e*, *-st* und *-t* an den Wortstamm gehängt werden. Bei einigen Verben – z.B. *können* – werden die Morpheme der 1. und 3. Person jedoch phonetisch nicht realisiert; d.h. es treten Nullmorpheme auf:

| | | | |
|---|---|---|---|
| (1a) | ich komm-e | (1b) | ich kann- |
| | du komm-st | | du kann-st |
| | er komm-t | | er kann- |

Entscheidend ist jedoch, daß solche Nullmorpheme offenbar nicht durch Bewegung entstehen, vielmehr scheinen sie direkt in ihrer jeweiligen Position generiert zu werden. Technisch spricht man hier von *basisgenerierten* Elementen. Da natürliche Sprachen also prinzipiell basisgenerierte leere Kategorien zulassen, stellt sich die Frage, ob es auch in der Syntax leere Kategorien gibt, die direkt durch das X-bar Schema erzeugt werden und nicht etwa erst durch Bewegung entstehen. Für die Beantwortung dieser Frage scheinen Infinitivkonstruktionen wie die in (2) einschlägig zu sein:

(2a) ich versprach ihm [Maria einzuladen]
(2b) er bat mich [Maria einzuladen]
(2c) es ist schwer [dieses Problem zu erklären]

Zunächst läßt sich beobachten, daß etwa in (2a) das Subjekt des Matrixsatzes thematisch gleichzeitig Subjekt des Infinitivs ist; d.h. *ich* ist sowohl Agens von *versprechen* als auch Agens von *einladen*. Aus dieser Beobachtung folgt jedoch bereits, daß (2a) nicht durch Bewegung entstanden sein kann; mit anderen Worten, (2a) kann nicht die Struktur (2a') haben:

(2a') *$ich_i$ versprach ihm [$t_i$ Maria einzuladen]

Aus Kap. 3.1 erinnern wir uns daran, daß NP-Bewegung stets nur von einer θ-markierten in eine nicht-θ-markierte Position führen kann, da sonst der resultierenden A-Kette – im Falle von (2a') der Kette <ich, t> – unter Verletzung des Theta-Kriteriums zwei θ-Rollen zugewiesen würden. Nun weist ein Verb wie etwa *versprechen* seinem Subjekt jedoch offensichtlich eine θ-Rolle zu, so daß die potentielle Landeposition der Bewegung eben nicht thematisch unmarkiert ist. Die thematische Markierung der Subjektposition bei *versprechen* zeigt sich etwa auch daran, daß kein Expletivum in ihr auftreten darf (cf. Kap. 2.3):

(3) *$es_{expl}$ versprach, daß ich Maria einlade

Eine S-strukturelle Repräsentation wie (2a') verletzt also offensichtlich das Theta-Kriterium, so daß die betreffende Infinitivkonstruktion nicht über NP-Bewegung entstanden sein kann. Aber auch für (2c) kommt eine Bewegungsanalyse nicht in Frage, da in dieser Struktur überhaupt keine NP vorhanden ist, die bewegt werden könnte.

Betrachten wir nun eine Struktur wie (2b), so könnte man zunächst vermuten, daß hier eine ECM-Konstruktion (cf. Kap. 2.2) vorliegt, in der *mich* das Subjekt des infiniten Verbs ist:

(2b') er bat [$_{IP}$ mich Maria einzuladen]

Eine ECM-Analyse von (2b) würde jedoch bedeuten, daß *mich* seine θ-Rolle vom Verb *einladen* erhält. Dementsprechend sollte bei Verben, die ihrem Subjekt keine θ-Rolle zuweisen – z.B. den sog. *Witterungsverben* wie *regnen*, *schneien*, etc. – in dieser Position ein expletives *es* auftreten können, das ja stets Indiz für eine thematisch unmarkierte Position ist (cf. Kap. 2.3):

(4) *er bat [es zu regnen]

Die Ungrammatikalität von (4) zeigt recht deutlich, daß es sich bei Infinitivstrukturen nach *bitten* nicht um ECM-Konstruktionen handeln kann. Vielmehr muß die fragliche NP hier stets (θ-markiertes) Objekt von *bitten* sein, so daß in dieser Position generell kein expletives *es* auftreten darf.

Da sich nun Infinitivkonstruktionen wie in (2) weder über eine Bewegungs- noch über eine ECM-Analyse erfassen lassen, bieten sich prinzipiell drei verschiedene Lösungen an:

(5) Bei den Infinitivkonstruktionen handelt es sich um
a. reine VPs,
b. CPs ohne Subjektposition in IP,
c. CPs mit basisgenerierter leerer Subjekt-NP.

Es gibt nun eine Vielzahl von Daten, die darauf hindeuten, daß Lösung (5a) nicht korrekt sein kann, d.h. Infinitivkonstruktionen wie in (2) können keine reinen VPs sein. Zunächst läßt sich beobachten, daß etwa im Englischen *wh*-Phrasen unmittelbar vor solchen Infinitivstrukturen auftreten können:

(6a) I don't know what to do
(6b) it is unclear how to repair such a car

Da die *wh*-Phrasen in (6) nicht *in situ* auftreten, muß ihre Stellung offenbar über Bewegung entstanden sein. In Kap. 3.2 haben wir jedoch gezeigt, daß *wh*-Bewegung stets in die Specifier-Position von CP führt. Daher müssen diese Infinitivkonstruktionen CPs sein.

Darüber hinaus finden wir im Englischen in scheinbar subjektlosen Verbalkonstruktionen nicht nur Infinitive, sondern auch Gerundien:

(7a) to talk to Mary is a pleasure for everyone
(7b) talking to Mary is a pleasure for everyone

Gerundien unterscheiden sich nun von Infinitiven u.a. durch ihre Flexionsmorphologie; d.h. Gerundien zeichnen sich durch das Flexionsmorphem *ing* aus, während Infinitive hier vermutlich ein Nullmorphem tragen. Flexionsmorpheme sind jedoch – ebenso wie Tempus- und Modalmerkmale – unter INFL generierte Elemente, die über die Regel *Affix Hopping* (cf. Kap. 1.2) an das Verb klitisieren. Da INFL jedoch nicht Teil der VP, sondern der Kopf von IP ist, können Infinitiv- und Gerundialkonstruktionen keine reinen VPs sein.

Somit stellt sich die Frage, ob bei Infinitiv- bzw. Gerundialsätzen – ähnlich wie bei NPs – die Subjektposition einfach fehlen kann (=

Lösung 5b), oder ob hier eine basisgenerierte leere Subjekt-NP anzusetzen ist (= Lösung 5c). Nun verlangt bereits das Theta-Kriterium, daß bei den hier betrachteten Konstruktionen die Subjektposition vorhanden sein muß, da ja sonst die Subjekt-θ-Rolle nicht zugewiesen werden kann. Entscheidend für die Wahl zwischen (5b) und (5c) sind jedoch die in Infinitivsätzen auftretenden Bindungsverhältnisse.

Wir erinnern uns aus Kap. 2.4 daran, daß die für die Bindung von Anaphern und Pronomina relevante Domäne über den Begriff des (kleinsten) CFC definiert ist, der neben der Anapher bzw. dem Pronomen ein entsprechendes Regens enthält. Nun kann eine Struktur *per definitionem* nur dann ein CFC sein, wenn sie ein Subjekt enthält. Daraus folgt, daß Infinitivsätze niemals ein CFC sein können, wenn sie kein Subjekt enthalten. Dementsprechend ist bei subjektlosen Infinitivsätzen im Sinne von (5b) der kleinste CFC stets der nächsthöhere Satz, in den der Infinitiv eingebettet ist. Folglich sollte es möglich sein, eine innerhalb des Infinitivsatzes auftretende Anapher mit dem Subjekt des nächsthöheren Satzes zu binden. Aus den gleichen Gründen sollte ein Pronomen im Infinitivsatz nicht vom Subjekt des nächsthöheren Satzes gebunden werden dürfen. Wie die Beispiele in (8) zeigen, liegen die Verhältnisse jedoch gerade umgekehrt:

(8a) *Hans$_i$ bat mich [sich$_i$ zu rasieren]

(8b) Hans$_i$ bat mich [ihn$_i$ zu rasieren]

Die Datenverteilung in (8) zeigt, daß Infinitivsätze im Sinne der Bindungstheorie CFCs sein müssen. Mit anderen Worten, *sich* in (8a) muß offensichtlich innerhalb des Infinitivsatzes gebunden sein, während das Pronomen *ihn* lediglich innerhalb dieser Domäne frei sein muß. In die gleiche Richtung deutet auch der Kontrast in (9):

(9a) ich bedaure [Maria nicht eingeladen zu haben]
(9b) *Maria$_i$ wurde bedauert [t$_i$ nicht eingeladen zu haben]

Aufgrund seiner passivischen Form weist *bedauern* in (9b) der Subjektposition keine θ-Rolle zu (cf. Kap. 3.1), so daß diese Position nunmehr ein potentieller Landeplatz für NP-Bewegung ist. Wäre der Infinitivsatz nun kein CFC, so würde *Maria* in Übereinstimmung mit Prinzip A die Spur *t* korrekt binden. Enthielte der Infinitivsatz hingegen ein Subjekt und wäre daher ein CFC, so ergäbe sich die Ungrammatikalität von (9b) aus einer Verletzung von Bindungsprinzip A.

Auch die Daten in (10) deuten darauf hin, daß Infinitivsätze ein Subjekt enthalten müssen:

(10a) it is difficult [to be invited t to this party]
(10b) es ist peinlich [sich dauernd zu versprechen]

In (10a) verlangt das Theta-Kriterium, daß die D-strukturelle Repräsentation des Passivs eine Objekt-NP enthalten muß, die dann S-strukturell unter Zurücklassen einer anaphorischen Spur bewegt wird. Enthielte nun der Infinitivsatz kein Subjekt, so wäre diese Spur nicht korrekt gebunden, und der Satz müßte wegen Verletzung von Prinzip A ungrammatisch sein. Aus dem gleichen Grunde müßte (10b) ungrammatisch sein, da die lexikalische Anapher *sich* hier nicht gebunden wäre.

Die Bindungsdaten zeigen also recht eindeutig, daß Infinitivsätze CFCs im Sinne der Bindungstheorie sind, so daß sie folglich auch ein Subjekt enthalten müssen, das allerdings phonetisch leer ist. Aus Gründen, die wir im folgenden ausführlich erläutern werden, wird diese leere Subjektkategorie als *PRO* bezeichnet. Für die genannten Infinitivkonstruktionen können wir also folgende (vereinfachte) allgemeine Struktur ansetzen:

(11) [$_{CP}$ [$_{IP}$ [$_{NP}$ PRO] [$_{INFL}$ -finit] [$_{VP}$ ...]]]

Es stellt sich nun offensichtlich die Frage, welche Eigenschaften dieses PRO im Verhältnis zu anderen leeren Kategorien hat. Wir hatten bereits darauf hingewiesen, daß *wh*- und NP-Spuren durch Bewegung entstehen, während PRO offenbar basisgeneriert ist. Darüber hinaus zeigen Daten wie (12), daß die Kategorie PRO kein R-Ausdruck ist, da sie mit einem c-kommandierenden Element koindiziert werden kann:

(12a) ich bat ihn$_i$ [PRO$_i$ sich$_i$ zu rasieren]

Die Anapher *sich* ist hier durch PRO korrekt gebunden; gleichzeitig ist PRO jedoch auch mit dem Objekt des Matrixsatzes, i.e. *ihn*, koindiziert. In der Tat scheint die Koreferenz mit dem Matrixobjekt obligatorisch zu sein:

(12b) *er$_i$ bat mich [PRO$_i$ sich$_i$ zu rasieren]

(12c) *ich bitte dich [PRO$_i$ sich$_i$ zu rasieren]

Nun zeigen jedoch Sätze wie in (13), daß PRO offenbar nicht in allen Fällen mit einem Element des Matrixsatzes koindiziert sein muß:

(13a) es ist schwierig [PRO$_i$ sich$_i$ Zugang zu verschaffen]

(13b) it was expected [PRO$_i$ to compete with each other$_i$]

PRO scheint also prinzipiell sowohl frei als auch gebunden auftreten zu können. Dies ist jedoch ein typisches Merkmal von Pronomina, die ebenfalls – außerhalb des kleinsten CFC – gebunden sein können, aber nicht müssen. PRO hat also offenkundig pronominale Eigenschaften (daher auch die Bezeichnung *PRO*). Auf der anderen Seite weist PRO jedoch auch Eigenschaften auf, die eher typisch für Anaphern sind und bei Pronomina gerade nicht vorkommen. So gestatten Pronomina etwa sog. *gespaltene Antezedenten* (engl. *split antecedents*), d.h. sie können gleichzeitig mit verschiedenen Positionen des Matrixsatzes koindiziert sein. Anaphern hingegen erlauben solche gespaltenen Antezedenten nicht:

(14a) Hans$_i$ erzählte Maria$_j$, daß sie$_{i,j}$ gelobt wurden

(14b) *Hans$_i$ warnte Peter$_j$ vor einander$_{i,j}$

PRO verhält sich nun in diesem Bereich wie eine Anapher, d.h. gespaltene Antezedenten sind nicht zulässig:

(14c) *Hans$_i$ glaubte Maria$_j$ [PRO$_{i,j}$ einander$_{i,j}$ ewig zu lieben]

Eine weitere typisch anaphorische Eigenschaft von PRO ergibt sich aus der Tatsache, daß PRO – sofern es nicht wie in (13) – frei ist, stets im nächsthöheren Satz gebunden sein muß, d.h. eine weiter reichende Bindung ist nicht zulässig:

(15a) Hans glaubt, daß ich$_i$ versprochen habe [PRO$_i$ mich$_i$ zu rasieren]

(15b) *Hans$_i$ glaubt, daß ich versprochen habe [PRO$_i$ sich$_i$ zu rasieren]

Wir sehen also, daß PRO weder ein reines Pronomen, noch eine reine Anapher ist, andererseits jedoch sowohl pronominale als auch anaphorische Eigenschaften besitzt. Aus diesem Grunde bezeichnet man PRO als *pronominale Anapher.*

Nun läßt sich weiterhin beobachten, daß PRO niemals in Positionen auftreten kann, die lexikalisch regiert sind:

(16a) *ich kenne PRO
(16b) *ich denke an PRO
(16c) *ich traf den Bruder von PRO
(16d) *ich traf PRO's Bruder
(16e) *ich sah PRO arbeiten
(16f) *es scheint PRO zu arbeiten

Diese Beschränkung folgt jedoch bereits aus der Tatsache, daß PRO eine pronominale Anapher ist. Wir erinnern uns aus Kap. 2.4 daran, daß für jede NP, die lexikalisch regiert ist, eine Kategorie β existieren muß, innerhalb derer die NP die Bindungstheorie erfüllen muß. Für Komplementpositionen ist diese Kategorie β stets der kleinste CFC, in dem daher Anaphern gebunden und Pronomina frei sein müssen. Als pronominale Anapher müßte ein in Komplementposition auftretendes PRO folglich innerhalb des kleinsten CFC gleichzeitig gebunden und frei sein; offenkundig eine logische Unmöglichkeit. Daraus folgt, daß PRO von Komplementpositionen wie in (16a-c) generell ausgeschlossen ist. Aus dem gleichen Grunde kann PRO auch nicht als Specifier (= Subjekt) einer eingebetteten IP in ECM- und *raising*-Konstruktionen wie in (16e-f) auftreten. Da diese Specifier-Position vom Matrixverb lexikalisch regiert wird, ist der bindungsrelevante Bereich der Gesamtsatz, in dem PRO wiederum gleichzeitig gebunden und frei sein müßte.

In Kap. 2.4 hatten wir ebenfalls gezeigt, daß in der Specifier-Position von NP sowohl Anaphern als auch Pronomina auftreten können, so daß in diesem Falle keine komplementäre Verteilung vorliegt. Die relevanten Daten aus Kap. 2.4 wiederholen wir hier als (17):

(17a) the $artists_i$ looked at $their_i$ pictures

(17b) the $artists_i$ looked at each $other's_i$ pictures

Nun ergibt sich jedoch die fehlende komplementäre Verteilung in Strukturen wie (17a-b) aus der Tatsache, daß für Pronomina und Anaphern in der Specifier-Position von NP jeweils ein unterschiedlicher Bereich anzusetzen ist, in dem die Bindungstheorie erfüllt werden muß. In (17a) ist dieser Bereich der kleinste CFC, der das Pronomen enthält, i.e. *their pictures*. In (17b) hingegen ist die bindungsrelevante Domäne der Gesamtsatz, da die Anapher überhaupt erst innerhalb dieses Bereiches gebunden sein kann. Somit gibt es für die Specifier-Position von NP keinen einheitlichen Bereich β, in dem eine dort auftretende pronominale Anapher die Bindungstheorie erfüllen kann. Folglich ist PRO auch von Strukturen wie (16d) ausgeschlossen.

Wenn nun die Bindungstheorie das Auftreten einer pronominalen Anapher in Positionen wie in (16a–f) blockiert, so folgt daraus, daß PRO nur in solchen Positionen erscheinen kann, für die sich kein bindungsrelevanter Bereich definieren läßt. Ausschlaggebend für die Festlegung eines bindungsrelevanten Bereiches ist u.a. jedoch stets ein lexikalisches Regens. Aus diesem Grunde kann PRO offenkundig nur in Positionen auftreten, die nicht lexikalisch regiert sind. Diese Bedingung erfüllt jedoch etwa die Specifier-Position von IP in (12).

Aus der Bindungstheorie folgt also die empirisch korrekte Vorhersage, daß PRO stets nur in lexikalisch unregierter Position erscheinen kann. Dies bedeutet jedoch gleichzeitig, daß PRO – im Gegensatz zur NP- und *wh*-Spuren – offenbar nicht dem ECP unterliegt, da strenge Rektion u.a. als Rektion durch ein lexikalisches Regens definiert ist.

Obwohl nun PRO eine Kategorie zu sein scheint, über die – aus den oben genannten Gründen – die Bindungstheorie keinerlei Aussagen macht, so unterliegen die Referenzmöglichkeiten von PRO dennoch erkennbaren Gesetzmäßigkeiten und Bedingungen, wie die folgenden Daten zeigen:

(18a) ich$_i$ verspreche dir [PRO$_i$ den Brief einzuwerfen]

(18b) ich bitte dich$_i$ [PRO$_i$ den Brief einzuwerfen]

Offenkundig kann PRO in (18a) nur mit dem Subjekt *ich*, in (18b) nur mit dem Objekt *dich* koreferent sein. Da nun der einzige Unterschied zwischen den beiden Sätzen in der Wahl des Matrixverbs besteht, könnte man vermuten, daß die lexikalischen Eigenschaften des jeweiligen Matrixverbs die Koreferenzoptionen von PRO bestimmen. Technisch sagt man: das Verb *kontrolliert* die Referenz von PRO. Traditionell wird daher *versprechen* zu den *Subjektkontrollverben*, *bitten* hingegen zu den *Objektkontrollverben* gezählt.

Während man in der Tat lange Zeit annahm, daß die Referenzoptionen von PRO verbspezifisch festgelegt sind, zeigen doch die folgenden Daten, daß diese Auffassung nicht richtig sein kann:

(19a) ich verspreche dir$_i$ [PRO$_i$ bei der nächsten Beförderung berücksichtigt zu werden]

(19b) ich$_i$ bitte dich (darum) [PRO$_i$ bei der nächsten Beförderung berücksichtigt zu werden]

Ein Vergleich zwischen (18) und (19) macht deutlich, daß sich die Kontrolleigenschaften von Verben offenbar mit der thematischen Struktur des eingebetteten Satzes verändern. Welche Gesetzmäßigkeiten hier im einzelnen gelten, ist derzeit eine noch teilweise ungeklärte Frage. Manzini (1982) hat eine Reihe von Argumenten dafür vorgebracht, daß hier nicht allein syntaktische, sondern vor allem auch semantische Faktoren von Bedeutung sind, so daß die Frage, mit welchem Element des

Matrixsatzes PRO koreferent sein muß bzw. kann, vermutlich in der semantischen Komponente der menschlichen Sprachfähigkeit entschieden wird. Darüber hinaus zeigen Sätze wie (7), (10) oder (13), daß PRO offenkundig auch ohne Referenz zu einer NP im Matrixsatz auftreten kann. In diesem Falle spricht man von *arbiträrem PRO*, das üblicherweise als $PRO_{arb}$ abgekürzt wird.

Während nun in den bislang betrachteten Sprachen die leere Kategorie PRO stets nur als Subjekt infiniter Sätze auftritt, existiert eine Vielzahl von Sprachen, in denen ein leeres Subjekt auch in finiten Sätzen erscheinen kann. Dies gilt etwa für das Spanische, das Italienische, das Ungarische oder das Chamorro (cf. Kiss 1985; Chung 1983):

(20a) me dijeron que Juan compró un nuevo coche
mir sie-sagten daß Juan kaufte ein neues Auto

(20b) scrivono una lettera
sie-schreiben einen Brief

(20c) hallottam hogy as elöadás elmarad
ich-hörte daß die Vorstellung aus-ist

(20d) pära unfan- maigu'
fut. infl schlafen
»sie schlafen«

Ähnlich wie bei den Beispielen in (10) so deuten auch hier Passivierbarkeit und Reflexivierbarkeit darauf hin, daß in diesen Strukturen ein leeres Subjekt vorliegen muß. Die folgenden italienischen Daten illustrieren diesen Sachverhalt:

(21a) si lava
sich wäscht-er/sie/es
»er/sie/es wäscht sich«

(21b) è stata invitata
ist geworden eingeladen(fem.)
»sie ist eingeladen worden«

Da nun in den genannten Sprache ein leeres Subjekt in finiten Sätzen auftritt, mag man vermuten, daß in diesen Sprachen die pronominale Anapher PRO auch in finiten Sätzen zugelassen ist. Gegen diese Vermutung spricht jedoch, daß dieses leere Subjekt finiter Sätze – im Gegensatz zu PRO – auch mit gespaltenen Antezedenten auftreten kann. Im folgenden spanischen Beispiel kann sich das Subjekt des eingebetteten Satzes gleichzeitig auf *Juan* und auf *Maria* beziehen:

(22) Juan dice a Maria que pueden nadar juntos
Juan sagt Maria daß sie-können schwimmen zusammen

Ebenso muß das leere Subjekt eines finiten Satzes nicht notwendigerweise mit dem Subjekt des nächsthöheren Satzes koreferent sein, d.h. auch eine weiter reichende Bindung ist möglich. Dementsprechend ist Satz (23) mehrdeutig; das leere Subjekt kann sich entweder auf *Maria* oder auf *Juan* beziehen:

(23) Juan dice que Maria cree que pasará el examen
Juan sagt daß Maria glaubt daß bestehen-wird das Examen
a. Juan sagt, daß Maria glaubt, daß sie das Examen bestehen kann
b. Juan sagt, daß Maria glaubt, daß er das Examen bestehen wird

Wir sehen also, daß das leere Subjekt in finiten Sätzen keinerlei anaphorische, sondern ausschließlich pronominale Eigenschaften aufweist. Mit anderen Worten, es scheint sich hier um ein leeres Pronomen zu handeln, das üblicherweise als *pro* (*small pro*) – im Gegensatz zu *PRO* (*big PRO*) – bezeichnet wird. Daraus ergibt sich, daß in den Beispielen (20)–(23) in der leeren Subjektsposition jeweils ein *pro* stehen muß.

Nun fällt jedoch auf, daß *pro* etwa im Italienischen oder Spanischen stets nur als Subjekt auftreten kann, nicht jedoch in der Objekt- bzw. in lexikalisch regierter Position erlaubt ist. Zur Illustration beschränken wir uns auf italienische Daten; für das Spanische gilt Analoges:

(24a) Giovanni ha comprato una macchina
Hans hat gekauft ein Auto

(24b) *pro* ha comprato una macchina

(24c) *Giovanni ha comprato *pro*

(25a) Giovanni ha comprato una macchina per Maria
Hans hat gekauft ein Auto für Maria

(25b) *pro* ha comprato una macchina per lei
hat gekauft ein Auto für sie

(25c) *Giovanni ha comprato una macchina per *pro*

Nun liegt die Vermutung nahe, daß die Beschränkung von *pro* auf die Subjektposition damit zusammenhängt, daß das italienische (wie auch das spanische) Verb nach Person und Numerus flektiert, wie das folgende Paradigma zeigt:

| | | | | |
|---|---|---|---|---|
| (26) | compro | ich kaufe | compriamo | wir kaufen |
| | compri | du kaufst | comprate | ihr kauft |
| | compra | er/sie es kauft | comprano | sie kaufen |

Person und Numerus des Subjekts ergeben sich also im Italienischen eindeutig aus der Flexionsendung des Verbs. Da nun diese Flexionsmorpheme Elemente von INFL sind, besteht offenbar zwischen Subjekt und INFL eine starke Kongruenz; d.h. INFL identifiziert das Subjekt in bezug auf Person und Numerus. Somit ist zu vermuten, daß eine derartige Subjektidentifikation durch INFL Bedingung für das Auftreten von *pro* ist. Wenn diese Vermutung zutrifft, so sollte in Sprachen, in denen eine ähnliche Kongruenz zwischen Verb und Objekt besteht, *pro* auch in Objektposition auftreten können. In der Tat ist dies etwa im Ungarischen der Fall, einer Sprache, in der das Verb D-strukturell in Satzanfangsstellung auftritt und sowohl mit dem Subjekt als auch mit dem Objekt kongruiert (cf. Kiss 1981):

(27a) Janós szereti *pro*
Hans liebt-3.sing.-3.sing
»Hans liebt ihn/sie/es«

(27b) szeretlek *pro pro*
lieben-1.sing.-2.sing.
»ich liebe dich«

Objektkongruenz finden wir – neben Subjektkongruenz – auch im Warlpiri (einer australischen Sprache), und auch hier kann das leere Pronomen *pro* in Objektposition auftreten (cf. Jelinek 1984):

(28a) ngarrka-ngku ka panti-rni *pro*
Mann(erg) AUX erjagen-(NON-PAST)-3.sing-3.sing
»der Mann erjagt es«

(28b) wawirri ka panti-rni-lu *pro*
Känguruh AUX erjagen-(NON-PAST)-3.pl.-3.sing.

(28c) panti-rni ka- lu- jana *pro pro*
erjagen- (NON-PAST)-3.pl.-3.pl.

Im Irischen können Präpositionen mit ihrem Objekt kongruieren und somit finden wir in dieser Sprache *pro* auch als präpositionales Objekt (cf. McCloskey & Hale 1983):

(29a) bhi mé ag caint le Máire inné
war ich sprechen (PROGRESSIV) mit Maria gestern
»ich sprach gestern mit Maria«

(29b) bhi mé ag caint léithi *pro* inné
war ich sprechen (PROGRESSIV) mit-ihr gestern
»ich sprach gestern mit ihr«

Diese Daten zeigen also, daß die Zulässigkeit des leeren Pronomens *pro* offenbar davon abhängt, ob es durch die Verbmorphologie in INFL eindeutig identifiziert werden kann. Diese Identifizierbarkeit ist nun sprachspezifisch parametrisiert; d.h. es gibt einerseits Sprachen wie Deutsch oder Englisch, in denen INFL *pro* nicht identifizieren kann, so daß nur *lexikalische* Pronomina zugelassen sind, und andererseits Sprachen wie Spanisch, Italienisch oder Ungarisch, in denen die Verbmorphologie unter syntaktischer Perspektive ausreichend stark ist, um *pro* zu identifizieren. Dieser Unterschied in der Zulässigkeit von *pro* ist nicht auf rein morphologische Fakten reduzierbar, sondern wird über den sog. *pro-drop-Parameter* geregelt:

(30) Pro-drop-Parameter:

[+pro-drop] INFL kann *pro* identifizieren.
[-pro-drop] INFL kann *pro* nicht identifizieren.

Dementsprechend rechnet man das Italienische oder Spanische zu den [+pro-drop]-Sprachen, das Englische oder Deutsche zu den [-pro-drop]-Sprachen. Entscheidend ist nunmehr, daß die Zulässigkeit des leeren Pronomens *pro* mit einer Reihe anderer syntaktischer Eigenschaften in den betreffenden Sprachen korreliert. So läßt sich etwa beobachten, daß das Subjekt in *pro-drop*-Sprachen auch dann in postverbaler Stellung auftreten kann, wenn die betreffende Sprache prinzipiell eine SVO-Stellung aufweist:

(31a) sono venute tre donne
(31b) vinieron tres mujeres
(31c) *came three women
(31d) *kamen drei Frauen (=Aussagesatz)

Es stellt sich nun die Frage, welcher Art diese postverbale Position ist. Hier läßt sich zunächst beobachten, daß das nachgestellte Subjekt stets am Ende der VP erscheinen muß; d.h. es darf nicht zwischen dem Verb und seinen Komplementen bzw. Adjunkten erscheinen:

(32a) dio un libro a Maria Juan
gab ein Buch (der) Maria Hans
»Hans gab Maria ein Buch«

(32b) *dio Juan un libro a Maria
(32c) *dio un libro Juan a Maria

(33a) ha trovato la chiave nella sua camera Gianni
hat gefunden den Schlüssel in seinem Zimmer Hans
»Hans hat den Schlüssel in seinem Zimmer gefunden«

(33b) *ha trovato Gianni la chiave nella sua camera
(33c) *ha trovato la chiave Gianni nella sua camera

Aufgrund dieser Datenlage ergeben sich zwei mögliche Positionen für das nachgestellte Subjekt. Entweder es wird an die VP adjungiert, wie in (34a), oder die Specifier-Position von IP läßt sich – fakultativ – als rechte Schwester von INFL' generieren, wie in (34b):

(34a)

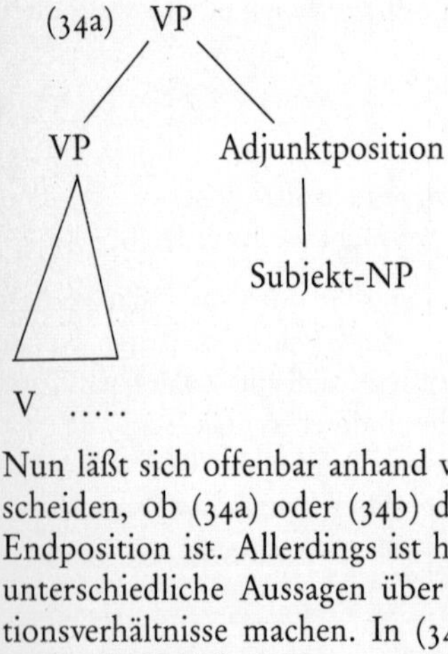


(34b)

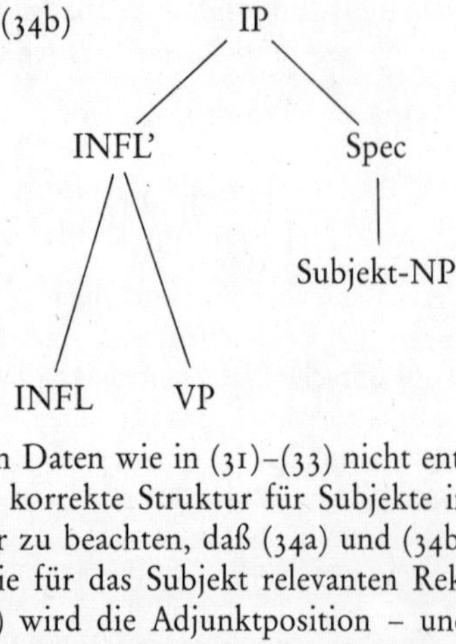


Nun läßt sich offenbar anhand von Daten wie in (31)–(33) nicht entscheiden, ob (34a) oder (34b) die korrekte Struktur für Subjekte in Endposition ist. Allerdings ist hier zu beachten, daß (34a) und (34b) unterschiedliche Aussagen über die für das Subjekt relevanten Rektionsverhältnisse machen. In (34a) wird die Adjunktposition – und somit die Subjekt-NP – vom Verb regiert, da ein Kopf nach unserer Rektionsdefinition in Kap. 2.4 sämtliche Positionen innerhalb seiner maximalen Projektion regiert. In (34b) hingegen wird das Subjekt allein durch INFL regiert. Mit anderen Worten, in einer Konfiguration wie (34a) – im Gegensatz zu (34b) – wird die Subjekt-NP lexikalisch und somit *streng* regiert.

Wir erinnern uns aus Kap. 3.4 daran, daß der Unterschied zwischen strenger und einfacher Rektion über die Extrahierbarkeit von NPs entscheidet. Aufgrund des ECP lassen sich nur solche NPs extrahieren, deren Position streng regiert ist. Im Englischen etwa ist zwar die Objekt-, nicht jedoch die Subjektposition streng regiert, so daß wir in dieser Sprache den sog. *that-trace*-Effekt beobachten:

(35a) who do you believe that Mary loves t
(35b) *who do you believe that t loves John

Wenn nun im Italienischen (34a) die korrekte Struktur für Subjekte in Endstellung ist, so sollten Subjektextraktionen hier möglich sein, da die zurückgelassene Spur durch das Verb streng regiert ist. Gilt hingegen (34b), so müßten Subjektextraktionen generell unzulässig sein, da die *wh*-Spur lediglich von INFL bzw. der Satzkonjunktion und somit nicht streng regiert wird.

Mit diesen Überlegungen gelangen wir zu einer dritten Eigenschaft von *pro-drop*-Sprachen wie etwa dem Italienischen oder Spanischen: *that-trace*-Effekte treten nicht auf, d.h. Subjekte sind ebenso wie Objekte extrahierbar:

| | | | | | | |
|---|---|---|---|---|---|---|
| (36a) | chi | credi | che | Maria | abbia | visto |
| | wen | glaubst-du | daß | Maria | hat | gesehen |

| | | | | | | |
|---|---|---|---|---|---|---|
| (36b) | chi | credi | che | abbia | visto | Gianni |
| | wer | glaubst-du | daß | hat | gesehen | Gianni |

Wenn nun Subjektextraktionen wie in (36b) im Italienischen möglich sind, so muß die zurückgelassene Spur streng regiert sein. Dies ist jedoch nur dann der Fall, wenn wir (34a) als die korrekte Strukturbeschreibung ansetzen.

Nun impliziert diese Argumentation jedoch, daß Subjektextraktionen im Italienischen stets aus der an VP adjungierten Position – i.e. aus Subjektendstellung – heraus erfolgen, da nur in diesem Falle die zurückgelassene Spur (vom Verb) streng regiert ist. Subjektextraktionen aus der »normalen« Specifier-Position von IP heraus sollten unzulässig sein, da diese Position – genau wie im Englischen – von INFL und somit nicht streng regiert ist. Mit anderen Worten, die D-Struktur eines Satzes wie (36b) sollte wie (37a), nicht wie (37b) aussehen:

(37a) ...$[_{IP}$ ... INFL $[_{VP}$ $[_{VP}$ ...] *chi*]]

(37b) ...$[_{IP}$ $[_{NP}$ *chi*] INFL $[_{VP}$ ...]]

Ein offenkundiges Problem besteht nun darin, daß man einem Satz wie (36b) die D-strukturelle Position von *chi* nicht »ansehen« kann. Wir erinnern uns jedoch aus Kap. 3.5 daran, daß Bewegungsprozesse nicht nur auf der S-Struktur, sondern auch auf LF stattfinden. Da LF-Bewegungen von der S-Struktur ausgehen, können wir in diesem Falle die Ursprungsposition eines Elementes direkt an der oberflächlichen Abfolge der Konstituenten ablesen. In der Tat gibt es nun im Bereich der LF-Bewegungen Evidenz dafür, daß Subjektextraktionen stets aus der Adjunktposition erfolgen.

Wie wir in Kap. 3.5 gesehen haben, tritt LF-Bewegung u.a. bei negierten NPs auf. Betrachten wir zunächst einen Satz wie (38a):

(38a) non voglio che tu parli con nessuno
nicht ich-will daß du sprichst mit niemandem

Entscheidend ist, daß (38a) eine Lesart gestattet, in der das Negationselement *non* (*nicht*) nicht etwa das Verb *volere* (*wollen*) negiert, sondern den Skopus von *nessuno* anzeigt. In dieser Lesart hat *nessuno* also weiten Skopus über den gesamten Satz:

(38b) es gibt keine Person *x*, für die gilt: ich will, daß du mit *x* sprichst

Eine solche Lesart mit weitem Skopus ist jedoch nicht möglich, wenn *nessuno* als Subjekt in der Specifier-Position von IP auftritt wie in (39a):

(39a) non voglio che nessuno venga
nicht ich-will daß niemand kommt

(39a) gestattet ausschließlich die Lesart (39b), in der *non* das Verb *volere* negiert und *nessuno* engen Skopus über den eingebetteten Satz hat. Eine zu (38b) analoge Lesart mit weitem Skopus von *nessuno* wie in (39c) ist nicht möglich:

(39b) ich will nicht: kein *x* kommt

(39c) *es gibt keine Person *x*, für die gilt: ich will, daß x kommt

In traditioneller Terminologie ist (39b) ein Fall von doppelter Negation und läßt sich daher auch interpretieren als: *ich möchte, daß wenigstens irgendjemand kommt*. Die Unzulässigkeit der Lesart (39c) ergibt sich aus einer Verletzung des ECP; wenn die negierte Phrase *nessuno* auf LF an den Anfang des Matrixsatzes bewegt wird, ist die zurückgelassene Spur nur durch INFL und somit nicht streng regiert.

Nun können Subjekte im Italienischen – wie wir gesehen haben – auch in Endstellung auftreten, so daß (39a) mit (40) kontrastiert:

(40) non voglio che venga nessuno

(40) gestattet nun in der Tat die Lesart (39c) mit weitem Skopus von *nessuno*. Diese Tatsache unterstützt die Auffassung, daß Subjekte in Endstellung an VP adjungieren, da nur diese Position streng regiert ist, so daß eine LF-Bewegung in den Matrixsatz wie in (40) zulässig ist. Der Kontrast zwischen (39a) und (40) zeigt also, daß eine »weite« Bewegung von Subjekten nur dann möglich ist, wenn diese Subjekte in der Adjunktposition von VP stehen.

In diese Richtung deutet auch eine Besonderheit des trentinischen Dialektes, die von Brandi & Cordin (1981) beobachtet wurde. In diesem Dialekt muß ein präverbales Subjekt stets mit einem Klitikum verbunden sein, während das postverbale Subjekt ohne Klitikum auftritt:

(41a) el Mario el magna
der Mario »er« ißt
(41b) *el Mario magna
(41c) magna el Mario
(41d) *el magna el Mario

Wenn nun die Subjektextraktion in Fragesätzen aus der präverbalen Stellung heraus erfolgt, so sollte auch in diesen Fällen das Klitikum *el* erscheinen, während bei einer Extraktion aus postverbaler Position *el* nicht auftreten sollte. Wie der Kontrast in (42) zeigt, können offensichtlich nur postverbale Subjekte extrahiert werden:

(42a) chi ha magná algeri
wer hat gegessen gestern
(42b) *chi el ha magná algeri

Wir haben gesehen, daß sich das Fehlen von *that-trace*-Effekten in den *pro-drop*-Sprachen aus der Tatsache ableitet, daß das Subjekt in diesen Sprachen an die VP adjungiert werden kann. Es stellt sich nun jedoch die Frage, ob in ähnlicher Weise ein Zusammenhang zwischen der Möglichkeit der VP-Adjunktion und dem Auftreten von *pro* besteht. Hier läßt sich zunächst beobachten, daß auch in [-pro-drop]-Sprachen das Subjekt unter bestimmten Bedingungen postverbal erscheinen kann:

(43a) there came three men into the room
(43b) il arrivait un garçon à Paris

Nun zeigen diese Beispiele jedoch, daß bei postverbaler Stellung des Subjekts im Englischen oder Französischen ein Expletivum in der

Specifier-Position von IP auftreten muß. Da nun jedoch die Subjekt-θ-Rolle stets an den Specifier von IP zugewiesen wird, muß das Expletivum die θ-Rolle an das VP-adjungierte Subjekt weitergeben können; mit anderen Worten, Expletivum und postverbales Subjekt müssen koindiziert sein (cf. Chomsky 1981). Wenn nun in *pro-drop*-Sprachen wie dem Italienischen oder Spanischen *pro* generell als Subjekt finiter Sätze zugelassen ist, so ist zu erwarten, daß *pro* in diesen Sprachen auch die Stelle expletiver Pronomina einnehmen kann. Wie die Beispiele in (44) zeigen ist dies in der Tat der Fall:

(44a) it rains
(44b) il pleut
(44c) *pro* piove (Italienisch)
(44d) *pro* llueve (Spanisch)

Wenn jedoch in den *pro-drop*-Sprachen *pro* anstelle von Expletiva erscheint, so ist anzunehmen, daß auch in den zu (43) analogen Strukturen ein *pro* im Specifier von IP steht, das mit dem nachgestellten Subjekt koindiziert ist. Wir erhalten daher Strukturen wie in (45):

(45a) $pro_i$ sono arrivati [tre uomini]$_i$

(45b) $pro_i$ llegaron [tres hombres]$_i$

Wir sehen also, daß sich die Möglichkeit der Subjektendstellung aus der Tatsache ergibt, daß in *pro-drop*-Sprachen die Specifier-Position von IP generell durch *pro* besetzt sein kann.

Insgesamt können wir also zwei Typen von leeren Kategorien unterscheiden: einerseits aus Bewegung entstandene Spuren und andererseits die basisgenerierten Kategorien PRO und *pro*. Dem aufmerksamen Leser wird sicher nicht entgangen sein, daß sich im Zusammenhang mit PRO eine Vielzahl offener Fragen ergeben, die bislang – wenn überhaupt – nur unbefriedigend gelöst sind. Zunächst läßt sich aus der Bindungstheorie (cf. Kap. 2.4) nicht ableiten, warum PRO niemals Subjekt eines finiten Satzes sein kann. Innerhalb der Bindungstheorie ist der Bezug auf die Rektion nicht unabhängig von PRO zu motivieren, wie bereits Chomsky (1981) bemerkt hat. Andererseits deutet eine Reihe von Daten darauf hin, daß PRO auch in der Specifier-Position von NP und somit in einer lexikalisch regierten Position auftreten kann (cf. Chomsky 1986a). Auch der Bereich basisgenerierter leerer Kategorien zählt derzeit zu den zentralen Forschungsgebieten der generativen Grammatik.

## Literaturhinweise

In früheren Versionen der generativen Grammatik wurden Kontrollstrukturen über die sog. *equi-NP-deletion* erzeugt; auf der D-Struktur wurden zunächst in beiden Subjektpositionen koindizierte lexikalische NPs erzeugt, wobei die »tiefere« NP anschließend getilgt wurde (cf. Rosenbaum 1967). Partee (1971) zeigte erstmals, daß diese Analyse nicht korrekt sein kann. Chomsky & Lasnik (1977) führten daraufhin PRO als basisgenerierte leere Kategorie ein. Die Eigenschaften von PRO – im Verhältnis zu NP- und *wh*-Spuren – werden insbesondere in Chomsky (1981, 1982, 1986a), Koster (1984b) und Bouchard (1984) erörtert. Chomsky (1986a) und Williams (1985) behandeln die Eigenschaften von PRO in der Specifier-Position von NP. Koster & May (1982) zeigten, daß Infinitivkonstruktionen keine reinen VPs sein können. Zur Gerundialkonstruktion cf. vor allem Reuland (1983) und Emonds (1985). Die Frage, welchen Gesetzmäßigkeiten die Referenzoptionen von PRO unterliegen, wird in Manzini (1982, 1983) und Ružička (1983) erörtert. Eine alternative Analyse von Kontrollkonstruktionen schlägt Bresnan (1982c) vor; cf. hierzu jedoch Williams (1984).

Aufbauend auf Beobachtungen von Taraldsen (1978b), Pesetsky (1982b) und Rizzi (1982) lieferte Chomsky (1981) die erste explizite Formulierung des *pro-drop*-Parameters. Das leere Pronomen *pro* wurde dann in Chomsky (1982b) eingeführt. Zubizaretta (1982) und Pesetsky (1982a) erörtern eine Vielzahl von Besonderheiten in verschiedenen *pro-drop*-Sprachen. Zur Problematik basisgenerierter leerer Kategorien im Japanischen und Chinesischen cf. Huang (1984) und Hasegawa (1985).

Die Beziehung zwischen leerem Subjekt – also *pro* Subjektendstellung und fehlendem *that-trace*-Effekt wurde bereits von Perlmutter (1971) beschrieben.

## Aufgaben

1. Überlegen Sie, inwieweit die folgenden Strukturen ein Problem für die in diesem Kapitel vorgeschlagene Analyse darstellen, und suchen Sie nach einer Lösung:
   a) I want to meet John
   b) I want Bill to meet John
   c) *Bill was wanted to meet John
   d) I expect to be promoted next year
   e) I expect Bill to be promoted next year
   f) Bill is expected to be promoted next year

2. Überlegen Sie anhand der folgenden Daten, welchen syntaktischen Status das deutsche *man* und das französische *on* haben:
   a) man wird ihm schon glauben
   b) *ich kenne mans Bruder
   c) ich sah, daß man dort viel arbeitet
   d) *ich sah man dort viel arbeiten
   e) on me l'a dit
   f) *nous avons vu on
   g) je sais qu'on va venir
   h) *j'ai entendu on jouer aux cartes

3, Suchen Sie nach Daten, um zwischen den folgenden alternativen Analysen zu entscheiden:
   a) I saw Bill [drunk]
   b) I saw Bill [PRO drunk]
   c) I painted her [nude]
   d) I painted her [PRO nude]

4. Überlegen Sie anhand der folgenden Daten, unter welchen Bedingungen im Deutschen leere Subjekte in finiten Sätzen auftreten können:
   a) *regnet
   b) *liebt Maria
   c) mich friert
   d) heute wurde getanzt
   e) mir ist peinlich, daß Fritz nicht gekommen ist

5. Versuchen Sie, eine Erklärung für den folgenden Kontrast zwischen Englisch und Deutsch zu finden:
   a) John bought a red car
   b) John bought a red one
   c) *John bought a red
   d) Hans kaufte ein rotes Auto
   e) Hans kaufte ein rotes

6. Überlegen Sie, aus welchen Gründen die Koindizierung in Strukturen wie (45) ein anderer Typ von Koindizierung sein muß als die zwischen Spuren und ihren Antezedenten.

7. Erklären Sie, warum man im Englischen im Gegensatz zum Italienischen nicht aus postverbaler Postition extrahieren kann:
   a. I believe that there came a man into the room
   b. *who do you believe that there came into the room
   c. credo che sia venuto un uomo nella camera
   d. chi credi che sia venuto nella camera

## 4.2 Phonetische Form

Bei unseren bisherigen Betrachtungen haben wir drei syntaktische Repräsentationsebenen angesetzt – D-Struktur, S-Struktur und LF, die sich in verschiedener Hinsicht voneinander unterscheiden (können). Für einen Satz wie etwa *who seems to like what* erhalten wir also die folgenden (vereinfachten) Repräsentationen:

(1a) $[_{NP}$ e] seems [who to like what] D-Struktur

(1b) [$who_i$ [$t_i$ seems [$t_i$ to like what]]] S-Struktur

(1c) for which thing *x*, for which person *y* LF
*y* seems to like *x*

Nun sind solche strukturellen Repräsentationen wie in (1) natürlich abstrakte Gebilde; d.h. sie spezifizieren die hierarchischen Beziehungen zwischen den abstrakten Elementen eines Satzes. Auf der anderen Seite hat jeder Satz offenkundig auch eine lautliche Dimension, d.h. er besteht aus einer linearen Abfolge von Wörtern, die wiederum aus einer Abfolge von Lauten bestehen. Auf dieser lautlichen Ebene gibt es nun ebenfalls eine Vielzahl von Gesetzmäßigkeiten, die in der sog. *phonologischen Komponente* der Grammatik spezifiziert sind.

Ein Beispiel für eine solche phonologische Gesetzmäßigkeit liefert die englische Pluralbildung. Das Pluralmorphem /s/ erscheint in einem Wort wie *dogs* als stimm*hafter* Frikativ, in *cats* hingegen als stimm*loser* Frikativ. Dieser Unterschied hat nun offensichtlich etwas mit dem Auslautkonsonanten des jeweiligen Nomens zu tun. Ist der Auslautkonsonant stimmhaft wie das [g] in *dog*, so ist auch das Plural-/s/ stimmhaft, ist der Konsonant hingegen stimmlos wie in *cat*, so muß auch das /s/ stimmlos sein. Mit anderen Worten, die Stimmhaftigkeit des Plural-/s/ wird an die des Auslautkonsonanten assimiliert.

Entscheidend ist nun, daß diese Regularität in exakt der gleichen Form nicht nur beim Plural-/s/, sondern auch beim Verbalmorphem der 3.Pers. Sing. und beim sog. Genitiv-/s/ auftritt. In der Phonologie ist es üblich, das stimmlose /s/ durch [s] und das stimmhafte /s/ durch [z] zu symbolisieren. Dementsprechend ergibt sich folgendes Schema:

(2) he kick[s] Rick'[s] book
it fit[s] Pit'[s] book
he sing[z] Tom'[z] book
he love[z] Bill'[z] book

Diese Daten deuten darauf hin, daß die hier relevante phonologische Regel quasi »blind« gegenüber der Frage ist, ob es sich bei dem /s/ um ein Verbal-, Plural- oder Kasusmorphem handelt. Andererseits ist es für die Regel von entscheidender Bedeutung, ob das /s/ ein eigenes Morphem ist oder nicht. So tritt etwa in dem Wort *fence* ebenfalls ein [s] nach dem stimmhaften [n] auf, ohne daß hier eine Assimilation stattfindet.

Die genannte Assimilationsregel scheint also offenbar ausschließlich die phonologischen und morphologischen Eigenschaften einer

Wortkette zu beachten, nicht jedoch deren syntaktische Struktur. In diese Richtung deutet auch die Tatsache, daß etwa das Genitiv-/s/ nicht nur an Nomina, sondern auch an komplexe NPs gehängt werden kann, ohne daß dieser syntaktische Unterschied irgendeinen Einfluß auf die Gültigkeit der Regel hätte:

(3a) the mayor of New York'[s] car
(3b) the king of Spain'[z] sister

Nun muß der Input für die Regeln der phonologischen Komponente offenkundig von der S-Struktur geliefert werden, da die einzelnen lexikalischen Elemente eines Satzes auf der D-Struktur und auf LF in einer anderen als der phonologisch relevanten Abfolge auftreten (können). Da jedoch die phonologischen Regeln offenbar blind gegenüber der syntaktischen Struktur eines Satzes sind, könnte man vermuten, daß zwischen phonologischer Komponente und S-Struktur ein Prozeß wirksam wird, der sämtliche kategorialen Knoten sowie alle leeren, d.h. phonetisch nicht realisierten Kategorien tilgt, so daß eine lineare Kette von Morphemen entsteht, auf die die phonologischen Regeln dann anzuwenden sind.

Nun läßt sich leicht zeigen, daß eine solche Vorstellung nicht richtig sein kann. Es gibt nämlich eine Vielzahl von Regeln, die die lautliche Struktur eines Wortes verändern und deren Anwendung entscheidend von der syntaktischen Struktur des jeweiligen Satzes abhängt. Ein klassisches Beispiel hierfür ist die englische Kontraktionsregel, die Auxiliare sowie das Verb *have* fakultativ an die vorangehende NP klitisiert:

(4a) I am your teacher
(4b) I'm your teacher

(5a) he will come to my party
(5b) he'll come to my party

Die Anwendung dieser Regel ist nun jedoch immer dann unzulässig, wenn auf das zu klitisierende Element eine *wh*-Spur folgt, wie die Beispiele in (6) und (7) zeigen:

(6a) the flowers which she has t in her garden
(6b) *the flowers which she's t in her garden

(7a) an excellent teacher though you are t ....
(7b) *an excellent teacher though you're t ....

Ein ähnliches Phänomen läßt sich auch bei der sog. *liaison* des Französischen beobachten, die auf der gehobenen Stilebene dieser Sprache wirksam wird. Hier werden ansonsten »stumme« Auslautkonsonanten phonetisch dann realisiert, wenn das folgende Wort mit einem Vokal beginnt. In den Beispielen (8) und (9) ist der relevante Konsonant kursiv gedruckt:

(8a) il es*t* beau
(8b) il es*t*^intelligent

(9a) le*s* chambres
(9b) le*s*^enfants

Doch auch diese *liaison*-Regel kann nicht angewandt werden, wenn auf das betreffende Wort eine *wh*-Spur folgt:

(10a) nous donneron*s*^une grande somme à Jean
(10b) la somme que nous donneron*s* t à Jean
(10c) *la somme que nous donneron*s*^à Jean

Wir sehen also, daß es lautverändernde Regeln gibt, für die leere Kategorien quasi »sichtbar« sein müssen.

Darüber hinaus läßt sich aber auch zeigen, daß bestimmte phonologische Prozesse von der Konstituentenstruktur eines Satzes abhängen. In diesen Bereich gehört etwa die sog. *wanna*-Kontraktion im Englischen. Die Wörter *want* und *to* können zu *wanna* kontrahiert werden, wenn sie unmittelbar aufeinander folgen:

(11a) I want to come
(11b) I wanna come

Doch die Zulässigkeit dieser Kontraktion ist offensichtlich nicht nur von der Adjazenz von *want* und *to* abhängig, sondern ebenso von der Konstituentenstruktur des Satzes:

(12a) John and Mary want, to be sure, a nice house in town
(12b) *John and Mary wanna be sure a nice house in town

Diese Beispiele zeigen, daß es einerseits lautliche Gesetzmäßigkeiten gibt – wie etwa die Assimilation in (2) und (3), für die syntaktische Strukturinformationen offenbar irrelevant sind, und andererseits solche, die entscheidend von der S-strukturellen Konfiguration eines Satz abhängen.

Nun sind jedoch die Kontraktions- und *liaison*-Phänomene in (4)–(12) zweifellos phonologische und nicht rein syntaktische Prozesse, da sie die lautliche Form eines Satzes betreffen. Andererseits gehören sie – im Gegensatz zur Assimilation – offenbar auch nicht in die phonologische Komponente, da in ihr syntaktische Informationen ja irrelevant zu sein scheinen. Dies deutet jedoch darauf hin, daß zwischen S-Struktur und phonologischer Komponente eine weitere Ebene existieren muß, auf der lautliche Prozesse ablaufen, syntaktische Strukturinformationen jedoch noch erhalten sind. Diese Ebene bezeichnen wir als *Phonetische Form* (*PF*) oder *Oberflächenstruktur* (engl. *surface structure*). Dementsprechend ergibt sich folgender Aufbau für die Grammatik, der zuweilen auch als *Y-Modell* bezeichnet wird:

(13)

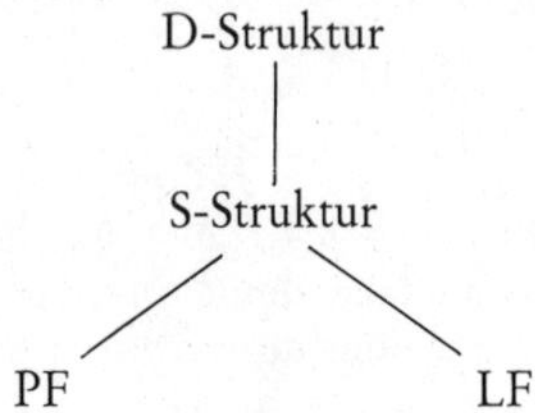


In gewissem Sinne läßt sich PF also als Schnittstelle zwischen Syntax und Phonologie bezeichnen. Diese Art »Zwitterstellung« von PF manifestiert sich einerseits darin, daß Konstituentengrenzen sowie leere Kategorien auf ihr – ebenso wie auf der S-Struktur – weiterhin existieren. Andererseits scheint PF keine syntaktische Struktur im Sinne des Projektionsprinzips zu sein; d.h. das Theta-Kriterium gilt auf dieser Repräsentationsebene nicht mehr, wie etwa die folgenden Beispiele zeigen:

(14a) wenn's gestern gekommen ist ...
(14b) weil du's gemacht hast ...

Das Pronomen *es* kann in bestimmten Positionen an das vorangehende Wort klitisiert werden, so daß *wenn's* bzw. *du's* – phonologisch betrachtet – jeweils *ein* Wort bilden. Dementsprechend besteht auf PF keine eins-zu-eins-Beziehung zwischen Argument und θ-Rolle mehr.

Es stellt sich nun offensichtlich die Frage, welche spezifischen Eigenschaften PF-Prozesse haben. Zunächst läßt sich beobachten, daß Kontraktionen, Tilgungen und Permutationen typische PF-Prozesse sind, bei denen – unter strenger Berücksichtigung S-struktureller Gegebenheiten – Wörter bzw. Wortketten lautlich verändert werden. Bei der *wanna*-Kontraktion in (11) zeigte sich bereits, daß die Abfolge *want* + *to* nur dann kontrahiert werden kann, wenn die beiden Elemente unmittelbar adjazent stehen. Diese Kontraktion wird jedoch nicht nur durch eine dazwischentretende lexikalische, sondern auch durch eine entsprechende leere Kategorie blockiert, wie etwa bei der Subjektextraktion aus ECM-Konstruktionen:

(15a) I want Bill to meet Mary
(15b) *I wanna Bill meet Mary

(16a) who do you want t to meet Mary
(16b) *who do you wanna meet Mary

Hier mag man nun einwenden, daß in der S-strukturellen Repräsentation von (11a) ebenfalls eine leere Kategorie zwischen *want* und *to* erscheint – nämlich PRO, so daß auch hier die Kontraktion eigentlich blockiert sein sollte:

(11a') I want [PRO to come]

Ein wesentlicher Unterschied zwischen PRO in (11a') und der *wh*-Spur in (16a) besteht nun darin, daß *wh*-Spuren stets Kasus weitergeben müssen (cf. Kap. 3.2), während PRO schon allein deswegen keinen Kasus weitergeben kann, weil es stets nur in kasuslosen Positionen auftritt. Da Kasuszuweisung im Englischen stets nur unter Adjazenz erfolgen kann (cf. Kap. 2.2), muß die *wh*-Spur in (16a) notwendigerweise zwischen *want* und *to* stehen, um von *want* adjazent Kasus erhalten zu können. Demgegenüber ist PRO kasuslos und kann somit auch als Specifier von IP in post-VP-Stellung generiert werden, da die Wortstellung in einer Sprache im wesentlichen nur durch die Kasustheorie eingeschränkt wird (cf. Kap. 2.2), die somit für PRO nicht einschlägig ist. Aus diesem Grunde ist nicht nur (11a'), sondern auch (11a'') eine mögliche S-Struktur, in der nun aber *want* und *to* in der Tat adjazent stehen und somit kontrahiert werden können:

(11a'') I want [$_{IP}$ [$_{VP}$ to come] PRO]

Nun hatten wir bereits am Beispiel (12) gesehen, daß für Kontraktionsprozesse offenbar auch die Konstituentenstruktur eines Satzes von ausschlaggebender Bedeutung ist. Hierbei zeigt sich nun, daß wiederum der Begriff der Rektion die zentrale Rolle spielt. Betrachten wir die folgenden Beispiele:

(17a) I don't want to use drugs
(17b) I don't wanna use drugs

(18a) I don't want [[to use drugs] to become standard practice]
(18b) *I don't wanna use drugs to become standard practice

Da – wie Pesetsky (1982a) gezeigt hat – *to* in COMP° steht, wird dieses *to* zwar in (17a), nicht jedoch in (18a) von *want* regiert. Die Kontraktion unterliegt somit offenbar einer Rektionsbedingung.

Neben Kontraktionen scheinen auch bestimmte Permutationen PF-Prozesse zu sein, wie die folgenden Beispiele zeigen:

(19a) John looked up Mary's phone number
(19b) John looked Mary's phone number up

(20a) *John looked up it
(20b) John looked it up

Wie die Ungrammatikalität von (20a) zeigt, müssen Pronomina und Verbalpartikel obligatorisch permutiert werden.

Betrachten wir die bisherigen Beispiele, so zeigt sich, daß die jeweiligen Prozesse *strikt lokal* sind; d.h. die jeweils involvierten Elemente treten immer in unmittelbarer Nachbarschaft auf. Diese strikte Lokalität scheint das wesentliche Merkmal von PF-Prozessen zu sein, während etwa S-strukturelle Regularitäten auch »weit« voneinander stehende Konstituenten involvieren können, wie etwa bei NP-Bewegungen oder *wh*-Bewegungen. S-strukturelle Prozesse scheinen somit – im Gegensatz zu PF-Prozessen – prinzipiell ungebunden zu sein.

## Literaturhinweise

Die Ebene der Phonetischen Form gehört zu jenen Bereichen, deren Gesetzmäßigkeiten bislang noch weitgehend ungeklärt sind. Den Begriff *PF* führte Chomsky (1981) ein. Dort finden sich auch die entsprechenden Begründungen. Zum Phänomen der *wanna*-Kontraktion gibt es eine umfangreiche Literatur, insbesondere Lightfoot (1976), Aoun & Lightfoot (1984) und Bouchard (1984). Einen Überblick über die relevanten Probleme liefern Postal & Pullum (1982). Zur Liaison cf. Selkirk (1972). Emonds (1976) bringt eine große Zahl von Analysen für strikt lokale Prozesse.

## Aufgaben

1. Überlegen Sie, ob *Affix Hopping* (cf. Kap. 2.1) ein PF-Prozeß sein kann.

2. Entscheiden Sie anhand der folgenden Daten, ob der als *Gapping* bezeichnete Tilgungsprozeß von Konstituenten auf der S-Struktur oder auf PF appliziert:
   a) Hans hat ein Bier getrunken und Maria einen Kaffee
   b) Hans hat ein helles Bier getrunken und Fritz ein dunkles
   c) *Fritz wird ein Bier trinken und Maria hat einen Kaffee
   d) *Hans hat ein Bier getrunken und ich weiß nicht, ob Maria einen Kaffee

## 4.3 Leere Operatoren

In den vorangegangenen Kapiteln haben wir verschiedene leere Kategorien mit jeweils unterschiedlichen Eigenschaften kennengelernt. Insgesamt ergibt sich hierbei nun eine auffällige Parallelität zwischen lexikalischen und leeren Kategorien; d.h. jedem Typ von lexikalischer Kategorie entspricht genau ein Typ von leerer Kategorie, und umgekehrt. Die folgende Tabelle liefert eine entsprechende Übersicht:

| Typ | lexikalisch | leer |
|---|---|---|
| Anapher | Reflexiva/Reziproka | NP-Spuren |
| Pronomen | Personalpronomina | *pro* |
| Variable | R-Ausdrücke | *wh*-Spuren |
| pronom. Anapher | dt. *man*; frz. *on* | PRO |

Nun muß der jeweilige Typ einer lexikalischen NP im Sinne der obigen Tabelle offenkundig im Lexikon spezifiziert sein; d.h. ob ein gegebenes lexikalisches Element – z.B. *sich* oder *Hans* – Anapher, Pronomen, pronominale Anapher oder R-Ausdruck ist, kann sich nur aus dessen Lexikoneintrag ergeben. Entsprechend dieser Identifikation durch den Lexikoneintrag gelten dann jeweils unterschiedliche syntaktische Prinzipien für dieses Element. So gilt etwa Prinzip A der Bindungstheorie für alle Elemente, die im Lexikon als Anaphern definiert sind; Prinzip C gilt für alle als R-Ausdruck identifizierte Elemente, etc.

Demgegenüber kann bei den leeren Kategorien der jeweilige Typ trivialerweise nicht im Lexikon spezifiziert sein, da diese Kategorien *per definitionem* eben keinen lexikalischen Inhalt haben. Nun ist jedoch die Information, um welchen Typ von leerer Kategorie es sich jeweils handelt, offenkundig entscheidend dafür, welchen syntaktischen Prinzipien sie unterliegt. Somit stellt sich die Frage, wie wir feststellen können, ob eine gegebene leere Kategorie Anapher, Pronomen, pronominale Anapher oder Variable ist. In den vorangegangenen Kapiteln hatten wir den jeweiligen Typ einer leeren Kategorie über deren Entstehung definiert; d.h. eine leere Kategorie ist eine Variable, wenn sie durch *wh*-Bewegung entstanden ist, hingegen eine Anapher, wenn sie durch NP-Bewegung entstanden ist. In analoger Weise hatten wir festgestellt, daß eine leere Kategorie PRO bzw. *pro* ist, wenn sie in lexikalisch unregierter bzw. durch INFL identifizierter Position basisgeneriert ist.

Bei genauerer Betrachtung zeigt sich nun jedoch, daß für die Typbestimmung einer leeren Kategorie ein Rekurs auf deren Entstehung keineswegs zwingend notwendig ist. Ob eine leere Kategorie etwa eine Anapher oder eine Variable ist, läßt sich vollständig und eindeutig über die S-strukturelle Konfiguration bestimmen, in der sie auftritt. Wenn eine leere Kategorie durch *wh*-Bewegung entsteht, so muß sie durch ein Element in Ā-Position gebunden sein, da die bewegte Phrase eben in einer solchen Position landet. Entsteht eine leere Kategorie hingegen durch NP-Bewegung, so muß sie aus den gleichen Gründen A-gebunden sein. Somit können wir den Unterschied zwischen Anapher und Variable aus der Position ihres Antezedenten ableiten. Nun ist jedoch zu beachten, daß eine durch Bewegung entstandene leere Kategorie gleichzeitig sowohl A- als auch Ā-gebunden sein kann, wie (1) zeigt:

(1) $\text{who}_i$ [$\text{t'}_i$ has been killed $\text{t}_i$]

Die Objektspur *t* wird einerseits von *t'* lokal A-gebunden (cf. Kap. 3.5) und andererseits von *who* Ā-gebunden. Da es sich bei (1) um einen Passivsatz handelt, wissen wir, daß die Objektspur *t* eine Anapher sein muß. Für die Unterscheidung zwischen Variable und Anapher ist somit die Position des lokalen Binders ausschlaggebend. Auf den ersten Blick scheint sich nun ein Problem dadurch zu ergeben, daß nicht nur Anaphern, sondern auch PRO und *pro* einen lokalen Binder in A-Position haben (können), so daß sich die Frage stellt, wie wir zwischen Anapher und PRO/*pro* unterscheiden können. Hier ist nun offenkundig die Theta-Theorie einschlägig. Das Antezedens einer Anapher steht in einer θ-freien Position, während ein Antezedens von PRO stets in einer θ-markierten Position erscheint. Wir können also die vier verschiedenen Typen von leeren Kategorien wie in (2) definieren:

(2) Eine leere Kategorie (in A-Position) ist
- (a) eine Variable, wenn sie lokal Ā-gebunden ist,
- (b) eine Anapher, wenn sie von einem θ-freien Element lokal A-gebunden ist,
- (c) *pro*, wenn sie
  - i) durch INFL identifiziert ist,
  - ii) frei ist oder von einem θ-markierten Element lokal A-gebunden ist,

(d) PRO, wenn sie
  i) nicht durch INFL identifiziert ist,
  ii) frei ist oder von einem θ-markierten Element lokal A-gebunden ist.

Derartige Definitionen, die den Typ einer leeren Kategorie ohne Berücksichtigung ihrer Entstehung festlegen, werden als *funktionale Definitionen* bezeichnet. Eine präzisere Formulierung der Definitionen in (2) findet sich in Chomsky (1981:Kap.6; 1982b).

Nun ergibt sich jedoch eine Schwierigkeit bei Strukturen wie in (3):

(3) $who_i$ did [$PRO_i$ seeing his house burn] scare $t_i$ to death

Die leere Subjektkategorie des eingebetteten Satzes wird hier durch *who* lokal Ā-gebunden und sollte daher nach der Definition (2a) eine Variable sein. Andererseits müssen Variablen wegen des ECP stets in einer (streng) regierten Position auftreten. Da die fragliche Subjektposition in (3) jedoch weder lexikalisch noch antezedens-regiert ist, kann in ihr nur PRO erscheinen, da – wie wir in Kap. 4.1 gesehen haben – PRO die einzige leere Kategorie ist, die überhaupt in lexikalisch unregierter Position zugelassen ist, und *pro* im Englischen ohnehin nicht auftreten kann. Wir sehen also, daß die funktionale Definition in diesem Falle zu einem inkorrekten Ergebnis führt.

Funktionale Definitionen wie in (2) führen aber nicht nur in bestimmten Fällen zu einem falschen Ergebnis, sondern sind darüber hinaus – wie wir nunmehr zeigen wollen – auch völlig überflüssig, da sich die Verteilung leerer Kategorien vollständig aus den bislang betrachten syntaktischen Prinzipien ableiten läßt.

Betrachten wir zunächst die Definition (2b), die u.a. besagt, daß eine leere Anapher lokal A-gebunden sein muß. Wir erinnern uns jedoch aus Kap. 2.4 daran, daß Anaphern dem Prinzip A der Bindungstheorie unterliegen, aufgrund dessen eine Anapher innerhalb der bindungsrelevanten Domäne A-gebunden sein muß. Mit anderen Worten, die Forderung der lokalen A-Bindung von leeren Anaphern ergibt sich – unabhängig von (2b) – bereits aus der Bindungstheorie. Darüber hinaus verlangt (2b), daß das Antezedens einer leeren Anapher in einer θ-freien Position stehen muß. In diesem Bereich sind nun zwei Fälle zu unterscheiden. Ist die Position der leeren Anapher selbst θ-markiert, so folgt bereits aus dem Theta-Kriterium, daß das Antezedens θ-frei sein muß, da leere Anaphern mit ihren Antezedenten eine A-Kette bilden (cf. Kap. 2.4) und diese Kette zwei θ-Rollen erhalten würde, wenn beide Positionen θ-markiert sind. Ist die Position der leeren Anapher hingegen θ-frei, so kann es sich nur um eine Subjektposition handeln, da Komplemente stets θ-markiert sind, wie wir in Kap. 2.3 gezeigt haben. Da die leere Anapher andererseits dem ECP unterliegt, muß die entsprechende Subjektposition streng regiert sein, und dies ist nur bei ECM- und *raising*-Konstruktionen der Fall. *Raising*-Verben weisen nun ohnehin ihrem Subjekt niemals eine θ-Rolle zu, so daß dieser Fall unproblematisch ist. Bei den ECM-Konstruktionen wären nun Strukturen wie (4) einschlägig:

(4) *$he_i$ expects [$t_i$ to rain]

In (4) ist die Anapher *t* θ-frei – *rain* weist dem Subjekt keine θ-Rolle zu (cf. Kap. 2.3), während *he* von *expect* θ-markiert wird. Nun muß die Ungrammatikalität von (4) jedoch nicht speziell über die Forderung, daß Antezedenten von leeren Anaphern θ-frei sein müssen, erklärt werden, sondern folgt bereits aus der Kasustheorie. In (4) erhält die A-Kette <*he,t*> zwei Kasus, und zwar den Nominativ vom Matrix-INFL und den Akkusativ vom ECM-Verb. Da nun eine NP offenkundig nicht gleichzeitig im Nominativ und im Akkusativ auftreten kann (cf. Chomsky 1986a), ist eine Struktur wie (4) blockiert. Wir sehen also, daß sowohl die Forderung der lokalen A-Bindung als auch die des θ-freien Antezedens bereits aus unabhängigen Prinzipien der Grammatik folgt, und zwar aus der Bindungstheorie, der Kasustheorie und dem ECP. Dies bedeutet jedoch nichts anderes, als daß die Definition (2b) überflüssig ist.

Wenden wir uns nun der Definition (2d) von PRO zu. In Kap. 4.1 hatten wir bereits gezeigt, daß PRO aus bindungstheoretischen Gründen nur in lexikalisch unregierter Subjektposition auftreten kann. Nach (2d) ist zunächst ausgeschlossen, daß PRO Ā-gebunden ist. Bindet nun ein Element in Ā-Position außer PRO auch eine Variable, so liegen Strukturen wie in (3) vor, für die (2d) ohnehin zu falschen Vorhersagen führt. Ist PRO hingegen die einzige leere Kategorie, die Ā-gebunden wird, so wird der Kasusfilter verletzt, da eine *wh*-Phrase in SpecComp ihren Kasus nur über die leere Kategorie erhalten kann, die sie bindet. Da PRO jedoch universalgrammatisch nur in infiniten Sätzen auftreten kann und infinites INFL keinen Kasus zuweist (cf. Kap. 2.2), verbleibt die *wh*-Phrase in SpecComp kasuslos und verletzt daher den Kasusfilter. Darüber hinaus verlangt (2d), daß eine Phrase, die PRO A-bindet, θ-markiert sein muß. Eine Verletzung dieser Bedingung zeigt sich etwa in Strukturen wie (5b):

(5a) it is illegal [$PRO_{arb}$ to spit on the floor]

(5b) *$John_i$ is illegal [$PRO_i$ to spit in the floor]

In (5b) bindet *John* die Kategorie PRO, steht jedoch in einer θ-freien Position, wie das expletive *it* in (7a) zeigt. Jedoch folgt die Ungrammatikalität dieses Satzes – unabhängig von (2d) – bereits aus dem Theta-Kriterium in Verbindung mit dem Kettenprinzip, das wir in Kap. 3.1 und 3.3 vorgestellt haben. Da PRO – im Gegensatz zu Anaphern und Variablen – keine Kette bildet, über die eine θ-Rolle »weitergereicht« werden könnte, bleibt *John* θ-unmarkiert und verletzt somit das Theta-Kriterium. Mit anderen Worten, unabhängig von (2d) muß der A-Binder von PRO in jedem Falle θ-markiert sein, um das Theta-Kriterium zu erfüllen.

Die Bedingung (2di), die besagt, daß PRO nicht durch INFL identifiziert sein darf, ergibt sich bereits aus der Tatsache, daß PRO nur in infiniten Sätzen zulässig ist. Identifikation durch INFL ist grundsätzlich nur bei finitem INFL möglich, wie wir in Kap. 4.1 gezeigt haben, so daß PRO niemals in diesem Sinne identifiziert werden kann. Somit zeigt sich, daß auch (2d) überflüssig ist, da sämtliche Bedingungen wiederum aus unabhängigen Prinzipien der Grammatik folgen.

Betrachten wir als nächstes die Definition (2c) von *pro*. Die Bedingung, daß *pro* durch INFL identifiziert werden muß, ist in der Definition entbehrlich, da diese Bedingung bereits ein grammatisches Prinzip über *pro* ist (cf. Kap. 4.1). Ist *pro* A-gebunden, so folgt – genau wie bei PRO – aus dem Theta-Kriterium in Verbindung mit dem Kettenprinzip, daß der A-Binder θ-markiert sein muß; d.h. *pro* kann ebensowenig wie PRO seine θ-Rolle an seinen A-Binder weitergeben. Aus diesem Grunde verletzt ein Satz wie (6) das Theta-Kriterium, da *Gianni* θ-frei bleibt:

(6) *$Gianni_i$ sembra [che $pro_i$ viene]
Hans scheint daß kommt

Darüber hinaus verlangt (2c), daß das lokale Antezedens von *pro* nicht in einer Ā-Position sein darf. Dieser Fall scheint – wie bereits bei PRO gezeigt – nur dann problematisch zu sein, wenn *pro* die einzige gebundene leere Kategorie ist. In diesem Falle gilt für *pro* das gleiche wie für PRO. Da *pro* mit seinem Antezedens keine Kette bildet, würde eine *wh*-Phrase in SpecComp keinen Kasus erhalten und somit den Kasusfilter verletzen. Somit erweist sich auch die Definition (2c) als überflüssig.

Betrachten wir zuletzt die Definition der Variablen in (2a). Zunächst fordert (2a), daß eine Variable nicht A-gebunden sein darf; doch dies folgt bereits aus Prinzip C der Bindungstheorie. Weiterhin verlangt (2a), daß eine Variable überhaupt gebunden sein muß, i.e. sie darf nicht frei sein. Nun erinnern wir uns aus Kap. 3.4 daran, daß nach dem Bijektionsprinzip auf LF jeder Operator genau eine Variable binden muß und umgekehrt jede Variable durch genau einen Operator gebunden sein muß. Wenn nun eine Variable auf LF gebunden sein muß, so kann sie auch nicht auf der S-Struktur frei sein, da – soweit wir wissen – auf LF keine Operatoren aus dem Nichts entstehen. Allerdings wäre denkbar, daß eine Variable α auf der S-Struktur frei sein könnte, auf LF jedoch gebunden wäre, wenn dies quasi auf Kosten einer Variablen β geschehen würde. Mit anderen Worten, ein Operator j könnte auf der S-Struktur β, aber nicht α binden, auf LF hingegen α, aber nicht β. Eine solche Struktur würde jedoch in jedem Falle gegen das Bijektionsprinzip verstoßen.

Nun gibt es allerdings im Englischen und vor allem in den skandinavischen Sprachen einen Konstruktionstyp, der auf den ersten Blick genau die Bindungsverhältnisse aufzuweisen scheint, die es nach den Überlegungen des vorangegangenen Absatzes eigentlich nicht geben dürfte; d.h. in dieser Konstruktion bindet ein Operator offenbar mehr als eine Variable. Es handelt sich hierbei um die sog. *parasitic gap constructions*:

(7a) John filed the article [without reading it]
(7b) *John filed the article [without reading]

(8a) which article did John file [without reading it]
(8b) which article did John file [without reading]

Entscheidend ist hier der Kontrast zwischen (7b) und (8b). Hier läßt sich beobachten, daß die Objektposition im eingebetteten Adverbialsatz nur dann leer sein darf – d.h. nicht durch ein Pronomen besetzt sein muß –, wenn im SpecComp des Matrixsatzes eine *wh*-Phrase, also ein Operator steht. Da nun die Strukturen in (8) offensichtlich über *wh*-Bewegung entstanden sein müssen, liegt die Besonderheit von (8b) darin, daß die *wh*-Phrase hier nicht – wie in den bisherigen Fällen von *wh*-Bewegung – eine einzige, sondern vielmehr zwei leere Kategorien bindet, und zwar sowohl die Objektposition von *file* als auch die von *reading*.

Nun muß die D-strukturelle Position der *wh*-Phrase *which article* offenbar die Objektposition des Matrixverbs sein, da eine Extraktion aus dem Adverbialsatz Subjazenz verletzen würde. In der Tat zeigt sich auch, daß eine lexikalische Besetzung des Matrixobjektes zur Ungrammatikalität führt, während eine lexikalische NP in der Objektposition von *reading* durchaus möglich ist:

(9a) *which article did John file his notes without reading t
(9b) which article did John file t without reading his notes

Es scheint also, daß die leere Kategorie im eingebetteten Adverbialsatz durch die *wh*-Spur im Matrixsatz quasi lizensiert wird. In einem metaphorischen Sinne kann man also sagen, daß die leere Kategorie nach *reading* »parasitär« zur *wh*-Spur ist. Aus diesem Grunde bezeichnet man solche leeren Kategorien als *parasitäre Lücken* (engl. *parasitic gaps*) und markiert sie gewöhnlich durch das Symbol *e* (=*empty*). Für (8b) erhalten also folgende S-Struktur:

(8b') [which article]$_i$ did John file $t_i$ without PRO reading $e_i$

Zunächst ist darauf hinzuweisen, daß Konstruktionen mit parasitären Lücken für viele Sprecher schlechter sind als deren Entsprechungen mit einem Pronomen wie (8a). Entscheidend ist jedoch, daß sich ein deutlicher Kontrast beobachten läßt zwischen Strukturen, die überhaupt parasitäre Lücken zulassen, und solchen, in denen diese Lücken grundsätzlich nicht auftreten können.

Zunächst stellt sich nun natürlich die Frage, was für ein Typ von leerer Kategorie solche parasitären Lücken sind. Nun kann es sich offensichtlich nicht um PRO handeln, da PRO innerhalb von IP stets nur in lexikalisch unregierter Position auftreten kann. Ebenso scheidet das leere Pronomen *pro* aus, da diese Kategorie im Englischen nicht durch INFL identifiziert ist. Wäre die Kategorie *e* eine Anapher, so müßte sie nach Prinzip A der Bindungstheorie innerhalb des eingebetteten Satzes (durch PRO) gebunden sein. Folglich müssen parasitäre Lücken Variablen sein.

Ist diese Schlußfolgerung korrekt, so dürften parasitäre Lücken nach Prinzip C der Bindungstheorie niemals A-gebunden sein. Da nun jedoch die koindizierte *wh*-Spur stets in einer A-Position steht, sollten *parasitic gap constructions* nur dann möglich sein, wenn diese *wh*-Spur die Kategorie *e* nicht c-kommandiert. In (8b') ist diese Bedingung erfüllt, da ein eingebetteter Adverbialsatz – im Gegensatz zum Komplementsatz – stets an VP adjungiert ist und somit außerhalb des C-Kommando-Bereichs der Objektspur des Matrixsatzes liegt. In der Tat zeigen die Daten in (10), daß parasitäre Lücken immer dann unzulässig sind, wenn sie von der *wh*-Spur c-kommandiert und somit A-gebunden werden:

(10a) *who$_i$ does John expect t$_i$ to tell that we like e$_i$

(10b) *who$_i$ t$_i$ came to your party although you didn't invite e$_i$

Im Gegensatz zu (8b') steht in (10a) und (10b) die *wh*-Spur in einer Subjektposition und c-kommandiert daher die parasitäre Lücke im jeweils eingebetteten Satz.

Wir sehen also, daß parasitäre Lücken in der Tat Variablen sind. Dabei scheint es sich jedoch um einen Typ von Variablen zu handeln, der nicht durch Bewegung entstanden ist und daher auch keinen »eigenen« Operator hat.

Wenn nun parasitäre Lücken nicht über Bewegung entstanden sind, so sollten sich in dem Bereich, in dem sie auftreten, auch keine Subjazenzeffekte einstellen, da Subjazenz ja eine Beschränkung über Bewegungsregeln bzw. – unter repräsentationeller Perspektive (cf. Kap. 3.3) – über die Entfernung zwischen *zwei* koindizierten Elementen ist. Entgegen dieser Erwartung lassen sich bei parasitären Lücken jedoch die gleichen subjazenztypischen Inselverletzungen beobachten wie bei »normalen« *wh*-Bewegungen:

(11a) which car$_i$ did John buy t$_i$ without knowing that his wife doesn't like e$_i$

(11b) which car$_i$ did John buy t$_i$ without expecting his wife to like e$_i$

(11c) *which car$_i$ did John buy t$_i$ without considering the fact that his wife doesn't like e$_i$

(11d) *which car$_i$ did John buy t$_i$ without asking who built e$_i$

(11e) *which car$_i$ did John buy t$_i$ before reading the motor-journal that described e$_i$

Die Beobachtung solcher Subjazenzeffekte deutet nun darauf hin, daß auch parasitäre Lücken durch Bewegung entstanden sein sollten. Ist diese Vermutung korrekt, so sollten sich auch hier die für *wh*-Bewegungen typischen ECP-bedingten *that-trace*-Effekte (cf. Kap. 3.4) einstellen; d.h. parasitäre Lücken sollten *ceteris paribus* in Objektposition, nicht jedoch in Subjektposition zugelassen sein, da eine Subjektvariable nicht streng regiert ist. Wie die Beispiele in (12) zeigen, ist dies in der Tat der Fall:

(12a) which car$_i$ did John buy t$_i$ before they officially sold e$_i$

(12b) *which car$_i$ did John buy t$_i$ before e$_i$ was offically sold

Somit ergibt sich, daß auch parasitäre Lücken offenbar durch eine Bewegung entstanden sein müssen, die jedoch wegen Subjazenz nicht weiter als bis zum SpecComp des Adverbialsatzes führen kann. In dieser SpecComp-Position erscheint somit ein Operator, der die parasitäre Variable Ā-bindet. Da dieser Operator jedoch nicht »sichtbar« ist, muß es sich offenkundig um einen leeren Operator handeln, den wir mit *O* symbolisieren wollen. Für unseren Ausgangssatz erhalten wir somit die folgende Struktur:

(13) what$_i$ did John file t$_i$ [$_{CP}$ O$_i$ without [PRO reading e$_i$]]

Somit ergibt sich auch im Bereich der Operatoren die Dichotomie zwischen lexikalischen und leeren Kategorien. Daher stellt sich auch hier die Frage, welchen Typ leerer Kategorie dieser Operator darstellt. Zunächst kann es sich nicht um eine Anapher handeln, da der Operator in einer Ā-Position steht, in der Anaphern nicht zugelassen sind. Auch *pro* scheidet aus, da diese Kategorie im Englischen generell nicht auftritt. Ebensowenig kann der Operator eine Variable sein, da in diesem Falle eine Kette zum Matrixoperator entstehen würde, die jedoch Subjazenz verletzt. Folglich muß der Operator PRO sein.

Nun treten leere Operatoren keineswegs nur in *parasitic gap constructions* auf, sondern erscheinen offenbar auch in Konstruktionen wie den folgenden:

(14a) E.T. is too ugly to look at e
(14b) E.T. is too ugly to expect anyone to look at e
(14c) *E.T. is too ugly to wonder who would look at e
(14d) *E.T. is too ugly to believe the claim that Tom looked at e

Zunächst ist offenkundig, daß die Strukturen in (14) nicht durch NP-Bewegung entstanden sein können, da in diesem Falle die leere Kategorie eine Anapher wäre, die nach Prinzip A innerhalb des eingebetteten Satzes gebunden sein müßte. Da die leere Kategorie in Objektposition auftritt, scheiden auch PRO und *pro* aus. Somit muß *e* wiederum eine Variable sein. Die Subjazenzeffekte in (14c) und (14d) deuten auch hier darauf hin, daß die Variable durch Bewegung entstanden sein muß. Da jedoch kein »sichtbarer« Operator vorhanden ist, müssen wir wiederum einen leeren Operator annehmen.

Auch in den folgenden Strukturen ist im eingebetteten Satz ein leerer Operator anzusetzen:

(15a) I found a book for you to read e
(15b) I found a book for you to tell Bill to read e
(15c) *I found a book for you to wonder how to read e
(15d) *I found a book for you to discover the price that e costs

Die Argumente für die Annahme eines leeren Operators in diesen Strukturen sind im wesentlichen die gleichen wie bei (14), so daß wir dem Leser die Überprüfung dieser Argumente überlassen können. Da der leere Operator PRO ist, kann er jedoch nicht in Strukturen wie (16) auftreten, in denen die SpecComp-Position vom Matrixverb regiert wird:

(16) *I wonder [$PRO_i$ [Mary likes $t_i$]]

Kehren wir zu unserer ursprünglichen Frage zurück, ob die Variablen-Definition in (2a) ebenso überflüssig ist wie die übrigen Definitionen unter (2). Wenn nun auch parasitäre Lücken ihren »eigenen« (leeren) Operator haben, der sie Ā-bindet, so ergibt sich die Forderung, daß Variablen gebunden sein müssen, aus dem Bijektionsprinzip. Somit ist auch (2a) entbehrlich.

Insgesamt zeigt sich also, daß die Verteilung der verschiedenen leeren Kategorien nicht über spezielle funktionale Definitionen festgelegt werden muß, sondern vollständig aus dem Zusammenspiel unabhängig motivierter syntaktischer Prinzipien abgeleitet werden kann.

Dem aufmerksamen Leser wird nicht entgangen sein, daß sich die vier Typen leerer Kategorien praktisch komplementär verteilen; d.h. in jeder denkbaren strukturellen Konfiguration kann jeweils nur ein einziger Typ von leerer Kategorie auftreten, während alle übrigen ausgeschlossen sind. Mit anderen Worten, es gibt keine strukturelle Konfiguration, in der verschiedene Typen leerer Kategorien miteinander kontrastieren oder – um einen Begriff der Phonologie zu entlehnen – in Opposition stehen. Dies bedeutet jedoch nichts anderes, als daß es nur eine einzige leere Kategorie gibt, die je nach struktureller Umgebung verschiedene Eigenschaften annehmen kann. Welche Eigenschaften dies im Einzelfall sind, ergibt sich aus den UG-Prinzipien.

Wenn es nun nur eine einzige leere Kategorie gibt, deren jeweilige Eigenschaften und Zulässigkeit vollständig durch UG-Prinzipien geregelt ist, so bedeutet dies einen weiteren Schritt in Richtung zu einem repräsentationellen Modell grammatischer Kompetenz. Mit anderen

Worten, wir brauchen keinerlei Regeln, die festlegen, unter welchen Bedingungen eine leere Kategorie zugelassen ist und welche Eigenschaften sie jeweils aufweist. Vereinfacht ausgedrückt, in jede Satzposition läßt sich beliebig eine lexikalische oder eine leere Kategorie einsetzen. Die jeweilige Option wird durch die Prinzipien der UG überprüft und entsprechend als grammatisch bzw. ungrammatisch identifiziert.

Doch verbleibt bei einer solchen Konzeption ein ungelöstes Problem. Variablen und Anaphern unterscheiden sich von PRO und *pro* in zweierlei Hinsicht: Variablen und Anaphern unterliegen der Subjazenz und dem ECP, PRO und *pro* hingegen nicht. Während sich nun die Gültigkeit der Subjazenz für Variablen und Anaphern offensichtlich aus dem Kettenprinzip (cf. Kap. 3.1 und 3.3) ergibt, ist die Frage ungeklärt, warum auch das ECP nicht auch für PRO und *pro* gilt. Man mag daher vermuten, daß das ECP letztlich ein Prinzip sein könnte, für das ebenfalls die Kettenbildung in irgendeiner Form von Bedeutung ist, so daß Subjazenz und ECP im Grunde nicht anderes sind als zwei verschiedene Aspekte des gleichen Prinzips. Diesem Problem wollen wir in den folgenden Kapiteln nachgehen.

## Literaturhinweise

Die funktionale Definition leerer Kategorien wurde erstmals von Chomsky (1981, 1982b) eingeführt. Argumente gegen eine solche Definition finden sich vor allem in Brody (1984, 1985), Sternefeld (1985) und Chomsky (1986b). Das Phänomen der parasitären Lücken wurde von Taraldsen (1978a) und Engdahl (1983) entdeckt und von Chomsky (1982b, 1986b) in seiner Bedeutung für die Grammatiktheorie evaluiert. Kayne (1983) und Koster (1987) schlagen eine alternative Lösung der entsprechenden Probleme vor. Insbesondere zu parasitären Lücken im Deutschen cf. Bennis & Hoekstra (1985) und Felix (1985).

## Aufgaben

1. Zeigen Sie, daß in der folgenden Struktur ein leerer Operator anzusetzen ist:
   Mary is taller than Bill is

2. Überlegen Sie, wie der folgende Kontrast zu erklären sein könnte:
   a) Hans hat Maria ohne anzuschauen geküßt
   b) *Hans hat Maria geküßt ohne anzuschauen

3. Überlegen Sie, inwiefern die Grammatikalität des folgenden Satzes ein Problem darstellt, und suchen Sie nach einer Lösung:
   who$_i$ did John tell t$_i$ that he likes e$_i$

# Barrieren

## 5.1 L-Markierung und Extraktionsblockierungen

In den vorangegangenen Kapiteln haben wir die Rektions- und Bindungstheorie weithin in ihrer »klassischen« Version dargestellt und dabei vor allem die in Chomsky (1986a) entwickelten Perspektiven berücksichtigt. Herausragendes Merkmal dieser Theorie ist ihre extreme Modularität; d.h. – im Gegensatz zu traditionellen Ansätzen sowie der Lexical Functional Grammar von Bresnan (1982a) und der Generalized Phrase Structure Grammar von Gazdar et al. (1985) – werden die in einer Sprache möglichen Strukturen nicht über einen Apparat konstruktionsspezifischer Regeln – z.B. einer Passivregel, einer *raising*-Regel, einer Frageregel, etc. – spezifiziert, sondern über ein System von abstrakten Prinzipien, die strukturelle Repräsentationen auf ihre Wohlgeformtheit hin überprüfen.

Es verbleiben nun jedoch u.a. zwei grundlegende Probleme, von denen das eine primär empirischer, das andere eher konzeptueller Natur ist. Bereits am Ende von Kap. 4.3 hatten wir darauf hingewiesen, daß völlig ungeklärt ist, warum Subjazenz und ECP zwar Variablen und Anaphern betreffen, nicht jedoch PRO und *pro*. Während die eingeschränkte Gültigkeit von Subjazenz aus der Tatsache folgt, daß dieses Prinzip über Ketten definiert ist und nur Variablen und Anaphern solche Ketten bilden, kann die eingeschränkte Anwendung des ECP nicht in analoger Weise erklärt werden, da das Phänomen der Kettenbildung für das ECP irrelevant ist. Unter eher konzeptuellen Gesichtspunkten zeigt sich, daß der modulare Aufbau der Rektions- und Bindungstheorie zwar für die Spezifizierung der in einer Sprache möglichen Strukturen gilt, nicht jedoch für den Anwendungsbereich der einzelnen Prinzipien selbst. Mit anderen Worten, jedes Prinzip hat seine eigene, spezifische Strukturdomäne, innerhalb derer es gültig ist. So ist etwa Subjazenz eine Art »Zwei-Knoten«-Prinzip; d.h. Subjazenz ist über eine Domäne von zwei Grenzknoten (im Englischen NP und IP) definiert, die nicht zwischen den Elementen einer Kette auftreten dürfen. Demgegenüber beziehen sich die Prinzipien der Bindungstheorie auf eine

Domäne, die durch den Begriff der BT-Kompatibilität festgelegt ist. Das ECP wiederum gilt für einen noch eingeschränkteren Strukturbereich, der durch die jeweilige leere Kategorie und ihr strenges Regens definiert ist.

Unter einem modularen Ansatz ist eine solche prinzipienspezifische Definition des jeweiligen Gültigkeitsbereichs in höchstem Maße konzeptuell unbefriedigend. Aus diesem Grunde sind von mehreren Seiten Versuche unternommen worden, eine einheitliche Anwendungsdomäne zu spezifizieren, die für alle Prinzipien gleichermaßen gilt. In den verbleibenden Kapiteln wollen wir einige der in jüngster Zeit zu dieser Problematik vorgetragenen Grundüberlegungen und Lösungsskizzen darstellen, wenngleich anzumerken ist, daß gerade in diesem Bereich mehr Fragen offen als geklärt sind.

Schon recht frühzeitig wurde von verschiedenen Autoren – z.B. Berwick & Weinberg (1984) – darauf hingewiesen, daß Subjazenz in seiner klassischen Formulierung (cf. Kap. 3.3) ein in höchstem Maße merkwürdiges Prinzip ist, da es über eine Domäne von zwei Grenzknoten definiert ist und somit die eher unplausible Annahme impliziert, daß der *human mind* eine Art »Knotenzähler« enthält, der ständig die bei einer Bewegung überschrittenen Grenzknoten aufzeichnet und berechnet. Darüber hinaus können die subjazenzrelevanten Grenzknoten – wie etwa bei den typischen *wh*-Insel-Verletzungen – relativ weit voneinander liegen. Somit stellt sich die Frage, ob Subjazenz nicht auch über eine eingeschränktere Domäne formuliert werden kann.

Nun läßt sich zunächst beobachten, daß die klassische Subjazenzformulierung (cf. Kap. 3.3) in gewissen Bereichen bereits zu rein empirischen Problemen führt, wie etwa die Beispiele in (1) zeigen:

(1a) *what$_i$ does [$_{IP}$ John wonder [$_{CP}$ who$_j$ [$_{IP}$ t$_j$ bought t$_i$]]]

(1b) what$_i$ does [$_{IP}$ John expect [$_{IP}$ Bill to buy t$_i$]]

Die Ungrammatikalität von (1a) ist unproblematisch. Da die Spec-Comp-Position des eingebetteten Satzes bereits durch *who* besetzt ist, kann die *wh*-Phrase *what* in dieser Position nicht zwischenlanden und muß daher auf ihrem Weg in den Matrixsatz zwei IP-Knoten überqueren, so daß es sich hier um eine eindeutige Subjazenzverletzung handelt. Doch auch in (1b) liegen zwei IP-Knoten zwischen der *wh*-Phrase und ihrer Ausgangsposition. Da das Verb *expect* dem Subjekt des eingebetteten Satz, i.e. *Bill*, Kasus zuweist und Kasuszuweisung stets Rektion voraussetzt, muß in ECM-Konstruktionen eine IP und nicht etwa eine CP eingebettet sein. Dementsprechend liegt auch hier kein möglicher Zwischenlandeplatz in SpecComp vor, so daß (1b) wegen Subjazenzverletzung eigentlich ungrammatisch sein sollte.

Ein ähnliches Problem ergibt bei dem Kontrast in (2):

(2a) who$_i$ did [$_{IP}$ you see [$_{NP}$ a picture of t$_i$]]

(2b) *who$_i$ did [$_{IP}$ [$_{NP}$ a picture of t$_i$] annoy Bill]

Während Subjazenz (2b) korrekt blockiert – zwischen *who* und seiner Spur liegen ein IP- und ein NP-Knoten –, wird aus genau dem gleichen Grund auch (2a) fälschlicherweise als ungrammatisch ausgewiesen.

Diese Daten deuten darauf hin, daß IP und NP offenbar nicht grundsätzlich, sondern vielmehr nur in bestimmten strukturellen Konfigurationen Grenzknoten im Sinne des Subjazenzprinzips sind. Der hier relevante Unterschied zwischen (1a) und (1b) scheint nun darin zu liegen, daß die IP in (1b) vom Matrixverb *expect* direkt θ-markiert wird, während die θ-Rolle in (1a) der CP zugewiesen wird. Dies deutet darauf hin, daß θ-Markierung offenbar den Grenzknotenstatus einer IP aufzuheben vermag. Betrachten wir nun unter diesem Aspekt den Kontrast in (2), so zeigt sich, daß θ-Markierung allein nicht der entscheidende Faktor sein kann, da sowohl Objekt- als auch Subjekt-NPs gleichermaßen θ-markiert sind. Der Unterschied zwischen (2a) und (2b) besteht nun darin, daß das θ-markierende Element in (2a) – also *see* – gleichzeitig Schwester der Objekt-NP ist, während die Subjekt-NP in (2b) ihre θ-Rolle eben nicht von ihrer Schwester (= INFL') erhält. Ebenso wird auch in (1b) die IP von ihrer Schwester *expect* θ-markiert. Wir sehen also, daß der Grenzknotenstatus von IP und NP aufgehoben ist, wenn diese Kategorien von einer Schwester θ-markiert werden. Diese Eigenschaft wollen wir nun als *L-Markierung* bezeichnen und wie in (3) definieren:

(3) L-Markierung:

α L-markiert β, gdw.
a) α und β Schwestern sind,
b) α eine lexikalische Kategorie ist,
c) α β eine θ-Rolle zuweist.

Es zeigt sich nun jedoch, daß das Phänomen der L-Markierung nicht nur für die Grenzknoten IP und NP relevant ist; vielmehr finden wir entsprechende Kontraste auch bei der Extraktion aus CP und PP, die (im Englischen) grundsätzlich keine Grenzknoten im Sinne des in Kap. 3.3. vorgestellten Subjazenzbegriffes sind:

(4a) which car do [$_{IP}$ you think [$_{CP}$ t' that [$_{IP}$ Bill bought t]]]

(4b) *which car did [$_{CP}$ t' [$_{IP}$ PRO to drive t] fascinate Bill]

(4c) *which car did [$_{IP}$ Sue cry [$_{CP}$ t' because [$_{IP}$ you drove t]]]

(5a) who did you speak [$_{PP}$ to t]

(5b) *who did you speak [$_{PP}$ after t]

Während in (4a) die eingebettete CP von *think* L-markiert wird, befindet sich der CP-Knoten in (4b) in Subjektposition und wird daher – genau wie in (2b) – nicht von seiner Schwester θ-markiert. In (4c) wiederum ist die eingebettete CP – im Gegensatz zu (4a) – ein Adjunkt und ist daher keine Schwester von *cry*, so daß die CP auch hier nicht L-markiert ist. Es zeigt sich also, daß auch Extraktionen aus CP nur dann möglich sind, wenn diese CP L-markiert ist. Ein ähnliches Bild ergibt sich in (5). In (5a) ist die PP Komplement, also Schwester des Verbs; in (5b) hingegen ist die PP Adjunkt. Somit ist auch hier eine Extraktion nur möglich, wenn die PP von einer Schwester θ-markiert wird.

Diese Daten deuten darauf hin, daß der Begriff des Grenzknotens, wie wir ihn in Kap. 3.3 expliziert haben, zu eng gefaßt ist, da offenbar auch die anderen maximalen Projektionen Extraktionen blockieren, wenn sie nicht L-markiert sind. Wir wollen deshalb den erweiterten Begriff der *blockierenden Kategorie* (engl. *blocking category*) einführen, den wir als *BC* abkürzen und wie in (6) definieren:

(6) Blockierende Kategorie:

α ist eine BC für β, gdw.
a) α eine maximale Projektion ist,
b) α β dominiert,
c) α nicht L-markiert ist.

Nach der Definition in (6) ist nun zunächst grundsätzlich jede maximale Projektion eine BC, sofern sie nicht L-markiert ist. Unter einer solchen Konzeption ergibt sich offenkundig bereits bei »einfachen« Extraktionen wie in (7a) eine Schwierigkeit für den Status der VP:

(7a) who did [$_{IP}$ John [$_{VP}$ meet t]]

Da die Schwester der VP in Strukturen wie (7a) die nicht-lexikalische Kategorie INFL ist, kann die VP hier (cf. aber Kap. 5.3) nicht L-markiert sein und sollte daher als grundsätzliche BC jegliche Extraktion blockieren. Da (7a) jedoch völlig wohlgeformt ist, müssen wir annehmen, daß die *wh*-Phrase offenbar über irgendeine Zwischenposition die VP verlassen und somit ihren BC-Status quasi »umgehen« kann. Nun hatten wir bereits in Kap. 3.2 im Kontext der Extraposition gesehen, daß an eine VP adjungiert werden kann. Somit liegt die Vermutung nahe, daß eine *wh*-Phrase in dieser Adjunktionsposition zwischenlandet und auf diesem Wege die VP verlassen kann. Dementsprechend erhalten wir eine Struktur wie in (7b):

(7b) who did [$_{IP}$ John [$_{VP}$ t' [$_{VP}$ meet t]]]

Diese VP-Adjunktionsposition hat also in gewissem Sinne die gleiche Funktion wie SpecComp bei der Extraktion aus *that*-Sätzen. Mit anderen Worten, ebenso wie *wh*-Phrasen aus eingebetteten Sätzen zyklisch über SpecComp extrahiert werden, können sie VPs nur über deren Adjunktionsposition verlassen.

Wenn eine *wh*-Phrase nun in einer Struktur wie (7b) die VP über deren Adjunktionsposition verlassen und somit den prinzipiellen BC-Status der VP quasi »umgehen« kann, so bedeutet dies, daß – in einem intuitiven Sinne – der BC-Status zwar für die VP in ihrer Gesamtheit, nicht jedoch für die Adjunktionsposition selbst gilt. Um diesen Gedanken zu illustrieren, betrachten wir die allgemeine Struktur einer VP mit adjungiertem Element:

(8) [$_{VP}$ $\alpha$ [$_{VP}$ V $\beta$ ]]

Zunächst ist zu beachten, daß die Struktur in (8) – im Sinne des X-bar Schemas – nicht etwa *zwei* VPs enthält, sondern eine einzige VP darstellt, die jedoch aus zwei hierarchisch geordneten Segmenten besteht. Von diesen beiden Segmenten enthält das eine den Kopf und das Komplement der VP (symbolisiert durch $\beta$), während das andere die Adjunktionsposition (= $\alpha$) sowie das hierarchisch tiefere VP-Segment umschließt. Mit anderen Worten, nur das Element $\beta$ ist in beiden Segmenten der VP enthalten, während $\alpha$ allein im hierarchisch höheren Segment enthalten ist. Wenn nun ein Element aus der Position $\beta$ nur dann die VP verlassen kann, wenn es zunächst zyklisch in die Position $\alpha$ bewegt wird, so bedeutet dies nichts anderes, als daß die VP nur für jene Elemente eine BC ist, die in beiden Segmenten dieser VP enthalten ist, d.h. von beiden Segment-Knoten dominiert wird. Diese strukturelle Konfiguration wollen wir nun als *Inklusion* bezeichnen und wie in (9) definieren:

(9) Inklusion:

Eine Kategorie Σ inkludiert ein Element δ gdw. jedes Segment von Σ δ dominiert.

In diesem Sinne gilt für die Struktur (8), daß die VP zwar β, nicht jedoch α inkludiert, da α nur von *einem* Segment der VP dominiert wird. Komplementär zur Inklusion läßt sich nunmehr der Begriff der *Exklusion* wie in (10) definieren:

(10) Exklusion:

Eine Kategorie Σ exkludiert ein Element δ gdw. kein Segment von Σ δ dominiert.

Aus dem Kontrast zwischen Inklusion und Exklusion ergibt sich nun der Sonderstatus der Adjunktionsposition. Intuitiv gesprochen ist diese Adjunktionsposition weder vollständig innerhalb noch vollständig außerhalb der VP, und die VP scheint eine BC nur für solche Elemente zu sein, die sie inkludiert. Dementsprechend liefert die Adjunktionsposition die Möglichkeit, dem BC-Status der VP quasi zu entkommen. Dies bedeutet jedoch, daß nicht *dominieren*, sondern *inkludieren* der entscheidende Begriff für die Definition der BC ist. Wir müssen also (6) durch (11) ersetzen:

(11) Blockierende Kategorie:

α ist eine BC für β, gdw.
a) α eine maximale Projektion ist,
b) α β inkludiert,
c) α nicht L-markiert ist.

Die BC unterscheidet sich vom klassischen Grenzknotenbegriff nun nicht nur darin, daß sie prinzipiell alle maximalen Projektionen umfaßt; vielmehr ist die BC – im Gegensatz zum Grenzknoten – kein absoluter, sondern ein relativer Begriff; d.h. eine maximale Projektion ist nur dann eine BC, wenn sie nicht L-markiert ist. Unter dieser Konzeption liegt eine Subjazenzverletzung stets dann vor, wenn zwischen den Elementen einer durch *wh*-Bewegung entstandenen Kette mehr als eine BC liegt.

Eine offenkundige Schwierigkeit ergibt sich nun jedoch bei den sog. *wh*-Insel-Verletzungen. Wir wollen das Problem an dem folgenden Kontrast illustrieren:

(12a) what did [$_{IP}$ John [$_{VP}$ t’ [$_{VP}$ buy t]]]

(12b) *what do [$_{IP}$ you [$_{VP}$ t” [$_{VP}$ wonder [$_{CP}$ how [$_{IP}$ John [$_{VP}$ t’ [$_{VP}$ bought t]]]]]]]

Die Grammatikalität von (12a) ist weitgehend unproblematisch. Die *wh*-Phrase wandert zunächst in die Adjunktionsposition der VP und überwindet dadurch deren prinzipiellen BC-Status. Zwischen der SpecComp-Position des Matrixsatzes, die *what* enthält, und t’ liegt nun nur eine einzige BC, nämlich die IP, so daß keine Subjazenzverletzung vorliegt und der Satz korrekt als grammatisch ausgewiesen wird. In gleicher Weise wandert die *wh*-Phrase in (12b) wiederum zunächst in die Adjunktionsposition der eingebetteten VP und von dort in die entsprechende Position der Matrix-VP. Zwischen t” und t’ liegen nun zwei maximale Projektionen, und zwar IP und CP. Während die IP nun jedoch eine BC ist, wird die CP von *wonder* L-markiert und ist daher keine BC. Dementsprechend sind die beiden Spuren nur durch eine einzige BC getrennt. Aber auch zwischen *what* und t” liegt wiederum nur eine BC, nämlich die Matrix-IP. Dementsprechend sollte (12b) eigentlich ebenso grammatisch sein wie (12a).

Intuitiv scheint nun relativ eindeutig zu sein, daß die Ungrammatikalität von (12b) damit zusammenhängt, daß die *wh*-Phrase im eingebetteten SpecComp nicht zwischenlanden kann, da diese Position bereits durch *how* besetzt ist. Aus diesem Grunde muß sie gleichzeitig die IP und die CP überqueren und genau dieses Faktum scheint für die Ungrammatikalität des Satzes verantwortlich zu sein. Mit anderen Worten, obwohl die CP entsprechend der Definition in (11) keine BC ist, da sie durch *wonder* L-markiert wird, verhält sie sich wie eine BC, wenn sie unmittelbar eine andere BC dominiert, wie hier die IP. Es scheint also, daß die IP in dieser Konfiguration ihre Blockierungseigenschaften auf die CP mit überträgt, oder – wie man technisch sagt – *vererbt* (engl. *inherit*). Eine Kategorie kann also Extraktionen entweder blockieren, weil sie – *qua* fehlender L-Markierung – sozusagen »von Hause aus« eine BC ist, oder weil sie die Blockierungseigenschaften von einer anderen, unmittelbar von ihr dominierten BC erbt. Um diesen Sonderfall nun auch terminologisch abzugrenzen, führen wir den Begriff der *Barriere* (engl. *barrier*) ein, der wie in (13) definiert ist:

(13) Barriere:

Eine maximale Projektion Σ ist eine Barriere für α gdw.
a) Σ eine BC für α ist
oder
b) Σ β unmittelbar dominiert und β eine BC für α ist.

Die Klausel (13a) spezifiziert den Standardfall, in dem BC und Barriere *de facto* identisch sind. (13b) hingegen erfaßt den Vererbungsfall, in dem eine L-markierte maximale Projektion die Blockierungseigenschaften der von ihr dominierten Kategorie ererbt.

Aus der Definition in (13) ergibt sich somit, daß in (12a) nur eine Barriere – nämlich IP –, in (12b) hingegen zwei Barrieren, und zwar IP und CP überschritten werden. Einschlägig für die Subjazenz ist somit der Begriff der Barriere.

Es zeigt sich nun, daß sich mit Hilfe des Barrierenbegriffes auch die klassischen CNPC-Fälle (cf. Kap. 3.3) erfassen lassen, wie die folgenden Beispiele zeigen:

(14a) *what$_i$ did you meet [$_{NP}$ a guy [$_{CP}$ who$_j$ [$_{IP}$ t$_j$ saw t$_i$]]]

(14b) *what do you hate [$_{NP}$ the plan [$_{CP}$ t' [$_{IP}$ PRO to buy t]]]

(14c) *who did you hear [$_{NP}$ a rumor [$_{CP}$ t' that [$_{IP}$ he saw t]]]

In (14a) ist die IP – *qua* BC – eine Barriere, die ihre Blockierungseigenschaften an die CP vererbt, die somit ebenfalls eine Barriere ist. Da nun nominale Köpfe ihre Relativsätze offenkundig nicht θ-markieren, ist die CP bereits »von Hause aus« eine BC, die ihre Blockierungseigenschaften wiederum an die NP vererbt. Dementsprechend überquert die *wh* Phrase in (14a) drei Barrieren; ein Faktum, das für die extreme Ungrammatikalität des Satzes verantwortlich ist. In (14b) und (14c) erscheint jeweils eine Zwischenspur (= t') in der SpecComp-Position der eingebetteten CP. Somit stellt sich die Frage, ob diese CP eine BC ist. Nun hat Stowell (1981) eine Reihe von Argumenten dafür vorgebracht, daß Nomina wie *plan* oder *rumor* die unter ihnen eingebetteten CPs nicht θ-markieren. Dementsprechend ist die CP in (14b) und (14c) nicht L-markiert und somit eine BC, die ihre Blockierungseigenschaften wiederum an die NP vererbt. Somit überquert die *wh*-Phrase in dem hier relevanten Bereich wiederum zwei Barrieren und verletzt damit das Subjazenzprinzip.

Ein besonderes Problem scheint sich nun durch den Kontrast in (15) zu ergeben, wobei (15b) hier strukturell identisch mit (12b) ist:

(15a) which car didn't John know [$_{CP}$ how [$_{IP}$ PRO to fix t]]

(15b) *which car didn't John know [$_{CP}$ how [$_{IP}$ Tom fixed t]]

Für (15b) gilt die gleiche Analyse wie für (12b): die L-markierte CP ererbt die Blockierungseigenschaften der IP, so daß die *wh*-Phrase in diesem Bereich zwei Barrieren überquert. Das Gleiche gilt jedoch auch für (15a), so daß auch dieser Satz eigentlich ungrammatisch sein sollte. In der Tat ist (15a) jedoch völlig wohlgeformt, so daß sich die Frage stellt, warum dies so ist. Nun muß der Kontrast zwischen (15a) und (15b) offenkundig etwas mit der Finitheit des eingebetteten Satzes zu tun haben; d.h. in (15a) ist die IP infinit, in (15b) hingegen finit. Prinzipiell bieten sich hier zwei Lösungsmöglichkeiten an: entweder blockiert die Infinitheit einer IP die Vererbung ihrer BC-Eigenschaft an die CP oder eine infinite IP ist grundsätzlich keine Barriere im Sinne der Definition in (13). In Kap. 5.2 werden wir sehen, daß Vererbung auch bei infinitem IP stattfindet, so daß die erste Lösungsalternative nicht korrekt sein kann.

Bei genauer Betrachtung zeigt sich nun, daß nicht etwa die Grammatikalität von (15a), sondern vielmehr die Ungrammatikalität von (15b) eine Besonderheit des Englischen zu sein scheint. In Sprachen wie etwa dem Schwedischen sind zu (15b) bzw. (12b) analoge Strukturen völlig wohlgeformt (cf. Engdahl 1986):

(16a) vilken film var det du ville veta vem som hade regisserat
welchen Film war es du willst wissen wer daß hat geleitet
»von welchem Film willst du wissen wer ihn geleitet hat«

(16b) sanskrit$_i$ hade jag en student$_j$ som jag inte minns
Sanskrit hatte ich einen Studenten daß ich nicht erinnere
vilken lärare$_k$ som först t$_k$ talat med t$_j$ om t$_i$
welcher Lehrer daß erst sprach mit über
»ich hatte einen Studenten von dem ich mich nicht erinnere, welcher Lehrer zuerst mit ihm über Sanskrit sprach«

Extraktionen aus finiten Fragesätzen sind also im Schwedischen – im Gegensatz zum Englischen – völlig unproblematisch. Aber auch im Englischen sind derartige Extraktionen offenbar nur dann unzulässig, wenn der entsprechende Fragesatz die tiefste Einbettung darstellt:

(17) which car don't you know [$_{CP}$ how [$_{IP}$ John wants [$_{CP}$ t' [$_{IP}$ PRO to fix t]]]]

Der höher eingebettete Satz in (17) *how John wants...* zeigt im wesentlichen die gleiche Konfiguration wie der eingebettete Satz in (15b). Die IP ist *qua* BC, die CP per Vererbung eine Barriere. Dennoch ist der Satz völlig wohlgeformt. Dies bedeutet jedoch, daß die IP im Englischen nur dann eine Barriere ist, wenn sie in Verbindung mit einer CP-Barriere in einem finiten Satz auftritt, der am tiefsten eingebettet ist.

Aus diesen Daten ergibt sich, daß der Barrierenstatus von IP eine ganz spezifische Eigenschaft des Englischen darstellt, die auch nur für einen extrem eingeschränkten Bereich gilt. Wie vor allem die schwedischen Daten zeigen, scheint unter universalgrammatischer Perspektive hingegen zu gelten, daß IP grundsätzlich keine Barriere *per se* ist; d.h. allein in Sprachen wie dem Englischen kann eine finite IP in bestimmten strukturellen Kontexten Barrierenstatus für Bewegungen (cf. aber Kap. 5.2) erwerben. Aus diesem Grunde ist die Klausel (13a) der Barrierendefinition durch die erweiterte Formulierung (13a') zu ersetzen:

(13a') $\Sigma$ eine BC für $\alpha$ ist, für $\Sigma \neq IP$.

Eindeutig grammatisch sind nun *wh*-Extraktionen aus Matrixsätzen und eingebetteten *that*-Sätzen. Hier handelt es sich sozusagen um den *best case*:

(18a) what did $[_{IP}$ John buy t]

(18b) what do $[_{IP}$ you think $[_{CP}$ t that $[_{IP}$ John bought t]]]

In (18) wird in dem kritischen Bereich jeweils nur eine IP überquert, die jedoch keine Barriere ist, da sie – im Gegensatz zu (15b) – nicht gleichzeitig mit einer CP überschritten wird. Da hier also keinerlei Barrieren zwischen den Elementen der Kette auftreten, wollen wir in diesen Fällen von 0 *Subjazenz* sprechen.

Demgegenüber wird bei Extraktionen aus infiniten *wh*-Inseln wie in (19) genau *eine* Barriere gekreuzt:

(19) which car don't $[_{IP}$ you know $[_{CP}$ how $[_{IP}$ PRO to fix t]]]

Da die IP hier infinit ist, tritt der englische Sonderfall nicht ein, so daß die IP keine Barriere ist. Allerdings ist sie eine BC, die ihre Blockierungseigenschaft an CP vererbt. CP ist somit die einzige Barriere, die in (19) überschritten wird. Dementsprechend finden wir hier einen Fall von 1-Subjazenz vor, der im Englischen nicht zur Ungrammatikalität führt.

Demgegenüber sind die zu (19) analogen französischen Strukturen ungrammatisch:

(20a) *quelle voiture ne sais-tu pas comment réparer

Offenkundig gibt es also Sprachen, in denen nur 0-Subjazenz zugelassen ist, so daß die Vermutung naheliegt, daß der zulässige Subjazenzgrad sprachspezifisch parametrisiert ist.

(21) illustriert einen Fall von 2-Subjazenz; d.h. hier werden zwei Barrieren gekreuzt:

(21) *what does [$_{IP}$ John wonder [$_{CP}$ why [$_{IP}$ Mary bought t]]]

Hier ist die IP – als Sonderfall des Englischen – eine Barriere, da sie als am tiefsten eingebetteter finiter Satz zusammen mit CP auftritt. Die CP selbst ist *qua* Vererbung eine Barriere.

Ein Fall von 3-Subjazenz findet sich in Strukturen wie (22):

(22) *which car don't [$_{IP}$ you know [$_{NP}$ the time [$_{CP}$ when [$_{IP}$ Tom bought t]]]]

Die eingebettete IP ist qua finitem INFL eine Barriere. Ebenso ist die CP aufgrund ihrer BC-Eigenschaft eine Barriere. Die NP ist zwar L-markiert, ererbt ihren Barrierenstatus doch wiederum von der CP. Somit werden insgesamt drei Barrieren gekreuzt.

Beispiele für noch höhere Subjazenzen lassen sich leicht konstruieren. Wir überlassen es dem Leser, den Grad der Subjazenz in (23) sowie die entsprechende Analyse festzustellen:

(23) *which problem did the discussion of how Bill solved t remain unsatisfactory

Entscheidend ist hier, daß Sätze zunehmend schlechter werden, je mehr Barrieren überschritten werden. Dementsprechend können wir nunmehr Subjazenz als eine Bedingung über Barrieren formulieren:

(24) *n*-Subjazenz:

Die Elemente einer Kette $<\alpha,\beta>$ sind *n*-subjazent, wenn zwischen $\alpha$ und $\beta$ genau *n* Barrieren liegen.

Wir sehen also, daß Subjazenz universalgrammatisch als eine Beschränkung über Barrieren zwischen den Elementen einer Kette aufzufassen ist. Hierbei stellt die 0-Subjazenz den jeweils günstigsten Extraktionsfall dar. Sprachen scheinen sich allerdings in diesem Bereich darin zu unterscheiden, ob sie auch 1-Subjazenz noch zulassen.

## 5.2 Strenge Rektion als syntaktisches Merkmal

Zu Beginn des vorangegangenen Kapitels hatten wir bereits darauf hingewiesen, daß ein zentrales Anliegen der derzeitigen generativen Forschung darin liegt, eine für alle UG-Prinzipien gleichermaßen gültige, einheitliche Anwendungsdomäne zu etablieren und somit den modularen Ansatz der Theorie auch auf den Bereich der einzelnen Prinzipien zu übertragen. Wenn nun offenbar die Barriere der für die Bestimmung der Subjazenz einschlägige Begriff ist, so stellt sich in diesem Kontext natürlich die Frage, ob über diesen Begriff ebenfalls die für das ECP relevante Strukturdomäne definiert werden kann.

Wir erinnern uns aus Kap. 3.4 daran, daß nach dem ECP jede durch Bewegung entstandene leere Kategorie streng regiert sein muß. Dabei hatten wir *strenge Rektion* wie in (1) definiert:

(1) Strenge Rektion:

α regiert β streng gdw.
a) α β regiert,
b) α lexikalisch ist oder β bindet.

Die Bedingung der strengen Rektion kann also entweder durch ein lexikalisches Regens oder durch ein koindiziertes Element in SpecComp erfüllt werden. Dementsprechend unterschieden wir zwischen *lexikalischer Rektion* und *Antezedens-Rektion* als den zwei Formen der strengen Rektion.

Lexikalische Rektion tritt bei Objektextraktionen wie in (2a) auf. Hier werden die beiden Spuren durch die Verben *believe* bzw. *buy* lexikalisch und somit streng regiert:

(2a) what do you believe [t' that [John bought t]]

Antezedens-Rektion finden wir typischerweise bei Subjektextraktionen wie in (2b) und (2c):

(2b) who do you believe [t' [t will come to the party]]
(2c) who [t will come to the party]

In diesen Sätzen wird die Subjektspur jeweils von einem koindizierten Element in der unmittelbar dominierenden CP antezedens-regiert; d.h. von *t'* in (2b), von *who* in (2c). Die Spur *t'* in (2b) wiederum wird von *believe* lexikalisch regiert.

Es gibt nun allerdings Extraktionen, die darauf hindeuten, daß die Definition der strengen Rektion in (1) unzureichend ist. So exemplifizieren die Sätze in (3) die *wh*-Bewegung einer VP, und zwar *buy a new car*:

(3a) buy a new car, I don't think [t' that [John really will t]]
(3b) ?buy a new car, I wonder [whether [John really will t]]

Betrachten wir zunächst (3a). Die Zwischenspur *t'* ist hier unproblematisch, da sie von *think* lexikalisch und somit streng regiert ist. Es stellt sich jedoch die Frage, welches Element die Ausgangsspur *t* streng regiert. Da die beiden Spuren nicht in einem Rektionsverhältnis stehen, kann *t* nach der Definition in (1) auch nicht durch *t'* antezedens-regiert sein. Somit kommt im Prinzip nur das Auxiliar *will* als strenges Regens der Ausgangsspur in Frage. In diese Richtung deutet auch (3b). Da SpecComp in diesem Satz bereits durch *whether* besetzt ist, kann die bewegte VP in dieser Position überhaupt keine Zwischenspur zurücklassen, so daß SpecComp für die strenge Rektion von *t* offenbar irrelevant ist. Nun ist zwar (3b) in der Tat etwas schlechter als (3a), jedoch scheint es sich hier eher um eine – durch die Überquerung der beiden Barrieren IP und CP hervorgerufene – Subjazenzverletzung zu handeln, die weitaus schwächerer Natur ist als »harte« ECP-Verletzungen.

Wenn nun die jeweilige Ausgangsspur in (3) offenbar durch *will* streng regiert ist, so könnte man vermuten, daß auch ein solches Auxiliar einfach als lexikalisches Regens anzusetzen ist. Gegen diese Lösung spricht jedoch die Ungrammatikalität eines Satzes wie (3c):

(3c) *this car, I wonder [whether [t will please John]]

Wäre das Auxiliar *will* in INFL ein lexikalisches Regens, so würde die Subjektspur in (3c) streng regiert und der Satz sollte genauso gut bzw. schlecht wie (3b) sein. In der Tat ist (3c) jedoch erheblich schlechter als (3b), so daß wir hier eine für Subjektextraktionen typische ECP-Verletzung annehmen können.

Nun besteht jedoch zwischen der Beziehung von INFL zur VP einerseits und zur Subjektposition andererseits ein gravierender Unterschied, der im wesentlichen damit zu tun hat, unter welcher strukturellen Konfiguration θ-Rollen zugewiesen werden. Bei der Darstellung der Theta-Theorie in Kap. 2.3 hatten wir gesehen, daß der Kopf einer maximalen Projektion seinem Komplement eine θ-Rolle zuweist bzw. zuweisen kann, wobei Kopf und Komplement stets in einer Schwesterrelation zueinander stehen. Mit anderen Worten, die θ-Markierung erfolgt hier stets zwischen zwei Schwestern. Nun scheint eine ähnliche Beziehung auch zwischen dem Kopf der IP, i.e. INFL, und der VP zu bestehen. Zunächst stellt ein modales Auxiliar wie etwa *will* oder *can* einen Ausdruck dar, der thematisch durch das VP-Prädikat ergänzt werden muß; d.h. dieses Prädikat stellt den jeweiligen Bezugspunkt dar, an den der modale Ausdruck gebunden ist. Darüber hinaus stehen INFL und die VP in einer Schwesterbeziehung zueinander, so daß wir annehmen können, daß INFL die VP unter der gleichen strukturellen Konfiguration θ-markiert wie lexikalische Köpfe ihre Komplemente. Unter diesem Aspekt ergibt sich nun der entscheidende Unterschied zu der Beziehung zwischen INFL und der Subjekt-NP: diese beiden Kategorien sind eben keine Schwestern.

Wir wollen nun diesen Fall der θ-Markierung zwischen Kopf und Komplement einer maximalen Projektion als θ-*Rektion* (engl. θ-*government*) bezeichnen und wie in (4) definieren:

(4) θ-Rektion:

α θ-regiert β gdw.
a) α und β Schwestern sind,
b) α ein X° ist,
c) α β θ-markiert.

Der Kontrast zwischen (3b) und (3c) zeigt nun, daß ein solches θ-regierendes INFL offenbar strenges Regens für die VP-Spur sein kann. Dementsprechend ist der Begriff der strengen Rektion wie in (5) umzuformulieren:

(5) Strenge Rektion:

α regiert β streng gdw.
a) α β θ-regiert
oder
b) α β antezedens-regiert.

Nun hat diese Neufassung des strengen Rektionsbegriffes einige Konsequenzen für die Wirkungsweise des ECP auf *wh*-Spuren. Einerseits ist der Begriff der θ-Rektion umfassender als der der lexikalischen Rektion, da er nicht nur die Beziehung zwischen lexikalischen Köpfen und ihren Komplementen, sondern auch die zwischen INFL und der VP einschließt. Andererseits schließt θ-Rektion jedoch bestimmte Fälle der lexikalischen Rektion aus, und zwar solche, in denen zwischen regierendem und regiertem Element ein $X^{max}$ steht. Da θ-Rollen stets nur maximalen Projektionen, nicht jedoch Elementen innerhalb einer maximalen Projektion zugewiesen werden, kann ein Matrixverb niemals eine SpecComp-Position, sondern immer nur die entsprechende CP θ-markieren. Folglich besteht nach der Definition in (5) kein strenges Rektionsverhältnis zwischen einer *wh*-Spur in SpecComp und dem Matrixverb. Da eine solche Spur jedoch dem ECP unterliegt, muß hier eine Form von Antezedens-Rektion postuliert werden. Wir erinnern uns nun aus Kap. 5.1 daran, daß eine *wh*-Phrase aus Subjazenzgründen stets zyklisch an die VP adjungieren muß, so daß wir eine allgemeine Struktur wie in (6) erhalten:

(6) *wh*- ... $[_{VP}$ t" $[_{VP}$ verb $[_{CP}$ t' that $[_{IP}$ ...t..]]]]

Da nun die adjungierte Spur von der SpecComp-Position ebensoviele $X^{max}$-Knoten entfernt ist wie das Matrixverb, kann sie dieses auch als strenges Regens ersetzen. Allgemein ausgedrückt: eine Zwischenspur in SpecComp kann von der an das Matrixverb adjungierten Spur antezedens- und daher nach (5) streng regiert werden.

Die Bedingung der strengen Rektion kann nach der Definition in (5) also entweder durch θ-Rektion oder durch Antezedens-Rektion erfüllt werden. θ-regiert sind nun ausschließlich Objekt- und VP-Spuren, da nur diese Positionen von einer lexikalischen Schwester θ-markiert sind. Daher können Subjektspuren und Zwischenspuren stets nur antezedens-regiert sein.

Antezedens-Rektion zwischen zwei Elementen α und β kann – nach der bisherigen Definition dieses Begriffes – jedoch nur dann vorliegen, wenn α β auch regiert. Mit anderen Worten, zwischen α und β darf – wie wir in Kap. 2.4 gezeigt haben – nur dann eine maximale Projektion liegen, wenn β in der Specifier- oder Kopf-Position dieser maximalen Projektion steht. Diese Bedingung wird etwa bei Subjektextraktionen aus ECM-Konstruktionen wie in (7) erfüllt:

(7) who do you $[_{VP}$ t' $[_{VP}$ expect $[_{IP}$ t to invite Mary]]]

Hier erscheint zwischen den beiden Spuren zwar eine maximale Projektion, nämlich IP, jedoch befindet sich *t* in der Specifier-Position von IP und wird daher von *t'* regiert. Nun zeigt jedoch die Grammatikalität einer Struktur wie (8), daß unser bisheriger Rektionsbegriff offenbar zu eng ist:

(8) how do you $[_{VP}$ t" $[_{VP}$ expect $[_{IP}$ him to $[_{VP}$ t' $[_{VP}$ fix his car t]]]]]

Zunächst ist zu beachten, daß es sich in (8) um die Extraktion eines Adjunktes handelt, das nicht vom Verb *fix* θ-regiert wird, da es – im Gegensatz zum Komplement – nicht in einer Schwesterrelation zum Verb steht. Wenngleich zwar die Zwischenspur *t'* die D-strukturelle Adjunktposition, i.e. *t*, regiert, besteht ein solches Rektionsverhältnis offenbar nicht zwischen *t''* und *t'*, da die maximale Projektion IP zwischen diesen Spuren auftritt und *t'* nicht in der Specifier-Position von IP steht. Wenngleich nun die strukturelle Distanz zwischen den jeweils relevanten Spuren in (7) und (8) unterschiedlich ist, so liegt zwischen ihnen jedoch in beiden Fällen keine Barriere, da sie jeweils nur durch eine IP getrennt sind. Für das Rektionsverhältnis scheint also wiederum der Begriff der Barriere ausschlaggebend zu sein. Daher definieren wir nunmehr Rektion wie in (9):

(9) Rektion:

α regiert β gdw.
a) α β m-kommandiert,
b) es keine Barriere γ für β gibt, die α exkludiert.

Nun hatten wir bereits darauf hingewiesen, daß die Bedingung der strengen Rektion nur bei Objekt- und VP-Extraktionen über θ-Rektion erfüllt werden kann. Demgegenüber können leere Kategorien in Positionen, die nicht von ihrer Schwester θ-markiert sind, nur über Antezedens-Rektion streng regiert sein. Dies bedeutet vor allem, daß Antezedens-Rektion insbesondere die Grammatikalität von Subjekt- und Adjunktextraktionen regeln muß, da weder die Subjekt- noch die Adjunktposition θ-regiert ist. Aus diesen Überlegungen ergibt sich, daß Subjekt- und Adjunktextraktionen stets in den gleichen strukturellen Kontexten grammatisch bzw. ungrammatisch sein sollten. Wie die folgenden Beispiele zeigen, ist dies jedoch nicht der Fall:

(10a) who do you [t'' [think [t'[t fixed his car]]]]
(10b) *who do you [t'' [think [t' that [t fixed his car]]]]

(11a) how do you [t'''[think [t''[Tom [t' [fixed his car t]]]]]]
(11b) how do you [t'''[think [t''that [Tom [t'[fixed ... t]]]]]]

Die Grammatikalität von (10a) zeigt zunächst, daß *t* von *t'* streng regiert sein muß, so daß der exzeptionelle Barrierenstatus einer eingebetteten finiten IP (cf. Kap. 5.1) offensichtlich die Subjazenzbedingung, nicht jedoch das ECP betrifft. Entscheidend ist hier jedoch der Kontrast zwischen (10b) und (11b). Betrachten wir die Distanz zwischen den einzelnen Spuren, so zeigt sich, daß in keinem Falle eine Barriere zwischen ihnen liegt; insbesondere sind die Spuren *t'* und *t* in (10b) sowie *t"* und *t'* in (11b) durch keinerlei Barriere getrennt. Aus diesem Grunde sollten beide Sätze gleichermaßen grammatisch sein.

Nun hatten wir in Kap. 3.4 bereits den sog. *that-trace*-Effekt bei Subjektextraktionen beobachtet; d.h. aufgrund der Minimalitätsbedingung scheint die Satzkonjunktion *that* offenbar die Antezedens-Rektion zwischen SpecComp-Spur und Subjektspur in (10b) zu blockieren. Wenn jedoch die Minimalitäsbedingung generell gilt, so sollten auch die Adjunktextraktion in (11b) sowie die Objektextraktion in (12) ungrammatisch sein, da die Antezedens-Rektion zwischen *t"* und *t'* hier ebenfalls durch *that* blockiert wird:

(12) what do you [t'"[think [t"that [Tom [t' [fixed t]]]]]]

Aus Kap. 3.5 erinnern wir uns daran, daß das ECP ein reines LF-Prinzip ist. Auf der Ebene von LF kann jedoch die semantisch »leere« Satzkonjunktion über *free deletion in COMP* (cf. Kap. 3.2) getilgt werden, so daß die Minimalitätsbedingung in keinem der angesprochenen Extraktionsfälle zum Tragen käme und sämtliche Extraktionsstrukturen grammatisch sein sollten. Aus diesem Grunde ist auf irgendeine Art und Weise zu gewährleisten, daß der aus der Minimalitätsbedingung resultierende Blockierungseffekt der Satzkonjunktion – zumindest bei Subjektextraktionen – wirksam wird.

Dies ließe sich offensichtlich dadurch erreichen, daß der Rektionsstatus von Spuren, die durch syntaktische Bewegung entstanden sind, bereits auf der S-Struktur ein für allemal festgelegt wird. Unter dieser Perspektive könnte man die strenge Rektion als ein syntaktisches Merkmal [$\pm\gamma$] ($\gamma$ für *government*) auffassen, das den Spuren auf der S-Struktur zugewiesen wird und nicht mehr durch weitere grammatische Prozesse verändert werden kann. Dementsprechend erhält die Subjektspur in (10a) das Merkmal [$+\gamma$], die in (10b) hingegen aufgrund der Präsenz von *that* das Merkmal [$-\gamma$]. Auf LF überprüft das ECP dann den Wert des jeweiligen Merkmals.

Bei dieser Lösung stellt sich nun jedoch die Frage, warum Adjunkt- und Objektextraktionen grammatisch sind, da bei diesen Strukturen die jeweilige Zwischenspur *t'* das Merkmal [$-\gamma$] erhalten und daher auf LF durch das ECP als ungrammatisch markiert würde. Nun liegt der hier entscheidende Unterschied offensichtlich darin, daß bei Subjektextraktionen wie (10b) die Satzkonjunktion *that* die strenge Rektion der *Ausgangsspur*, bei Adjunkt- und Objektextraktionen wie (11b) und (12) hingegen die einer *Zwischenspur*, i.e. *t'*, blockiert. Wären diese Zwischenspuren auf LF nicht mehr vorhanden, so ließe sich der Kontrast zwischen Subjektextraktionen einerseits und Adjunkt- und Objektextraktionen andererseits vollständig aus der Tatsache ableiten, daß das [γ]-Merkmal bereits auf der S-Struktur zugewiesen wird. Nun ergibt sich die Möglichkeit der Tilgung von Zwischenspuren auf LF aus dem bereits erwähnten Prinzip der *free deletion in COMP*, das jedoch – im Sinne eines modularen Ansatzes – nicht auf SpecComp-Spuren zu beschränken ist, sondern grundsätzlich für alle Spuren zu gelten hat. Hier verhindert allerdings das Projektionsprinzip die Tilgung von Ausgangsspuren in Subjekt-, Objekt- bzw. Adjunktposition, da dadurch die thematische Struktur des Verbs zerstört würde. Mit anderen Worten, das Zusammenspiel von Projektionsprinzip und *free deletion* liefert die Möglichkeit, auf LF sämtliche Zwischenspuren – aber nur diese – zu tilgen.

Betrachten wir nun unter diesem Aspekt den folgenden Kontrast:

(13a) which $car_i$ doesn't John [$t''_i$ [know [$how_j$ [PRO to [$t'_i$ [fix $t_i$ $t_j$]]]]]]

(13b) *$how_i$ doesn't John [$t''_i$ [know [which $car_j$ [PRO to [$t'_i$ [fix $t_j$ $t_i$]]]]]]

Zunächst läßt sich beobachten, daß zwar Objekte wie *which car*, nicht jedoch Adjunkte wie *how* aus *wh*-Inseln extrahiert werden können. Die Grammatikalität von (13a) bestätigt die Vermutung, daß Zwischenspuren auf LF getilgt werden (können). Wären die Zwischenspuren in (13a) auch auf LF noch vorhanden, so könnte *t''* – wegen der Barrieren IP und CP – *t'* nicht antezedens-regieren und der Satz müßte als ECP-Verletzung gelten. Da die Ausgangsspur in (13b) jedoch – genau wie die in (13a) – durch die VP-Adjunktionsspur antezedens- und somit streng regiert ist, kann es nur der unregierte Status von *t'* selbst sein, der für die Ungrammatikalität dieses Satzes verantwortlich ist. Dies bedeutet jedoch nichts anderes als daß bei Adjunktextraktionen die Zwischenspuren auf LF offenbar erhalten sein müssen, und daß das [γ]-Merkmal bei diesen Strukturen nicht schon auf der S-Struktur, sondern erst auf LF zugewiesen wird. Bei Adjunktextraktionen aus *that*-Sätzen wie (11b) wird die Satzkonjunktion auf LF getilgt, so daß nunmehr sämtliche Spuren antezedens-regiert sind.

Insgesamt ergibt sich also folgendes Bild. Bewegungen verlaufen zyklisch und hinterlassen dadurch eine Kette von Spuren, die auf der

S-Struktur nach Subjazenz überprüft werden. Gleichzeitig wird ebenfalls auf der S-Struktur den Ausgangsspuren in Subjekt- und Objektposition ein [γ]-Merkmal zugewiesen. Ist die jeweilige Ausgangsspur θ- oder antezedens-regiert, so erhält sie [+γ], andernfalls [-γ]. Auf LF können die Zwischenspuren daher frei getilgt werden. Bei Adjunktextraktion erfolgt die [γ]-Merkmalszuweisung erst auf LF, so daß in diesem Fall die Zwischenspuren erhalten bleiben müssen. Sofern die einzelnen Spuren antezedens-regiert sind, erhalten sie [+γ], ansonsten [-γ]. Das ECP überprüft sodann, ob alle verbliebenen Spuren [+γ] markiert sind. Ist dies der Fall, so ist der Satz grammatisch. Trägt jedoch irgendeine Spur das Merkmal [-γ], wird der Satz als ungrammatisch ausgewiesen.

Ist diese Konzeption richtig, so ergibt sich eine sehr starke Vorhersage für Sprachen, in denen *wh*-Phrasen ausschließlich auf LF bewegt werden (cf. Kap. 3.5). In diesen Sprachen sollten wir Barriereneffekte nur bei Adjunkten finden. Der Grund dafür liegt darin, daß Subjazenz nur für S-strukturelle Bewegungen gilt, so daß auf LF Objekte direkt, d.h. ohne Zwischenspuren, in die satzinitiale Position bewegt werden können. Adjunkte hingegen müssen auch auf LF zyklisch bewegt werden, da die [γ]-Zuweisung erst auf dieser Ebene erfolgt. Wie die folgenden japanischen Daten aus Lasnik & Saito (1984) zeigen, erweist sich diese Vorhersage als korrekt:

(14a) [[Taroo-ga nani-o te-ni-ireta] koto]-o okotteru no
Taro(nom) was (acc) erhielt Tatsache(acc) böse Q
wörtl.: »was$_i$ bist du böse, daß Taro $t_i$ erhalten hat«

(14b) *[Taroo-ga naze sore-o te-ni-ireta] koto-o] okotteru no
Taro warum dies erhielt Tatsache böse Q
wörtl.: »warum$_i$ bist du böse, daß Taro dies $t_i$ erhalten hat
(*warum* bezieht sich auf den eingebetteten Satz)

Die Sätze in (14) exemplifizieren jeweils eine LF-Extraktion aus einem Satz, der in eine NP (... *koto-o*) eingebettet ist. Dementsprechend ist diese NP – über Vererbung von CP – eine Barriere, die die beiden VP-adjungierten Zwischenspuren trennt. Da diese Zwischenspuren jedoch nur bei der Adjunktextraktion in (14b) auf LF erhalten bleiben müssen, ist dieser Satz ungrammatisch, während der entsprechende Satz mit Objekt-*wh*-Phrase wohlgeformt ist.

In dem hier vorgestellten Mechanismus offenbart sich der modulare Ansatz der Rektions- und Bindungstheorie in einer sehr spezifischen Form. Der aufmerksame Leser mag vielleicht einwenden, daß es – aufgrund der freien, d.h. fakultativen Tilgung von Zwischenspuren auf LF – für verschiedene der in diesem Kapitel besprochenen Sätze sowohl eine grammatische als auch eine ungrammatische Derivation gibt, so daß auf den ersten Blick unklar zu sein scheint, welche Struktur denn nun gilt. Am Beispiel der Objektextraktion aus indirekten Fragesätzen wollen wir diesen Gedankengang erläutern und wiederholen

(15) which $car_i$ doesn't John [$t''_i$ [know [$how_j$ [PRO to [$t'_i$ [fix $t_i$ $t_j$]]]]]]

Die Ausgangsspur von *which car*, also $t_i$, wird von *fix* θ-regiert und erhält somit auf der S-Struktur das Merkmal [+γ]. Dementsprechend können die Zwischenspuren *t'* und *t''* auf LF getilgt werden, so daß das ECP lediglich die Ausgangsspur $t_i$ auf ihr [γ]-Merkmal hin überprüft (wir ignorieren hier die gleichzeitige Extraktion von *how*). Da jedoch die Tilgung der Zwischenspuren frei, d.h. fakultativ ist, kann sie als alternative Option natürlich auch unterbleiben. In diesem Falle wäre jedoch – wegen der dazwischentretenden Barriere – *t'* nicht durch von *t''* antezedens-regiert, so daß die entsprechende Struktur eine ECP-Verletzung darstellen würde. Mit anderen Worten, es gibt einerseits eine grammatische Struktur – ohne Zwischenspuren – und andererseits eine ungrammatische Struktur – mit Zwischenspuren. Dies bedeutet zunächst, daß sich der Begriff der Grammatikalität nicht auf Sätze, sondern auf Strukturen bezieht. Eine Wortsequenz wie *which car doesn't John know how to fix* ist nun genau dann ein möglicher Satz des Englischen, wenn es mindestens eine als grammatisch ausgewiesene Struktur gibt, die ihr zugeordnet werden kann. Im vorliegenden Fall gibt es in der Tat eine solche Struktur, nämlich die ohne Zwischenspuren. Umgekehrt gilt, daß ein Satz genau dann kein möglicher Satz ist, wenn ihm keinerlei grammatische Struktur zugeordnet werden kann. Mit anderen Worten, eine Grammatik generiert Strukturen, die auf der Grundlage (parametrisierter) UG-Prinzipien auf Wohlgeformtheit überprüft werden. Sätze sind Derivate dieser Strukturen, und nicht umgekehrt.

## 5.3 Erweiterte Ketten

Mit der in den beiden vorangegangenen Kapiteln vorgestellten Neufassung von Subjazenz und ECP sind diese beiden Prinzipien in ihrer

Grundkonzeption einander erheblich näher gerückt. Sowohl Subjazenz als auch ECP lassen sich im Kern als Bedingungen über die Entfernungen zwischen den Gliedern einer Kette auffassen. Der grundlegende Unterschied zwischen diesen beiden Prinzipien liegt darin, daß Subjazenz auf der S-Struktur, das ECP hingegen auf LF angewandt wird. Nun haben wir unsere Aufmerksamkeit bisher nahezu ausschließlich auf *wh*-Bewegungen gerichtet, so daß sich die Frage stellt, inwieweit auch NP-Bewegungen und Kopfbewegungen unter diesem neuen System adäquat erfaßt werden können.

Betrachten wir zunächst den folgenden Kontrast, wobei aus Gründen der Übersichtlichkeit die Zwischenspuren der *wh*-Bewegung nicht angegeben sind:

(1a) $[_{CP}\ \text{who}_i\ [_{COMP}\ \text{will}_j]\ [_{IP}\ \text{John}\ [_{INFL}\ t_j]\ [_{VP}\ \text{meet}\ t]]]$

(1b) $*[_{CP}\ \text{who}_i\ [_{COMP}\ \text{meet}_j]\ [_{IP}\ \text{John}\ [_{INFL}\ \text{will}]\ [_{VP}\ [_{V}\ t_j]\ t_i]]]$

Die entscheidende Frage ist hier, warum zwar das INFL-Element *will*, nicht jedoch das Verb *meet* nach COMP bewegt werden darf. Zunächst ist zu beachten, daß die VP nicht L-markiert ist, da INFL keine lexikalische Kategorie ist. Aus diesem Grunde ist die VP nach den entsprechenden Definitionen in Kap. 5.1 eine BC und eine Barriere. Das Verb kann diese Barriere auch nicht über Adjunktion an VP »aufbrechen«, da die Adjunktionsposition nur maximalen Projektionen – wie etwa *wh*-Phrasen – als Landeplatz zur Verfügung steht. Aus diesen Überlegungen ergibt sich, daß in (1b) zwischen dem Verb *meet* und seiner Spur eine VP-Barriere sowie über Vererbung eine zusätzliche IP-Barriere liegen. Somit kann $t_j$ nicht von *meet* antezedens-regiert werden und der Satz stellt somit eine ECP Verletzung dar. In (1a) liegt zwischen *will* und seiner Spur zwar eine IP, die jedoch – wie wir in Kap. 5.1 gesehen haben – lediglich eine BC, aber keine Barriere ist. Die Spur $t_j$ wird also korrekt von *will* antezedens-regiert.

In Kap. 2.1 haben wir weiterhin gesehen, daß zumindest auf PF INFL und das Verb eine phonologische Einheit bilden, sofern INFL nicht – wie etwa bei den Auxiliaren *will*, *can*, etc. – ein selbständiges Wort ist. Es liegt daher nahe, eine Bewegung des Verbs nach INFL anzusetzen:

(2) John $[_{INFL}\ \text{kissed}_i]\ [_{VP}\ t_i\ \text{Mary}]$

Nun scheint jedoch zwischen *kissed* und seiner Spur eine VP-Barriere zu liegen, so daß die Spur nicht antezedens-regiert werden kann und somit das ECP verletzen müßte. Wir haben jedoch in Kap. 5.1 gesehen, daß eine phrasale Kategorie – außer über Vererbung – keine Barriere ist, wenn sie L-markiert, d.h. von einem lexikalischen X° θ-markiert wird. Da INFL in (2) das Verb *kiss* und somit ein lexikalisches Element enthält, wird die VP von diesem lexikalischen Element L-markiert und erhält somit keinen Barrierenstatus. *Kiss* kann daher seine Spur ordnungsgemäß antezedens-regieren.

Unter dieser Perspektive betrachten wir nun NP-Bewegungen wie die in (3):

(3a) John$_i$ appears [$_{IP}$ t$_i$ to be a nice guy]

(3b) *John's$_i$ appearance [$_{IP}$ t$_i$ to be a nice guy]

(3c) *John$_i$ appears [$_{CP}$ that it is certain [$_{IP}$ t$_i$ to be ... ]]

Die Ungrammatikalität von (3b) ergibt sich direkt aus der Minimalitätsbedingung, da *appearance* die Subjektspur regiert, so daß Antezedens-Rektion durch *John's* blockiert ist. Dementsprechend sollte nun jedoch auch (3a) ungrammatisch sein, da in diesem Satz die Subjektspur ebenfalls minimal von *appears* regiert wird und daher nicht von *John* antezedens-regiert werden kann. Auch die Möglichkeit einer an die Matrix-VP adjungierten Zwischenspur kann nicht in Betracht gezogen werden, da *t* dann eine *wh*-Spur sein müßte, die von *John* unter Verletzung von Bindungsprinzip C gebunden wäre. Antezedens-Rektion ist also in dieser Konfiguration generell ausgeschlossen.

Würden wir nun etwa im Sinne der alten ECP-Fassung aus Kap. 3.4 annehmen, daß die Subjektspur in (3a) von *appear* lexikalisch regiert wird, so müßte eine analoge lexikalische Rektionsbeziehung natürlich auch zwischen *appearance* und *t* in (3b) bestehen. Dementsprechend bliebe dann die Ungrammatikalität dieses Satzes unerklärt. Darüber hinaus scheint es aus konzeptuellen Gründen nur wenig sinnvoll, für *wh*-Spuren und NP-Spuren zwei völlig unterschiedliche Begriffe der strengen Rektion anzusetzen.

Betrachten wir nun (3a) unter dem Aspekt der Verbbewegung, die wir am Beispielsatz (2) erläutert haben. Wir erhalten dann eine Struktur wie in (4a):

(4a) John$_i$ [$_{INFL}$ appears$_j$] [$_{VP}$ [$_V$ t$_j$] [$_{IP}$ t$_i$ to be ...]]

Durch die Bewegung von *appears* nach INFL ist die VP nunmehr L-markiert und ist daher *per se* weder eine BC noch eine Barriere. Da *John* und INFL miteinander kongruieren, können wir annehmen, daß beide den gleichen Index tragen, so daß $j = i$. Dementsprechend erhalten wir eine strukturelle Repräsentation wie in (4b), die sich von (4a) allein durch die Indizierung unterscheidet:

(4b) John$_i$ [$_{INFL}$ appears$_i$] [$_{VP}$ [$_V$ t$_i$] [$_{IP}$ t$_i$ to be ...]]

Entscheidend ist nun, daß in (4b) die Verbspur mit der Subjektspur koindiziert ist und sie daher antezedens-regiert, da die IP »von Hause aus« keine Barriere ist. Mit anderen Worten, da Subjekt und Verb des Matrixsatzes miteinander koindiziert sind, wird die Subjektspur des eingebetteten Satzes von der Verbspur zwar nicht θ-regiert, jedoch über Antezedens-Rektion streng regiert. Ebenso wird die Verbspur von dem lexikalischen Element in INFL, i.e. *appears*, antezedens-regiert, da die VP L-markiert und somit keine Barriere ist. Beide Spuren in (4b) sind daher in Übereinstimmung mit dem ECP streng regiert. Auch die Subjazenzbedingung ist erfüllt, da zwischen den koindizierten Elementen keine Barrieren liegen.

Wir wollen nun Ketten wie in (4b), die nicht allein durch Bewegung, sondern zusätzlich durch kongruenzabhängige Koindizierungen mit Elementen wie INFL entstehen, als *erweiterte Ketten* (*extended chains*) bezeichnen und wie in (5) definieren:

(5) Erweiterte Kette:
a) jede Kette ist eine erweiterte Kette,
b) es sei C eine erweiterte Kette $<\alpha_1 \ldots \alpha_n>$ mit dem Index i und β sei mit *i* koindiziert;
dann ist $<\alpha_1 \ldots \alpha_i, \beta, \alpha_{i+1} \ldots \alpha_n>$ eine erweiterte Kette mit dem Index *i*, wenn β $\alpha_{i+1}$, aber nicht $\alpha_i$ c-kommandiert.

Klausel (b) spezifiziert den eigentlichen Erweiterungsmechanismus, während Klausel (a) die Möglichkeit eröffnet, erweiterte Ketten rekursiv zu bilden.

Aus diesem Begriff der erweiterten Kette folgt nun auch direkt die Ungrammatikalität von (3c), einer Konstruktion, die als *super-raising* bezeichnet wird. (6) liefert die hier relevanten Koindizierungen:

(6) *John$_i$ [$_{INFL}$ appears$_i$] [$_{VP}$ [$_V$ t$_i$] [$_{CP}$ that [$_{IP}$ it is certain [$_{IP}$ t$_i$ to be a nice guy]]]]

Zunächst ergibt sich die Ungrammatikalität von (6) schon allein aus der Minimalitätsbedingung, da die Subjektspur der tiefsten IP von *certain* regiert wird, so daß jegliche weitere Antezedens-Rektion blockiert ist. Somit kann die Subjektspur nicht streng regiert sein und verletzt daher das ECP. Darüber hinaus liegen zwischen der Verbspur und der Subjektspur drei Barrieren: die VP des mittleren eingebetteten Satzes *that is certain* vererbt ihren Barrierenstatus an die IP, die wiederum der CP Barrierenstatus vererbt. *Super-raising*-Konstruktionen verletzen somit sowohl das ECP als auch Subjazenz und stellen daher einen extremen Fall von Ungrammatikalität dar.

Nun scheint sich auf den ersten Blick ein Problem bei Strukturen wie (7) zu ergeben, in denen das Matrixverb nicht nach INFL bewegt werden kann, da diese Position bereits durch ein modales Auxiliar besetzt ist:

(7) John$_i$ [$_{INFL}$ may] [$_{VP}$ appear [$_{IP}$ t$_i$ to be a nice guy]]

Da Auxiliare – wie wir in Kap. 5.2 gezeigt haben – die VP zwar θ-markieren, aber nicht L-markieren, ist die VP hier eine Barriere, die *John* von seiner Subjektspur im eingebetteten Satz trennt. Nun stehen jedoch Auxiliare und ihre Verben in einem engen Abhängigkeitsverhältnis, das sich u.a. darin äußert, daß modale Auxiliare den Infinitiv verlangen und nicht etwa mit einer Partizipialform auftreten dürfen. Wir können also annehmen, daß auch *may* und *appear* einen gemeinsamen Index tragen, der aufgrund der Kongruenz mit *John* wiederum *i* ist. Dementsprechend erhalten wir nach der Definition in (5) eine erweiterte Kette <John, may, appear, t>, deren Elemente nun nicht mehr durch eine Barriere getrennt sind.

Ähnliche Überlegungen gelten nun auch für Passivstrukturen wie in (8a):

(8a) John$_i$ was killed t$_i$

Auch hier muß *was* aus den oben dargestellten Gründen aus der VP nach INFL bewegt werden, so daß es aufgrund der Kongruenz mit *John* dessen Index erhält. Wie bei den entsprechenden Elementen in (7) so müssen auch hier *was* und *killed* den gleichen Index tragen. Folglich bilden alle Elemente des Satzes (8a) eine einzige erweiterte Kette, zwischen deren Gliedern keinerlei Barrieren auftreten. Insbesondere wird die Objektspur von *kissed* antezedens-regiert und erfüllt somit das ECP. Mit vollständiger Indizierung erhalten wir somit eine Struktur wie in (8b):

(8b) John$_i$ [$_{INFL}$ was$_i$] [$_{VP}$ [$_V$ t$_i$] [$_V$ killed$_i$] [$_{NP}$ t$_i$]]

Unter diesem Analyseansatz lassen sich nun *wh*-Bewegungen und NP-Bewegungen in der Tat über einen gemeinsamen Mechanismus erfassen. Betrachten wir zur Erläuterung dieses Gedankens nochmals die Struktur einer *»einfachen« wh*-Extraktion:

(9) what$_i$ did John [$_{VP}$ t$_i$ [$_{VP}$ [$_V$ see] t$_i$ ]]

Die hier entscheidende Gemeinsamkeit zwischen (8b) und (9) besteht darin, daß für die Objektspur sowohl ein θ-Regens als auch ein Antezedens-Regens vorhanden ist. In (8b) ist das Verb *qua* lexikalischer Kategorie θ-Regens und gleichzeitig *qua* Koindizierung Antezedens-Regens. In (9) wird die Objektspur vom Verb θ-regiert und zusätzlich von der an die VP adjungierten Zwischenspur antezedens-regiert. Mit anderen Worten, in allen Fällen von θ-Rektion – und diese kann nur bei Objektextraktionen auftreten – ist die Ausgangsspur stets gleichzeitig auch antezedens-regiert. Andererseits tritt bei Subjekt- und Objektextraktionen – wie wir in Kap. 5.2 gezeigt haben – ausschließlich Antezedens-Rektion auf. Dies bedeutet jedoch nichts anderes, als daß der Begriff der θ-Rektion letztlich überflüssig ist, da in allen einschlägigen Fällen gleichzeitig Antezedens-Rektion auftritt. Aus diesen Überlegungen ergibt sich, daß wir den Begriff der strengen Rektion vollständig durch den Begriff der Antezedens-Rektion ersetzen können.

Mit dieser Konzeption nähern wir uns in entscheidendem Maß dem zu Beginn von Kap. 5.1 skizzierten Ziel, eine für alle UG-Prinzipien gültige, einheitliche Anwendungsdomäne zu ermitteln. Subjazenz und ECP lassen sich gleichermaßen als Bedingungen über die zulässige Distanz zwischen den Elementen einer (erweiterten) Kette auffassen. Dabei ist die Subjazenz nunmehr – ebenso wie das ECP – ein rein repräsentationelles Prinzip, da sie in entscheidender Weise Elemente betrifft, die in dem jeweiligen Bewegungsprozeß überhaupt nicht einbezogen sind. Es ist darüber hinaus auch klar, daß PRO und *pro* weder Subjazenz- noch ECP-Beschränkungen unterliegen können, da diese beiden leeren Kategorien eben keine Ketten bilden. In gewissem Sinne lassen sich Subjazenz und ECP als zwei Aspekte ein und desselben Prinzips auffassen, wobei Subjazenz auf der S-Struktur, das ECP hingegen auf LF appliziert. Weiterhin ist Subjazenz insgesamt »liberaler«, da bei einer syntaktischen Bewegung – je nach Sprache – mehr als eine Barriere überschritten werden darf, während das »striktere« ECP eine Struktur bereits dann als ungrammatisch ausweist, wenn nur eine einzige Barriere zwischen den Elementen einer Kette liegt. Unter spracherwerblicher Perspektive ist dieser Unterschied nicht verwunderlich, da S-Strukturen – im Gegensatz zu LF-Repräsentationen – in gewissem

Sinne »sichtbar« sind, so daß die hier gültigen sprachspezifischen Parametrisierungen auch lernbar sind.

Wenngleich die Begriffe der Barriere und der erweiterten Kette offenkundig einen wichtigen Schritt in Richtung einer weitergehenden Modularisierung der Rektions- und Bindungstheorie darstellen, so sind doch zahlreiche zentrale Fragen derzeit noch unbeantwortet. Dementsprechend haben verschiedene Autoren – wie etwa Koster, Kayne oder Aoun (cf. Literaturhinweise) – versucht, andere Formen von Lokalitätsbeschränkungen nachzuweisen. Zum gegenwärtigen Zeitpunkt kennzeichnen diese Fragen den wichtigsten Bereich generativer Forschung. Die fortschreitende Modularisierung und Vereinheitlichung der Theorie hat dazu geführt, daß in jüngster Zeit zumeist von einem *Prinzipien- und Parametermodell* gesprochen wird.

## Literaturhinweise

Eine der wichtigsten Grundlagen für das Konzept der Barriere als einheitlicher Lokalitätsdomäne von Subjazenz und ECP wurde von Lasnik & Saito (1984) entwikkelt, die erstmalig den Mechanismus der [γ]-Markierung vorschlugen. Ausgearbeitet und erweitert wurde dieser Ansatz in Chomsky (1986b). Der Versuch, eine für alle Prinzipien gleichermaßen gültige Lokalitätsbeschränkung zu formulieren, wurde bereits von Koster (1978) unternommen. Eine weitergehende Präzisierung findet sich in Koster (1987). Kayne (1983) entwickelte einen Ansatz, bei dem das ECP ebenfalls als reine Bedingung über Antezedens-Rektion verstanden wird. Aoun (1985) hat versucht, Subjazenz und ECP auf Prinzipien der Bindungstheorie zu reduzieren.

## Aufgaben

1. Überlegen Sie, welche Probleme bei dem Versuch auftreten, die Bedingungen der Bindungstheorie auf Antezedens-Rektion zu reduzieren.

2. Welche Schwierigkeiten treten bei der Analyse des folgenden Satzes auf:
   John will be invited

3. Überlegen Sie, ob das Merkmal der L-Markierung bei einem Bewegungsprozeß mitgenommen oder zurückgelassen wird.

4. Zeigen Sie, daß der folgende Kontrast im Rahmen des Barrierenkonzeptes nicht erklärt wird, und suchen Sie nach einer Lösung:
   a) who thinks that John bought what
   b) *who thinks that what was bought by John

5. In der Definition (3) in Kap. 5.1 ist eine Klausel überflüssig. Welche?

# Bibliographie


Abraham, W. ed. 1971, Kasustheorie. Frankfurt/M. Athenäum.

Abraham, W. ed. 1982, Satzglieder im Deutschen. Tübingen. Narr.

Abraham, W. ed. 1985, Erklärende Syntax des Deutschen. Tübingen. Narr.

Akmajian, A. & Heny, F. 1975, An introduction to the principles of transformational syntax. Cambridge, Mass. MIT Press.

Anderson, S. 1984, On representation in morphology: case marking, agreement and inversion in Georgian. Natural Language and Linguistic Theory 2:157–218.

Anderson, S. 1985, Inflectional morphology. In: Shopen, T. ed. 1985b:150–201.

Anderson, S. & Kiparski, P. eds. 1973, A Festschrift for Morris Halle. New York. Holt, Rinehart & Winston.

Andrews, A. 1982, The representation of case in modern Icelandic. In: Bresnan, J. ed. 1982a:427–503.

Aoun, J. 1985, A grammar of anaphora. Cambridge, Mass. MIT Press.

Aoun, J. & Lightfoot, D. 1984, Government and contraction. Linguistic Inquiry 15:465–473.

Bach, E. & Harms, R. eds. 1968, Universals in linguistic theory. New York. Holt, Rinehart & Winston.

Baker, C. & McCarthy, J. eds. 1981, The logical problem of language acquisition. Cambridge, Mass. MIT Press.

Baltin, M. 1982, A landing site theory for movement rules. Linguistic Inquiry 13:1–38.

Bartsch, R. & Lenerz, J. & Ullmer-Ehrich, V. 1977, Einführung in die Syntax. Kronberg, Taunus. Scriptor.

Belletti, A. & Brandi, L. & Rizzi, L. eds. 1981, Theory of markedness in generative grammar. Pisa. Scuola Normale Superiore.

Bennis, H. & Hoekstra, T. 1985, Gaps and parasitic gaps. The Linguistic Review 4:29–87.

Berwick, R. & Weinberg, A. 1984, The grammatical basis of linguistic performance. Cambridge, Mass. MIT Press.

Bickerton, D. 1981, Roots of language. Ann Arbor. Karoma.

Borer, H. 1984, Parametric Syntax. Dordrecht. Foris.

Borer, H. 1986, I-subjects. Linguistic Inquiry 17:275–416.

Bouchard, D. 1984, On the content of empty categories. Dordrecht. Foris.

Brandi, L. & Cordin, P. 1981, On clitics and inflection in some Italian dialects. Manuskript. Pisa. Scuola Normale Superiore.

Bresnan, J. 1972, Theory of complementation in English syntax. Ph.D.Dissertation. MIT.

Bresnan, J. 1976, Evidence for a theory of unbounded transformations. Linguistic Analysis 2:353–393

Bresnan, J. ed. 1982a, The mental representation of grammatical relations. Cambridge, Mass. MIT Press.
Bresnan, J. 1982b, The passive in lexical theory. In: Bresnan, J. ed. 1982a:3–86.
Bresnan, J. 1982c, Control and complementation. Linguistic Inquiry 13:342–434. (außerdem erschienen in: Bresnan, J. ed. 1982a:282–390)
Brody, M. 1984, On contextual definitions and the role of chains. Linguistic Inquiry 15:355–380.
Brody, M. 1985, On the complementary distribution of empty categories. Linguistic Inquiry 16:505–546.
Bucher, W. & Maurer, H. 1984, Theoretische Grundlagen der Programmiersprachen. Mannheim. Bibliographisches Institut.
Burzio, L. 1981, Intransitive verbs and Italian auxiliaries. Ph.D.Dissertation. MIT.
Burzio, L. 1986, Italian syntax: A government-binding approach. Dordrecht. Reidel.
Campbell, R. & Grieves, R. 1982, Royal investigations of the origin of language. Historiographia Linguistica 9:43–74.
Chomsky, N. 1955, The logical structure of linguistic theory. Manuskript. MIT. (außerdem erschienen 1975 bei Plenum Press, New York)
Chomsky, N. 1957, Syntactic Structures. Den Haag. Mouton. (deutsche Version »Strukturen der Syntax« erschienen 1973 bei Mouton, Den Haag)
Chomsky, N. 1962, The logical basis of linguistic theory. Proceedings of the Ninth International Congress of Linguists. Den Haag. Mouton.
Chomsky, N. 1965, Aspects of the theory of syntax. Cambridge, Mass. MIT Press. (deutsche Version »Aspekte der Syntax-Theorie« erschienen 1973 bei Suhrkamp, Frankfurt/M.)
Chomsky, N. 1970, Remarks on nominalization. In: Jacobs, R. & Rosenbaum, P. eds. 1970:184–221.
Chomsky, N. 1972, Studies on semantics in generative grammar. Den Haag. Mouton. (deutsche Version »Studien zu Fragen der Semantik« erschienen 1978 bei Ullstein, Frankfurt/M.)
Chomsky, N. 1973, Conditions on transformations. In: Anderson, S. & Kiparsky, P. eds. 1973:232–286. (außerdem erschienen in: Chomsky, N. 1977c:81–160)
Chomsky, N. 1975, Reflections on language. New York. Pantheon. (deutsche Version »Reflektionen über die Sprache« erschienen 1977 bei Suhrkamp, Frankfurt/M.)
Chomsky, N. 1976, Conditions on rules of grammar. Linguistic Analysis 2:303–351. (außerdem erschienen in: Chomsky, N. 1977c:163–210)
Chomsky, N. 1977a, Language and responsibility. Sussex. Harvester Press. (deutsche Version »Sprache und Verantwortung« erschienen 1981 bei Ullstein, Frankfurt/M.)
Chomsky, N. 1977b, On wh-movement. In: Culicover, P. & Wasow, T. & Akmajian, A. eds. 1977:71–132.
Chomsky, N. 1977c, Essays on form and interpretation. New York. North-Holland.

Chomsky, N. 1980a, Rules and representations. New York. Columbia University Press.
(deutsche Version »Regeln und Repräsentationen« erschienen 1981 bei Suhrkamp, Frankfurt/M.)

Chomsky, N. 1980b, On Binding. Linguistic Inquiry 11:1–46.

Chomsky, N. 1981, Lectures on government and binding. Dordrecht. Foris.

Chomsky, N. 1982a, The generative enterprise: a discussion with Riny Huybregts and Henk van Riemsdijk. Dordrecht. Foris.

Chomsky, N. 1982b, Some concepts and consequences of the theory of government and binding. Cambridge, Mass. MIT Press.

Chomsky, N. 1986a, Knowledge of language. New York. Praeger.

Chomsky, N. 1986b, Barriers. Cambridge, Mass. MIT Press.

Chomsky, N. & Lasnik, H. 1977, Filters and control. Linguistic Inquiry 8:425–504.

Chung, S. 1983, The ECP and government in Chamorro. Natural Language and Linguistic Theory 1:207–244.

Cole, P. & Sadock, J. eds. 1977, Syntax and semantics 8: Grammatical relations. New York. Academic Press.

Comrie, B. 1977, In defence of spontaneous demotion: the impersonal passive. In: Cole, P. & Sadock, J. eds. 1977:47–58.

Culicover, P. 1976a, Syntax. New York. Academic Press.

Culicover, P. 1976b, A constraint on coreference. Foundations of Language 12:53–62.

Culicover, P. & Wasow, T. & Akmajian, A. eds. 1977, Formal Syntax. New York. Academic Press.

Culy, C. 1985, The complexity of the vocabulary of Bambara. Linguistics and Philosophy 8:345–351.

Daly, R. 1974, Applications of the mathematical theory of linguistics. Den Haag. Mouton.

Dougherty, R. 1969, An interpretive theory of pronominal reference. Foundations of Language 5:488–519.

Dubuisson, C. & Lightfoot, D. & Morin, Y. eds. 1978, Montreal Working Papers in Linguistics 11.

Emonds, J. 1976, A transformational approach to English syntax. New York. Academic Press.

Emonds, J. 1985, A unified theory of syntactic categories. Dordrecht. Foris.

Engdahl, E. 1983, Parasitic gaps. Linguistics and Philosophy 6:5-34.

Engdahl, E. 1984, Parasitic gaps, resumptive pronouns and subject extraction. Manuskript. Madison. University of Wisconsin.

Engdahl, E. 1986, Constituent questions. Dordrecht. Reidel.

Engdahl, E. & Ejerhed, E. eds. 1982, Readings on unbounded dependencies in Scandinavian languages. Stockholm. Almqvist & Wiksell.

Eroms, H.-W. 1981, Valenz, Kasus und Präpositionen: Untersuchungen zur Syntax und Semantik präpositionaler Konstruktionen in der deutschen Gegenwartssprache. Heidelberg. Winter.

Fanselow, G. 1985, Deutsche Verbalprojektionen und die Frage der Universalität konfigurationaler Sprachen. Dissertation. Passau.

Fanselow, G. 1987a, Konfigurationalität. Tübingen. Narr.
Fanselow, G. 1987b, German word order and universal grammar. Erscheint in Reyle, U. & Rohrer, C. eds. 1987.
Felix, S. 1985, Parasitic gaps in German. In: Abraham, W. ed. 1985:173–200.
Fiengo, R. 1974, Semantic conditions on surface structure. Ph.D.Dissertation. MIT. (außerdem erschienen unter dem Titel »Surface structure« 1980 bei Harvard University Press, Cambridge, Mass.)
Fillmore, C. 1968, The case for case. In: Bach, E. & Harms, R. eds. 1968:1–88. (außerdem erschienen in: Abraham, W. ed. 1971:1–118)
Fillmore, C. & Langendoen, D. eds. 1971, Studies in linguistic semantics. New York. Holt, Rinehart & Winston.
Fodor, J. 1975, The language of thought. New York. Crowell.
Fodor, J. & Katz, J. eds. 1964, The structure of language. Englewood Cliffs, N.J. Prentice Hall.
Freidin, R. 1978, Cyclicity and the theory of grammar. Linguistic Inquiry 9:519–549.
Freidin, R. & Lasnik, H. 1981, Disjoint reference and wh-trace. Linguistic Inquiry 12:39–53.
Gazdar, G. & Klein, E. & Pullum, G. & Sag, I. 1985, Generalized phrase structure grammar. Oxford. Blackwell.
Greenberg, J. ed. 1963, Universals of language. Cambridge, Mass. MIT Press.
Grewendorf, G. 1983, Reflexivierung in deutschen AcI-Konstruktionen – kein transformationsgrammatisches Dilemma mehr. Groninger Arbeiten zur germanistischen Linguistik 23:120–196.
Grewendorf, G. 1985, Anaphern bei Objekt-Koreferenz im Deutschen. In: Abraham, W. ed. 1985:137–171.
Grewendorf, G. 1987, Ergativität im Deutschen. Manuskript. Frankfurt/M.
Grimshaw, J. 1981, Form, function and the language acquisition device. In: Baker, C. & McCarthy, J. eds. 1981:165–182.
Gruber, J. 1965, Studies in lexical relations. Ph.D.Dissertation. MIT. (außerdem überarbeitet erschienen in: Gruber, J. 1976:1-210)
Gruber, J. 1976, Lexical structures in syntax and semantics. Amsterdam. North-Holland.
Guéron, J. 1981, Logical operators, complete constituents and extraction transformations. In: May, R. & Koster, J. eds. 1981:65–142.
Haider, H. 1987, Deutsche Syntax, generativ – Eine Einführung in die Theorie von Rektion und Bindung. Tübingen. Narr.
Haider, H. & Prinzhorn, M. eds. 1986, Verb second phenonema in Germanic languages. Dordrecht. Foris.
Hale, K. 1983, Warlpiri and the grammar of non-configurational languages. Natural Language and Linguistic Theory 1:5–47.
Harris, A. 1981, Georgian Syntax. Cambridge. Cambridge University Press.
Hasegawa, N. 1985, On the so called »zero pronouns« in Japanese. The Linguistic Review 4:289–341.
Hawkins, J.A. 1983, Word order universals. New York. Academic Press.

Higginbotham, J. 1980, Pronouns and bound variables. Linguistic Inquiry 11:679–708.

Hopcroft, J. & Ullman, J. 1979, Introduction to automata theory, languages and computation. Reading, Mass. Addison-Wesley.

Hornstein, N. 1984, Logic as grammar. Cambridge, Mass. MIT Press.

Hornstein, N. & Lightfoot, D. eds. 1981, Explanation in linguistics. London. Longman.

Huang, J. 1982a, Logical relations in Chinese and the theory of grammar. Ph.D.Dissertation. MIT.

Huang, J. 1982b, Move WH in a language without WH movement. The Linguistic Review 1:369–416.

Huang, J. 1984, On the distribution and reference of empty pronouns. Linguistic Inquiry 15:531–574.

Huber, W. & Kummer, W. 1974, Transformationelle Syntax des Deutschen. München. Fink.

Jackendoff, R. 1972, Semantic interpretation in generative grammar. Cambridge, Mass. MIT Press.

Jackendoff, R. 1977, X-bar-syntax: a study of phrase structure. Cambridge, Mass. MIT Press.

Jacobs, R. & Rosenbaum, P. eds. 1970, Readings in English transformational grammar. Washington, D.C. Georgetown University Press.

Jaeggli, O. 1986, Passive. Linguistic Inquiry 17:587–622.

Jelinek, E. 1984, Empty categories, case and configurationality. Natural Language and Linguistic Theory 2:39–75.

Jensen, J. 1983, Case and thematic role in Latin. Bloomington, Ind. IULC.

Jespersen, O. 1927, A modern English grammar on historical principles. Part III. Syntax. Second Volume. Heidelberg. Winter.

Juilland, A. ed. 1976, Linguistic studies offered to Joseph Greenberg on the occasion of his 60th birthday. Saratoga, Cal. Anma Libri.

Kayne, R. 1979, Extensions du liage et du marquage du cas. Linguisticae Investigationes 3:29–55.
(englische Version »Extensions of binding and case-marking« in: Kayne, R. 1984:1–21)

Kayne, R. 1980, Certaines differences entre le français et l'anglais. Langages 60:47–64.
(englische Version »On certain differences between French and English« in: Kayne, R. 1984:103–123)

Kayne, R. 1981a, ECP extensions. Linguistic Inquiry 12:93–133.
(außerdem erschienen in: Kayne, R. 1984:47–86)

Kayne, R. 1981b, Two notes on the NIC. In: Belletti, A. & Brandi, L. & Rizzi, L. eds. 1981:317–346.
(außerdem erschienen in: Kayne, R. 1984:23–46)

Kayne, R. 1983, Connectedness. Linguistic Inquiry 14:223–249.
(außerdem erschienen in: Kayne, R. 1984:165–192)

Kayne, R. 1984, Connectedness and binary branching. Dordrecht. Foris.

Keyser, S. & Roeper, T. 1984, On the middle and ergative constructions in English. Linguistic Inquiry 15:381–416.
Kiss, K. 1981, Structural relations in Hungarian, a »free« word order language. Linguistic Inquiry 12:185–213.
Kiss, K. 1985, Is the VP universal? Manuskript. MIT.
Klima, E. 1964, Negation in English. In: Fodor, J. & Katz, J. eds. 1964:246–323.
Koopman, H. 1983, Control from COMP and comparative syntax. The Linguistic Review 2:365–391.
Koopman, H. 1984, The syntax of verbs. Dordrecht. Foris.
Koopman, H. & Sportiche, D. 1982, Variables and the bijection principle. The Linguistic Review 2:139–160.
Koster, J. 1978, Locality principles in syntax. Dordrecht. Foris.
Koster, J. 1982/83, Enthalten syntaktische Repräsentationen Variablen? Teil 1 und 2. Linguistische Berichte 80:70–100 / 83:36–60.
Koster, J. 1984a, Global harmony. Tilburg Papers in Language and Literature 61. Tilburg University.
Koster, J. 1984b, On binding and control. Linguistic Inquiry 15:417–459.
Koster, J. 1987, Domains and dynasties. Foris, Dordrecht.
Koster, J. & May, R. 1982, On the constituency of infinitives. Language 58:116–143.
Kratzer, A. & Pause, E. & Stechow, A.v. 1974, Einführung in Theorie und Anwendung der generativen Syntax. Frankfurt. Athenäum.
Lakoff, G. 1968, Pronouns and reference. Bloomington, Ind. IULC.
(außerdem erschienen in: McCawley, J. ed. 1976:275–335)
Langacker, R. 1969, On pronominalization and the chain of command. In: Reibel, D. & Schane, S. eds. 1969:160–186.
Lasnik, H. 1976, Remarks on coreference. Linguistic Analysis 2:1-23.
Lasnik, H. 1981, Restricting the theory of transformations: a case study. In: Hornstein, N. & Lightfoot, D. eds. 1981:152–173.
Lasnik, H. & Saito, M. 1984, On the nature of proper government. Linguistic Inquiry 15:235–289.
Lewis, D. 1969, Convention. A philosophical study. Cambridge, Mass. Harvard University Press.
Lightfoot, D. 1976, Trace theory and twice moved NPs. Linguistic Inquiry 7: 559–582.
Lightfoot, D. 1982, The language lottery: toward a biology of grammars. Cambridge, Mass. MIT Press.
Manzini, R. 1982, Una teoria dell' controllo. Manuskript. MIT.
Manzini, R. 1983, On control and control theory. Linguistic Inquiry 14:421–446.
May, R. 1977, The grammar of quantification. Ph.D.Dissertation. MIT.
May, R. 1985, Logical form: its structure and derivation. Cambridge, Mass. MIT Press.
May, R. & Koster, J. eds. 1981, Levels of syntactic representation. Dordrecht. Foris.
McCawley, J. ed. 1976, Syntax and Semantic 7. New York. Academic Press.
McCloskey, J. & Hale, K. 1983, On the syntax of person-number inflection in modern Irish. Natural Language and Linguistic Theory 1:487–533.

Newmeyer, F. 1983, Grammatical theory. Its limits and its possibilities. Chicago. Chicago University Press.
Olsen, S. 1981, Problems of seem/scheinen constructions. Tübingen. Niemeyer.
Partee, B. 1971, On the requirement that transformations preserve meaning. In: Fillmore, C. & Langendoen, D. eds. 1971:1–21.
Perlmutter, D. 1971, Deep and surface structure constraints in syntax. New York. Holt, Rinehart & Winston.
Perlmutter, D. 1978, Impersonal passives and the unaccusative hypothesis. Proceedings of the 4th Annual Meeting of the Berkeley Linguistic Society.
Pesetsky, D. 1982a, Paths and categories. Ph.D.Dissertation. MIT.
Pesetsky, D. 1982b, Complementizer-trace phenomena and the nominative island condition. The Linguistic Review 1:297–343.
Postal, P. 1964, Constituent structure: a study of contemporary models of syntactic description. Cambridge, Mass. MIT Press.
Postal, P. 1971, Cross-over phenomena. New York. Holt, Rinehart & Winston.
Postal, P. 1974, On raising: one rule of English grammar and its theoretical implications. Cambridge, Mass. MIT Press.
Postal, P. 1986, Studies of passive clauses. New York. State University of New York Press.
Postal, P. & Pullum, G. 1982, The contraction debate. Linguistic Inquiry 13:122–138.
Pullum, G. & Gazdar, G. 1982, Natural languages and context-free languages. Linguistics and Philosophy 4:471–504.
Quicoli, A. 1982, The structure of complementation. Gent. Story- Scientia.
Radford, A. 1981, Transformational Syntax. Cambridge. Cambridge University Press.
Reibel, D. & Schane, S. eds. 1969, Modern studies in English. Englewood Cliffs, N.J. Prentice Hall.
Reinhart, T. 1976, The syntactic domain of anaphora. Ph.D.Dissertation. MIT.
Reinhart, T. 1983, Anaphora and semantic interpretation. London. Croom Helm.
Reis, M. 1982, Zum Subjektbegriff im Deutschen. In: Abraham, W. ed. 1982:171–211.
Reuland, E. 1983, Governing -ing. Linguistic Inquiry 14:101–136.
Reyle, U. & Rohrer, C. eds 1987, Parsing and word order in Unification Grammar. Dordrecht, Reidel.
Riemsdijk, H.v. 1982, A case study in syntactic markedness. Dordrecht. Foris.
Riemsdijk, H.v. & Williams, E. 1981, NP-structure. The Linguistic Review 1:171–217.
Rizzi, L. 1978, Violation of the wh-island constraint in Italian and the subjacency condition. In: Dubuisson, C. & Lightfoot, D. & Morin, Y. eds. 1978. (außerdem erschienen unter dem Titel »Violation of the wh-island constraint and the subjacency condition« in: Rizzi, L. 1982:49–76)
Rizzi, L. 1982, Issues in Italian Syntax. Dordrecht. Foris.
Rosenbaum, P. 1967, The grammar of English predicate complement constructions. Cambridge, Mass. MIT Press.
Ross, J. 1967a, The cyclic nature of English pronominalization. In: To honor Roman Jakobson, Band 3. Den Haag. Mouton.

Ross, J. 1967b, Constraints on variables in syntax. Ph.D.Dissertation. MIT. (außerdem erschienen unter dem Titel »Infinite syntax!« 1986 bei ABLEX, Norwood, N.J.)
Rouveret, A. & Vergnaud, J.-R. 1980, Specifying reference to the subject: French causatives and conditions on representations. Linguistic Inquiry 11:97–202.
Růžička, R. 1983, Remarks on control. Linguistic Inquiry 14:309–324.
Schachter, P. 1985, Parts-of-speech systems. In: Shopen, T. ed. 1985a:3–61.
Selkirk, E. 1972, The phrase phonology of English and French. Ph.D.Dissertation. MIT.
Shieber, S. 1985, Evidence against the context-freeness of natural language. Linguistics and Philosophy 8:333–343.
Shopen, T. ed. 1985a, Language typology and syntactic description. Vol I: Clause structure. Cambridge. Cambridge University Press.
Shopen, T. ed. 1985b, Language typology and syntactic description. Vol III: Grammatical categories and the lexicon. Cambridge. Cambridge University Press.
Steele, M. & Akmajian, A. & Demers, R. & Jelinek, E. & Kitagawa, C. & Oehrle, R. & Wasow, T. 1981, An encyclopedia of AUX. Cambridge, Mass. MIT Press.
Sternefeld, W. 1985, On case and binding theory. In: Toman, J. ed. 1985:231–287.
Stowell, T. 1981, Origins of phrase structure. Ph.D.Dissertation. MIT.
Stowell, T. 1983, Subjects across categories. The Linguistic Review 2:285–312.
Stuurman, F. 1985, Phrase structure theory in generative grammar. Dordrecht. Foris.
Taraldsen, K. 1978a, The scope of wh-movement in Norwegian. Linguistic Inquiry 9:623–640.
Taraldsen, K. 1978b, On the nominative island condition, vacuous application, and the that-trace filter. Bloomington, Ind. IULC.
Thiersch, C. 1978, Topics in German Syntax. Ph.D.Dissertation. MIT.
Toman, J. 1981, Aspects of multiple wh-movement in Polish and Czech. In: May, R. & Koster, J. eds. 1981:293–302.
Toman, J. ed. 1985, Studies in German grammar. Dordrecht. Foris.
Travis, L. 1984, Parameters and effects of word order variation. Ph.D.Dissertation. MIT.
Vennemann, T. 1976, Categorial grammar and the order of meaningful elements. In: Juilland, A. ed. 1976:615–634.
Vergnaud, J.-R. 1982, Dépendances et niveaux de représentation en syntaxe. Thèse de doctorat d'état. Université de Paris VII.
Wasow, T. 1972, Anaphoric relations in English. Ph.D.Dissertation. MIT.
Wasow, T. 1979, Anaphora in generative grammar. Gent. Story- Scientia.
Webelhut, G. 1985, German is configurational. The Linguistic Review 4:203–246.
White, L. 1982, Grammatical theory and language acquisition. Dordrecht. Foris.
Williams, E. 1978, Across-the-board rule application. Linguistic Inquiry 8:419–423.
Williams, E. 1980, Predication. Linguistic Inquiry 11:203–238.
Williams, E. 1984, Grammatical relations. Linguistic Inquiry 15:639–673.
Williams, E. 1985, PRO and subject of NP. Natural Language and Linguistic Theory 3:297–315.
Williams, E. 1986, A reassignment of the functions of LF. Linguistic Inquiry 17:265–299.

Zaenen, A. 1983, On syntactic binding. Linguistic Inquiry 14:469-504.
Zeh, M. 1980, Kasuszuweisung und Prinzipien der satzgrammatischen Interpretation. Dissertation. Frankfurt/M.
Zimmer, D. 1986, So kommt der Mensch zur Sprache. Zürich. Haffmans.
Zubizarreta, M. 1982, Theoretical implications of subject extraction in Portuguese. The Linguistic Review 2:79–96.

# Index

Kursive Ziffern geben die Seite an, auf der der jeweilige Begriff definiert ist. Die Angabe »Lit« hinter einer Seitenzahl bedeutet, daß dort speziell Literaturangaben aufgeführt sind.

SPRACHTHEORIE – Eine Einführung in die Generative Grammatik

Band 1: Grundlagen und Zielsetzungen

Inhaltsübersicht:

*(Fortsetzung der Inhaltsübersicht von Band 1)*



## Die Modularität der menschlichen Kognition